A ÁGUA NO BRASIL

A ÁGUA NO BRASIL

CONFLITOS//ATORES//PRÁTICAS

Hanna Sonkajärvi & André Vasques Vital

Organizadores

Grafia atualizada segundo o Acordo Ortográfico da Língua Portuguesa de 1990, que entrou em vigor no Brasil em 2009.

Edição: Haroldo Ceravolo Sereza
Editora assistente: Danielly de Jesus Teles
Projeto gráfico, diagramação e capa: Danielly de Jesus Teles
Assistente acadêmica: Bruna Marques
Revisão: Alexandra Colontini
Imagem da capa: Imagem de água - *pixabay*

CIP-BRASIL. CATALOGAÇÃO NA PUBLICAÇÃO
SINDICATO NACIONAL DOS EDITORES DE LIVROS, RJ

A224

A água no Brasil : conflitos//atores//práticas / organização Hanna Sonkajärvi, André Vasques Vital. - 1. ed. - São Paulo : Alameda, 2019.
; 21 cm.

Inclui bibliografia

1. Desenvolvimento de recursos hídricos - Brasil. 2. Abastecimento de água. 3. Água - Uso. 4. Água - Consumo. 5. Direitos de águas. I. Sonkajärvi, Hanna. II. Vital, André Vasques.

18-54156 CDD: 553.7
CDU: 556.18(81)

ALAMEDA CASA EDITORIAL
Rua 13 de Maio, 353 – Bela Vista
CEP 01327-000 – São Paulo, SP
Tel. (11) 3012-2403
www.alamedaeditorial.com.br

Sumário

PREFÁCIO

A ÁGUA COMO UM BEM HUMANO BÁSICO

Wilson Engelmann

John Finnis, no seu livro *Natural Law and Natural Rights*,[1] apresenta uma série de bens humanos básicos, onde se encontra a vida, como o primeiro deles, vinculada à preservação do ser humano, devendo ser entendida no seu caráter lato, a fim de abranger a vida em todas as suas dimensões.[2] Tal bem humano somente poderá ser implementado se tivermos à disposição a água, com qualidade e quantidade suficiente para o atendimento dos itens fundamentais para a nossa sobrevivência digna.

Este livro, que tenho a honra de prefaciar, intitulado, *A água no Brasil: conflitos - atores - práticas*, organizado pelos Professores Hanna Sonkajärvi e André Vasques Vital, traz ao debate justamente as observações de diversas áreas do conhecimento sobre este bem humano básico. A interdisciplinaridade se mostra como o caminho metodológico adequado para o estudo do tema central do livro, que

---

1 FINNIS, John. *Natural Law & Natural Rights*. 2. ed. Oxford: Oxford University Press, 2011.

2 *Ibidem*, p. 86-87.

se evidencia como incomensurável para o nascimento e a manutenção da vida, como o bem humano básico estrutural.

Outra característica que emerge dos diversos capítulos deste livro se relaciona ao *phrónimos* aristotélico, que se apresenta como a característica "[...] de uma pessoa que tenha capacidade de deliberar bem acerca do que é bom e conveniente para si mesma, não em relação a um aspecto particular, e sim sobre as espécies de coisas que nos levam a viver bem de um modo geral".[3] Os autores de cada um dos capítulos procuram mostrar como se deveria analisar e decidir, pela lente de diversas áreas do conhecimento, o modo de utilizar e preservar a água, de tal modo que se possa conservar a vida de cada individualidade do ser vivo sobre a Terra, mas com um horizonte maior, focado no coletivo, no conjunto. Aqui se evidencia a dificuldade que o ser humano ainda precisará aprender a enfrentar, buscando encaminhamentos que sejam adequados para as atuais e futuras gerações.

De certo modo, as novas tecnologias poderão dar uma contribuição significativa. No entanto, elas, descoladas de atitudes, não serão suficientes. As decisões continuam sendo de responsabilidade do ser humano. A atualidade do tema central deste livro se verifica ao analisar os 17 objetivos para o desenvolvimento sustentável do milênio da ONU, ao estruturar a Agenda para 2030, onde se vislumbra o objetivo nº 6, que é "assegurar a disponibilidade e gestão sustentável da água e saneamento para todos".[4] A água potável é um problema global, que deverá ser percebido por todos. Portanto, não se trata mais de uma questão localizada geograficamente, mas de um "deta-

---

3 Aristóteles. *Ética a Nicomacos*. Traduzido do grego, introdução e notas de Mário da Gama Kury. 4. ed. Brasília: UnB, 2001, 1140a.

4 Conheça os novos 17 Objetivos de Desenvolvimento Sustentável da ONU. Disponível em: <https://nacoesunidas.org/conheca-os-novos-17-objetivos-de-desenvolvimento-sustentavel-da-onu/>. Acesso em: 16 maio 2018.

lhe" que tem condições de colocar em risco a vida dos seres vivos, incluindo a do ser humano, sobre a Terra.

Aí o ponto central que este livro pretende discutir. Se deseja uma excelente leitura e reflexão a todos.

Apresentação

Hanna Sonkajärvi
André Vasques Vital

Nas últimas décadas, as sociedades humanas têm experimentado intensos desafios, conflitos, tensões e ameaças que se relacionam de maneira íntima com os diferentes corpos de água que circulam no planeta. O desenvolvimento das indústrias, do agronegócio, da mineração, a crescente necessidade de energia para mover máquinas e atender ao consumo sempre crescente das cidades, acaba transformando os rios por meio do lançamento ou mobilização de resíduos. Barragens são erguidas, reconfigurando os rios, promovendo morte em massa de vidas aquáticas e destruição dos modos de existência de comunidades ribeirinhas (Caubet & Bzrezinski, 2014; Nascimento & Becker, 2010). Na esteira da produção de energia e matéria-prima, materiais radioativos, tóxicos, químicos e metais adquirem força em momentos de desastre, circulando por diferentes corpos de água, alterando células, genes, promovendo escassez, medo e mortes, como no caso do acidente nuclear de Fukushima (2011) e do rompimento da barragem da Samarco no Rio Doce (2015).[1]

---

1 Ver, além da contribuição de Cristiana Losekann, Thais Henrique Dias & Ana Valéria Magalhães Camargo, nessa coletânea: Espindola (2016); Fernandes (2016) e Losekann & Mayorga (2018). As consequências, na longa duração do desastre ainda são difíceis para avaliar, enquanto

Por outro lado, os resíduos produzidos pelas sociedades humanas, em especial o plástico, são abundantes nos oceanos, interferindo e transformando-se em parte da cadeia alimentar dos animais aquáticos (Amos, 2015; Carrington, 2018; Leite, 2017). A reconfiguração e poluição de rios, lagos e oceanos vem contribuindo com a escassez de água potável em nível planetário, fomentando conflitos sociais, violações de direitos humanos, afetando a saúde das populações, além de mostrar-se como oportunidade para grandes grupos econômicos via mercantilização da água. Em janeiro de 2018, se anunciava a chegada do 'Dia Zero (água)' na Cidade do Cabo – África do Sul, onde as enormes disparidades sociais fazem com que o acesso, e a possibilidade de pagar a água de diferentes partes de população sempre foi desigual. Entretanto, a escassez de água atingiu desta vez, mesmo os segmentos altos da sociedade (Mahr, 2018; Maxmen, 2018).[2] Não menos importante são as mudanças climáticas que, além de contribuir com a escassez, também fortalecem fenômenos hidrometeorológicos severos que funcionam como agentes que promovem ou intensificam conflitos locais, muitos deles interligados a cenários transnacionais (Schorr, 2014; Pearse-Smith, 2012).[3] Desse modo, atualmente, a água é um tema central em nível global,

---

parece claro que as compensações pecuniárias e multas que as empresas envolvidas demoram a pagar não vão compensar os danos irreparáveis causados pelo desastre. Por enquanto, ninguém foi julgado na justiça. Ver, por exemplo, Alessi (2017); Ferraz (2018); Linhares & Marques (2017); Mota (2018).

2 Em abril 2018, as autoridades da cidade informavam que o "Dia Zero" foi postergado para 2019, mas a situação continua difícil, Stoddard (2018). Ver sobre a recente crise hidráulica do Sistema Cantareira, Jacobi & Cibim (2015).

3 Ver sobre a administração complicada do Aquifero Guarani entre Paraguai, Uruguai, Argentina e Brasil: Caubet (2012); Ribeiro (2017) e Villar (2012).

pela importância que adquire em um contexto de crise planetária e instabilidade sem precedentes.

Atualmente há a emergência de diferentes estudos e análises, especialmente nas áreas das ciências sociais e humanas, enfatizando o papel de populações periféricas tradicionalmente invisíveis na esfera pública de tomadas de decisão. Esse fenômeno também é decorrente da crescente crise e intensificação de conflitos relacionados à água, além de novas tendências teórico-metodológicas.[4] Escravos, movimentos sociais, ONG's, ribeirinhos diretamente afetados pela construção de grandes empreendimentos de infraestrutura, comunidades humanas afetadas por desastres, populações pobres das periferias das grandes cidades, dentre outros, estão emergindo com mais força nos estudos dos conflitos relacionados à água. Trata-se de uma importante ampliação da agência para esses grupos, enfatizando as múltiplas emoções, sentimentos, discursos, práticas e lutas emaranhadas no seio dos conflitos em torno das águas. A água deixa de ser um tema relativo à governança por órgãos públicos e gerenciamento por entidades privadas, e passa a ser elemento que abarca, a um só tempo, diferentes instituições, comunidades e indivíduos.

Por outro lado, nas últimas décadas há uma ampliação da noção de agência para as próprias águas e demais fenômenos e seres não-humanos por meio da reformulação do próprio conceito. Tradicionalmente, agência está ligada à racionalidade, a consciência de si e as ações intencionais, reificando o humano como única espécie ou entidade com capacidade de agência (Chakrabarty, 2009; Pearson, 2015). Alguns filósofos, biólogos, físicos e antropólogos, por variados caminhos, estão descentralizando a noção de agência,

4 Pode-se destacar como exemplos de inovações teórico-metodológicas a Teoria da Mobilização Legal (TML) e a Justiça Ambiental, Swyngedouw (2004); Britto (2004); Losekann & Bissoli (2017).

de modo a incluir e enfatizar o papel dos não-humanos na formação, resolução e desestabilização de conflitos sociais (Barad, 2007; Bennett, 2010; Haraway, 1991; Latour, 1994, 2000; Williams 2016). Em 2013 foi lançada a coletânea *Thinking with Water*, organizada pelas geógrafas Cecília Chen, Janine MacLeod e Astrida Neimanis. Trata-se de uma obra pioneira e provocativa que reuniu vinte trabalhos, dentre ensaios, artigos acadêmicos, poemas e performances artísticas propondo formas mais relacionais de análise envolvendo o papel ativo das águas (Chen & Neimanis, 2013). Essa obra reflete a emergência de diferentes estudos que incluem as águas como partícipes ativos nos conflitos (Alaimo, 2010; Edgeworth & Benjamin, 2017; Jensen, 2017; Kallhof, 2016; Neimanis, 2013; Swyngedouw, 2015; Tuana, 2008; Vital, 2018). De um modo geral, esses trabalhos rejeitam o binômio natureza-cultura, entendendo o tempo e o espaço como formados por uma pluralidade de processos contínuos e fractais de interações e intra-ações.

A presente coletânea reflete esses recentes desenvolvimentos no conceito de agência. Discute, com base em casos concretos, os conflitos relacionados à água no Brasil, enfatizando o papel de diferentes agentes para além das instituições do Estado e de grandes corporações privadas. Obviamente, o Estado (especialmente as instituições jurídicas) e as corporações privadas também estão presentes em cada uma das análises, ampliando, assim, o olhar sobre os conflitos.

Essa coletânea reúne trabalhos apresentados em duas oficinas: uma na Universidade do Estado do Rio de Janeiro (UERJ) e outra na Universidade Federal do Rio de Janeiro (UFRJ) entre os anos de 2015 e 2017.[5] As contribuições apresentam resultados de pesquisas atu-

5 O primeiro evento, "Água, Alimentação, Meio Ambiente. Diálogos entre História, História do Direito e Direitos Humanos", organizado por Hanna Sonkajärvi (UFRJ), teve lugar na Universidade do Estado do Rio

ais em múltiplas perspectivas disciplinares para debater os conflitos políticos, jurídicos, sociais, econômicos e culturais ligados à água, especialmente no contexto brasileiro. O objetivo é analisar as tensões envolvendo diferentes relações, usos, representações e governança da água, bem como o papel desses corpos hídricos na produção de conflitos e impasses.

A coletânea está dividida em três partes temáticas. A primeira parte da obra dedica-se a analisar a questão de contaminação e escassez de água. São discutidos fenômenos e eventos, atuais e recentes, abordando o desastre de Mariana e o problema do acesso à água no Rio de Janeiro, do ponto de vista de ciências políticas, da geografia e da sociologia. Cristiana Losekann, Thais Henrique Dias e Ana Valéria Magalhães Camargo (Universidade Federal do Espírito Santo, UFES) analisam, como o desastre de Mariana/MG (Samarco) e da Vale do Rio Doce, repercutiram no judiciário brasileiro. Através de uma análise de procedimentos formais e com ênfase nas Ações Civis Públicas, as autoras buscam caracterizar o endereçamento das reivindicações coletivas ao sistema de justiça, compreendendo a maneira como ocorreu o uso de instrumentos jurídicos e judiciais. Elas analisam como as contestações ao desastre emergiram nas Ações Civis Públicas. Tal objetivo se insere nas discussões acerca dos *frames* (enquadramentos) legais, ou seja, a análise, de como os conflitos se expressam no arcabouço legal disponível e como este é também alterado no seu uso. Gustavo Prieto (Universidade Federal de São Paulo, UNIFESP) trata da reprodução da escassez de água, a privação do

de Janeiro, no dia 21 de agosto de 2015. O segundo evento, "Perspectivas interdisciplinares sobre conflitos relacionados à água no Brasil", organizado por André Vasques Vital (UniEVANGELICA) e Hanna Sonkajärvi (UFRJ), ocorreu na Faculdade Nacional de Direito da Universidade Federal do Rio de Janeiro, no dia 22 de setembro de 2017.

espaço e a negociação do direito em um conjunto de onze comunidades carentes localizadas entre os bairros de Santa Cruz e Paciência, extremo oeste da cidade do Rio de Janeiro. Prieto analisa as dinâmicas e as consequências da manutenção estrutural da raridade da água no abastecimento para os moradores. Um dos resultados da análise é que não basta ter *direito à água*,[6] quando esse direito não se traduz em ações concretas, quando água é cara e ligada às questões de abastecimento associadas a um conjunto de problemáticas políticas, econômicas e sociais.

A segunda parte da coletânea trata de questões de distribuição e abastecimento de água. Ela encaminha o leitor a uma viagem ao Período Colonial e aos primórdios do Império Brasileiro. Jorun Poettering (Universidade de Rostock, Alemanha) investiga como a imagem que os contemporâneos tinham da qualidade de água potável no Rio de Janeiro interferiu no desenvolvimento da infraestrutura hidráulica na cidade entre os séculos XVI e XIX. Poettering demonstra a discrepância entre a percepção das autoridades locais, constante no tempo, e a realidade associada ao crescimento da cidade em termos de população e indústria. Ela também analisa como diferentes grupos sociais permaneceram em situação desigual em relação ao acesso e uso da água. Ainda no contexto da cidade do Rio de Janeiro, Bruno Capilé (Museu de Astronomia e Ciências Afins, MAST), analisa os embates nos usos dos rios nas serras do Rio de Janeiro na segunda metade do século XIX. Ele questiona o relacionamento entre a expansão do alcance territorial da cidade do Rio de Janeiro - e com

6 Nos últimos anos, a questão do direito à água tem sido discutida em relação aos Direitos Humanos em inúmeros estudos no Brasil e no exterior, ver por exemplo Ardanuy (2013); Brzezinski (2010); Corte & Portanova (2013); Rezende; Heller & Queiroz (2009); Wolkmer; Augustin & Wolkmer (2012).

ela, a multiplicação dos grupos usuários da água – e as políticas de fornecimento de água adotadas pelo governo. O objetivo é analisar como a modificação das relações entre a sociedade urbana carioca e seus rios implicou em transformações materiais dessas bacias hidrográficas, gerando uma nova dinâmica de conflitos socioambientais.

A terceira parte opta por uma perspectiva diferente e entende a água como um agente. Ela une dois textos que prestam particular atenção aos fatores geográficos e ambientais, dando proeminência ao papel dos não-humanos: as correntes de água e o mosquito africano *Anopheles gambiae*. André Vasques Vital (UniEVANGELICA) e Hanna Sonkajärvi (Universidade Federal do Rio de Janeiro, UFRJ) revisitam a Questão do Acre com base em uma perspectiva que sublinha a importância da paisagem hidrográfica na formação das fronteiras nacionais na região do Acre, ressaltando a importância de diversos grupos de interesses locais nas bacias dos rios Purus e Juruá. Gabriel Lopes (Casa de Oswaldo Cruz – FIOCRUZ) combina história do meio ambiente com a história da medicina para analisar como a trajetória singular do "feroz mosquito africano", *Anopheles gambiae*, que chegou ao Brasil em 1930 e foi considerado erradicado na década de 1940, promoveu reconsiderações políticas e científicas sobre os corpos de água. Poças de águas, cacimbas e águas pluviais se entrelaçam em um sentido local e transnacional em uma perspectiva histórica na trajetória do mosquito. Em um processo histórico ampliado, é ressaltada a importância de se compreender a coexistência entre vetores, águas e os modos de vida das populações no tempo e espaço.

Juntas, essas contribuições pretendem fomentar reflexões plurais e originais, em perspectiva interdisciplinar, atentas ao desafio de abrir caminhos para o pensamento e ação, frente aos atuais conflitos relacionados à água no Brasil. Assim, esperamos contribuir para um debate mais amplo, que consideramos urgente e necessário em um país que sofre ao mesmo tempo com crises de escassez hídrica e com enchentes, e onde graves violações de direitos ambientais e humanos ocorrem no cotidiano.

Referências Bibliográficas

Alaimo, Stacy. *Bodily Natures: Science, Environment and the Material Self. Bloomington*, IN: Indiana University Press, 2010.

Alessi, Gil. "Julgamento da tragédia de Mariana volta andar após cinco meses". *El País Brasil*, 13 novembro 2017. Disponível em:<https://brasil.elpais.com/brasil/2017/11/13/politica/1510603193_288893.html>. Acesso em: 5 ago. 2018.

Amos, Jonathan. "Oceanos 'recebem 8 milhões de toneladas de plástico por ano"'. *BBC News Brasil*, 13. fevereiro 2015. Disponível em: <www.bbc.com/portuguese/noticias/2015/02/150213_plastico_mares_lk#>. Acesso em: 5 ago. 2018.

Ardanuy, Francisco Manuel Silva. "El derecho al água posible: dimensión social del derecho al agua y al saneamento". *Lex social: revista de los derechos sociales*, Sevilla, v. 1, p. 75-95, 2013.

Barad, Karen. *Meeting the universe halfway: quantum physics and the entanglement of matter and meaning*. Durham, NC/London: Duke University Press, 2007.

Bennett, Jane. *Vibrant matter: a political ecology of things*. Durham, NC/London: Duke University Press, 2010.

Britto, A. L. N. P. "Condições de acesso aos serviços de saneamento no Rio de janeiro: uma análise através da perspectiva da Justiça Ambiental". In: Ribeiro, Luiz Cesar de Queiroz (org.). *Metropóles: entre coesão e fragmentação, a cooperação e o conflito*. São Paulo / Rio de Janeiro: Fundação Perseu Abramo/FASE, 2004.

BRZEZINSKI, Maria Lúcia Navarro Lins. *Água doce no século XXI: serviço público ou mercadoria internacional?* São Paulo: Lawbook, 2010.

CARRINGTON, Damian. "Microplastic pollution in oceans is far worse than feared, say scientists". *The Guardian*, 12 March 2018. Disponível em: <www.theguardian.com/environment/2018/mar/12/microplastic-pollution-in-oceans-is-far-greater-than-thought-say-scientists>. Acesso em: 5 ago. 2018.

CAUBET, Christian Guy & BRZEZINSKI, Maria Lúcia Navarro Lins. "Além de Belo Monte e das outras barragens: o crescimentismo contra as populações indígenas". *Cadernos IHU*, São Leopoldo, v. 12, nº47, 2014.

CAUBET, Christian Guy. "O Aquífero Guarani e seus parâmetros jurídicos: perspectivas e lógicas da escassez de água doce". *GEOUSP - Espaço e Tempo*, São Paulo, v. 31 especial, p. 146-160, 2012.

CHAKRABARTY, Dipesh. "The climate of history: four theses". *Critical Inquiry*, v. 35, p. 187-222, 2009.

CHEN, Cecília & MACLEOD, Janine & NEIMANIS, Astrida (orgs.). *Thinking with Water*. Montreal: McGill-Queen's University Press, 2013.

CORTE, Taís Dalla & PORTANOVA, Rogério Silva. "Direito Humano e patrimônio da humanidade: A evolução no tratamento jurídico da água". *Revista Catalana de Dret Ambiental*, Tarragona, v. 4, nº2, p. 1-42, 2013.

EDGEWORTH, Matt; BENJAMIN, Jeff. "What is a river? The Chicago River as hyperobject". In: KELLY, Jason M. et al. (orgs.). *Rivers of the anthropocene*. Berkeley, CA: University of California Press, 2017.

ESPINDOLA, Haruf Salmen. "Território, fronteira e natureza no vale de Rio Doce". In: FRANCO, José Luiz de Andrade et al. (orgs.),

História Ambiental. Territórios, fronteiras e biodiversidade, vol. 2. Rio de Janeiro: Garamond, 2016, p. 201-235.

FERNANDES, Geraldo Wilson et al. "Deep into the mud: ecological and socio-economic impacts of the dam breach in Mariana, Brazil". *Natureza e Conservação. Brazilian Journal of Nature Conservation*, Rio de Janeiro, v. 14, p. 35-45, 2016.

FERRAZ, Lucas. "Ninguém aprendeu nada com o desastre de Mariana': projeto de mineração em Minas acorda velhos medos". *El País Brasil*, 27 janeiro 2018. Disponível em: <brasil.elpais.com/brasil/2018/01/27/politica/1517062641_534360.html>. Acesso em: 5 ago. 2018.

HARAWAY, Donna. *Simians, Cyborgs, and Woman. The Reinvention of Nature*. New York: Routledge, 1991.

JACOBI, Pedro Roberto & CIBIM, Juliana & LEÃO, Renata de Souza. "Crise hídrica na Macrometrópole Paulista e respostas de sociedade civil". *Estudos Avançados*, São Paulo, v. 29, nº 84, p. 27-42, 2015.

JENSEN, Casper Bruun. "Can the Mekong speak: on hydropower, models and 'thing-power'". In: ABRAM, Simone et al (orgs). *Current thinking: exploring electricity as material practice*. Cambridge, MA/London: MIT University Press, 2017.

KALLHOF, Angela. "Water Ethics: Toward Ecological Cooperation". In: GARDINER, Stephen M. & THOMPSON, Allen (orgs.). *The Oxford Hanbook of Environmental Ethics*. Oxford: Oxford University Press (Oxford Hanbooks online), 2016.

LATOUR, Bruno. *Ciência em ação: como seguir cientistas e engenheiros sociedade afora*. São Paulo: UNESP, 2000.

LATOUR, Bruno. *Jamais fomos modernos*. Rio de Janeiro: Ed. 34, 1994.

LEITE, Marcelo. "Há microplásticos na água da torneira de todo o mundo, inclusive no Brasil". *Folha de São Paulo*, 4. setembro 2017. Disponível em: <www1.folha.uol.com.br/ambiente/2017/09/1916146-ha-microplasticos-na-agua-da-torneira-de-todo-o-mundo-inclusive-no-brasil.shtml>. Acesso em: 5 ago. 2018.

LINHARES, Carolina & MARQUES, José & PRADO, Avener. "Indenização a atingidos por lama trava 2 anos depois da tragédia de Mariana". *Folha de São Paulo*, 24 outubro 2017. Disponível em: <www1.folha.uol.com.br/cotidiano/2017/10/1929598-indenizacao-a-atingidos-por-lama-trava-2-anos-depois-da-tragedia-de-mariana.shtml>. Acesso em: 5 ago. 2018.

LOSEKANN, Cristiana & MAYORGA, Claudia (orgs.). *Desastre na bacia do Rio Doce. Desafios para a universidade e para instituições estatais*. Rio de Janeiro: Folio Digital, 2018. Disponível em: <www.proex.ufes.br/sites/proex.ufes.br/files/field/anexo/desastre-de-mariana_completo_1_1.pdf>. Acesso em: 5 ago. 2018.

LOSEKANN, Cristiana & BISSOLI, Luiza Duarte. "Direito, Mobilização Social e Mudança Institucional". *Revista Brasileira de Ciências Sociais* (ONLINE), São Paulo, v. 32, nº 94, p. 329-403, 2017.

MAHR, Krista. "How Cape Town was saved from running out of water". *The Guardian*, 4 May 2018. Disponível em: <www.theguardian.com/world/2018/may/04/back-from-the-brink-how-cape-town-cracked-its-water-crisis>. Acesso em: 5 ago. 2018.

MAXMEN, Amy. "As Cape Town water crisis deepens, scientists prepare for 'Day Zero'". *Nature*, v. 554 (24 January 2018), p. 13-14, 2018.

MOTA, Camilla Veras. "Exames constatam intoxicação por metais pesados em moradores de cidade atingida pelo desastre de Mariana". *BBC News Brasil*, 26 março 2018. Disponível em: <www.bbc.com/portuguese/brasil-43545468>. Acesso em 5 ago. 2018.

NASCIMENTO, Lucigleide Nery & BECKER, Mimi Larsen. "Hydrobusinesses: Nacional and Global Demands on the São Francisco

River Basin Environment of Brazil". *International Review of Social History*, Amsterdam, v. 55 (Supplement), p. 203-233, 2010.

Neimanis, Astrida. "Feminist subjectivity, watered". *Feminist Review*, nº 103, p. 23-41, 2013.

Pearse-Smith, Scott W. D. "Waterwar' in the Mekong Basin?" *Asia Pasific View point*, Wellington, v. 53, nº 2, p. 147-162, 2012.

Pearson, Chris. "Beyond 'resistance': rethinking nonhuman agency for a 'more-than-human' world". *European Review of History – Revue européenne d'histoire*, v. 22, nº 5, p. 709–725, 2015.

Rezende, Sonaly, Heller, Léo & Queiroz, Ana Carolina Lanza. "Água, saneamento e saúde no Brasil: interseções e desacordos". *Anuario de estudios americanos* (online), Madrid, 66, nº 2, p. 57-80, 2009. Disponível em: <https://doi.org/10.3989/aeamer.2009.v66.i2.317>. Acesso em: 5 ago. 2018.

Ribeiro, Wagner Costa. "Uso compartilhado da água transfronteiriça na Bacia do Prata: utopia ou realidade". *Ambiente & sociedade*, São Paulo, v. 20, nº 3, p. 257-270, 2017.

Schorr, David B. "Water Law in British-ruled Palestine". *Water History*, Delft, v. 6, nº 3, p. 247-263, 2014.

Stoddard, Ed. "Cape Town 'Day Zero' pushed back to 2019 as dams fill up in South Africa". *Reuters*, April 3, 2018. Disponível em: <www.reuters.com/article/us-safrica-drought/cape-town-day--zero-pushed-back-to-2019-as-dams-fill-up-in-south-africa--idUSKCN1HA1LN>. Acesso em 5 ago. 2018.

Swyngedouw, Erik. *Liquid power: contested hydro-modernities in twentieth-century Spain (1898-2010)*. Cambridge, MA/London: The MIT University Press, 2015.

Swyngedouw, Erik. *Social Power and the Urbanization of Water: Flows of Power*. Oxford: Oxford University Press, 2004.

TUANA, Nancy. "Viscous Porosity: Witnessing Katrina". In: Alaimo, Stacy & HEKMAN, Susan. *Material Feminisms*. Bloomington, IN: Indiana University Press, 2008, p. 188-213.

VILLAR, Pilar Carolina. *A Busca pela governança dos Aquíferos transfronteiriços e o caso do Aquífero Guarani*. Tese (doutorado em Ciência Ambiental) - PROCAM - USP, São Paulo, 2012. Disponível em: http://pct.capes.gov.br/teses/2012/33002010145P8/TES.PDF. Acesso em: 10 out. 2018.

VITAL, André V. "Lapis Lazuli: politics and aqueous contingency in the animation Steven Universe". *Series: International Journal of TV/Serial Narratives*, Bologna/Valencia, v. 4, nº 1, p. 51-62, 2018.

WILLIAMS, Justin. "Theorizing the Non-human through Spatial and Environmental Thought". In: GABRIELSON, Teena et al. (orgs.). *The Oxford Hanbook of Environmental Political Theory*. Oxford: Oxford University Press (Oxford Hanbooks online), 2016.

WOLKMER, Antonio Carlos & AUGUSTIN, Sergio, WOLKMER & Maria de Fátima S. "O 'novo' direito à água no constitucionalismo da América Latina". *Revista Internacional Interdisciplinar INTERthesis*, Florianópolis, v. 9, nº 1, p. 51-69, 2012.

Parte I

Água
Contaminação e escassez

1. Enquadramentos do desastre ocorrido no Rio Doce e em Mariana no sistema de justiça

Cristiana Losekann

Thais Henrique Dias

Ana Valéria Magalhães Camargo

No dia 5 de novembro de 2015, ocorreu o rompimento da barragem de Fundão, de responsabilidade da empresa Samarco Mineração S.A e de suas controladoras Vale S.A e a anglo-australiana BHP Billiton Brasil LTDA, localizada no município de Mariana, no estado de Minas Gerais. Trata-se de um dos maiores desastres socioambientais do Brasil e o maior desastre de mineração no mundo em volume de material despejado por barragens de rejeitos de mineração (Agência Brasil, 2016). Foram mais de trinta e quatro milhões[1] de metros cúbicos de rejeitos despejados sobre o meio ambiente e dezesseis milhões restantes carreados para a jusante e em direção ao mar, atingindo uma extensa área dos estados de Minas Gerais e Espírito Santo (Ibama, 2015, p. 3). A chegada da lama de rejeitos no Rio Doce e seus afluentes, cuja bacia hidrográfica abrange 230 municípios, e após, no oceano, impediu o abastecimento da população com a água

1 A quantidade exata de rejeitos não é conhecida, alguns relatórios chegam a falar em 60 milhões de metros cubicos.

do rio e causou uma série de danos às vidas humanas e não-humanas localizadas nesses territórios.

Como reação ao desastre o sistema de justiça foi amplamente acionado. Milhares de ações judiciais individuais e dezenas de ações coletivas requerendo indenizações por danos materiais e morais foram propostas nos tribunais e varas judiciais dos estados do Espírito Santo e Minas Gerais. Além dessas ações, foram utilizados instrumentos extrajudiciais de resolução de conflitos entre as empresas Samarco, Vale e BHP e o poder público, sobretudo, na modalidade de *acordos* nas esferas estadual e federal, com o objetivo de reparar e indenizar os danos causados no contexto do desastre.

O objetivo do presente artigo é caracterizar o endereçamento das reivindicações coletivas ao sistema de justiça buscando compreender a maneira como se dá o uso de instrumentos jurídicos e judiciais observando como as contestações ao desastre se colocam nas Ações Civis Públicas, identificando quais os temas, impactos e argumentos estão presentes nas ações e ainda, através de quais argumentos jurídicos tais demandas foram fundamentadas. Tal objetivo se insere nas discussões acerca dos *frames* (enquadramentos) legais, ou seja, a análise de como os conflitos se expressam no arcabouço legal disponível e como este é também alterado no seu uso.

A discussão sobre os enquadramentos de ação coletiva é amplamente atravessada pela problematização dos efeitos das leis e pelos direitos nesse processo, já que leis e direitos podem ser entendidos como enquadramentos estabilizados, formais disponíveis para serem acionados. Segundo Benford e Snow (2001) os direitos civis e também os direitos humanos são uma espécie de "guarda-chuva" de sentidos e possibilidades para a viabilização de uma reivindicação. As leis, códigos e instrumentos jurídicos representam, nessa perspectiva, uma imensa possibilidade para a expressão dos descontentamentos, porém, nada garante que eles sejam necessariamente acionados. Esse uso depende dos atores e agenciamentos através dos quais ferramentas jurídicas são postas em operação (PEDRIANA, 2006; VANHALA, 2011).

Não obstante, conforme analisamos em uma pesquisa anterior acerca do uso da Ação Civil Pública em conflitos ambientais, o uso pode alterar também os próprios instrumentos jurídicos dando novos sentidos ou funções às leis e aos direitos (LOSEKANN & BISSOLI, 2017). Isto é, o uso das leis pode construir reenquadramentos legais. É esse aspecto que analisaremos em centralidade no presente artigo.

O USO DE INSTRUMENTOS JUDICIAIS EM DOIS ANOS DE DESASTRE

Vários foram os instrumentos judiciais utilizados nesse caso. Imediatamente após o rompimento da barragem já foram usadas ferramentas, tais como, a Ação Civil Pública, evidenciando-se que tal instrumento jurídico foi central na manifestação de protesto e busca por reparação. As Ações Civis Públicas tiveram como principais protagonistas, Ministério Público, Defensoria Pública e associações civis. A partir de trabalho no Observatório dos Conflitos Sociais e Sistema de Justiça,[2] temos acompanhado as ações judiciais coletivas e instrumentos específicos, tais como, os acordos realizados no âmbito

---

2 A coleta dos dados foi realizada a partir da consulta aos websites dos tribunais estaduais e federais de Minas Gerais e do Espírito Santo, com a palavra-chave "Samarco", "Vale", "BHP" e "Fundação Renova". Foram também coletadas informações sobre processos junto ao Ministério Público do Estado de Minas Gerais, do Ministério Público Federal e da Defensoria Pública do Espírito Santo. A coleta dos dados, construção do banco de dados e tratamento dos mesmos foi realizado por Ana Valéria Camargo (Bolsista de Extensão), Thaís Henrique Dias (Bolsista de Extensão) e Cristiana Losekann (Professora e coordenadora do projeto). Para a análise dos dados quantitativos foi utilizado o software IBM SPSS Statistics e para a análise dos dados qualitativos foi utilizado o software Nvivo 11.

delas. Foram coletados, até Setembro de 2017, um total de 40 procedimentos judiciais nos dois estados afetados. Abaixo observa-se a frequência de tais procedimentos, com destaque para a Ação Civil Pública que apresenta a maior frequência de uso, 72,5% dos casos. Não obstante, é preciso salientar que outros instrumentos similares, e talvez, juridicamente idênticos, estão presentes: é o caso da Ação Civil Coletiva e da Ação popular.[3]

Tabela 1. Frequência de ocorrência de procedimentos jurídicos

Tipo de Procedimento	Frequência	Porcentagem (%)
Ação Civil Pública	29	72,5
Acordo	3	7,5
Ação Popular	2	5,0
Cautelar Inominada	2	5,0
Execução de Termo de Compromisso Socioambiental Preliminar	1	2,5
Ação Civil Coletiva	1	2,5
Ação Ordinária	1	2,5
Ação Cautelar Preparatório à Ação Civil Pública	1	2,5
Ação Cautelar	1	2,5
Total	40	100

Fonte: Elaborado por Cristiana Losekann a partir dos dados existentes no Observatório de Conflitos Sociais e Sistema de justiça (http://organon.ufes.br/acoes-judiciais) coletados e tratados no software SPSS entre 2015 e Setembro de 2017 por Cristiana Losekann, Thaís Henrique Dias e Ana Valéria Magalhães Camargo.

Com relação aos réus das ações, ou partes acusadas, observa-se que as empresas figuram como as mais presentes, havendo uma

3 Em outros trabalhos empíricos observamos que em conflitos ambientais, em geral, as Ações Populares são transformadas ao longo do processo em Ações Civis Públicas. Losekann (2013).

diferença de protagonismo entre elas. A Samarco aparece acusada em todos procedimentos (100%), logo depois está a Vale, acusada em 45% dos casos, e a BHP Billiton em 35%. Conforme os dados apresentados na tabela abaixo:

Tabela 2. Frequência de réus/acusados por procedimento

Réu	Frequência	Porcentagem (%)
Samarco	40	100
Vale	18	45
BHP Billiton	14	35
Órgãos ambientais federais	7	17,5
União	5	12,5
Órgãos ambientais do ES	4	10
Estado de MG	3	7,5
Estado do ES	3	7,5
Fundação Renova	3	7,5
Órgãos ambientais de MG	2	5
Outros	9	22,5
Total	108	270

Fonte: Elaborado por Cristiana Losekann a partir dos dados existentes no Observatório de Conflitos Sociais e Sistema de justiça (http://organon.ufes.br/acoes-judiciais) coletados e tratados no software SPSS entre 2015 e Setembro de 2017 por Cristiana Losekann, Thaís Henrique Dias e Ana Valéria Magalhães Camargo.

Um elemento importante a ser destacado é que a partir do segundo semestre de 2016 a Fundação Renova[4] passou a ser apontada como ré nos processos, o que se relaciona ao fato de boa parte das reclamações serem atinentes aos procedimentos de reparação após

4 A Fundação Renova é uma fundação privada sem fins lucrativos, com estrutura própria de governança, fiscalização e controle, criada pelas 3 empresas mineradoras para gerir os programas de recuperação e compensação dos danos causados pelo desastre.

o rompimento da barragem. O que também é possível extrair dos dados acerca dos réus é que a compreensão das pessoas com relação às dinâmicas entre as empresas vai se estruturando de forma processual. Com o passar do tempo, aos poucos, a Vale e a BHP Billiton também vão sendo identificadas enquanto responsáveis pelo rompimento da barragem.

A "culpabilização" é um processo de enquadramento que depende de inúmeros fatores entre os quais está o próprio entendimento das relações causais e dos atores envolvidos. Quanto mais complexo o processo social em questão, envolvendo muitos atores, mais difícil é a construção da culpa conforme ressaltam Alinsky (1972) e Gamson (1992). Observe isso na progressão ao longo do tempo da identificação das empresas acusadas:

Tabela 3. Frequência (em números absolutos) de réus na distribuição dos procedimentos por intervalos temporais

	Nov. - Dez. 2015	Jan. -Jun. 2016	Jul. -Dez. 2016	Jan. - Jul 2017
Samarco	12	16	6	6
Vale	1	9	3	5
BHP Billiton	1	7	3	3
Fundação Renova	0	0	1	2

Fonte: Elaborado por Cristiana Losekann a partir dos dados existentes no Observatório de Conflitos Sociais e Sistema de justiça (http://organon.ufes.br/acoes-judiciais) coletados e tratados no software SPSS entre 2015 e Setembro de 2017 por Cristiana Losekann, Thaís Henrique Dias e Ana Valéria Magalhães Camargo.

Aparecem em menor frequência a União, os governos estaduais e órgãos ambientais, entre outros, como réus conforme apresentamos na tabela 2.

Já no que se refere ao protagonismo dos proponentes, o Ministério Público (MP) tem a maior presença, sendo aquele que mais provocou formalmente e judicialmente o sistema de justiça sobre o caso, conforme pode ser observado na tabela abaixo:

Tabela 4. Frequência dos proponentes dos procedimentos

Proponente	Frequência	Porcentagem (%)
Ministério Público Federal (ES)	9	14,3
Ministério Público Federal (MG)	8	12,7
Ministério Público de ES	8	12,7
Associação Civil	6	9,5
Ministério Público de MG	5	7,9
Defensoria Pública da União	4	6,3
Ministério Público do Trabalho	3	4,8
Município de Linhares	3	4,8
Estado do ES	3	4,8
Estado de MG	2	3,2
Órgãos ambientais federais	2	3,2
União	2	3,2
Pessoa física	2	3,2
Município do Colatina	1	1,6
SANEAR	1	1,6
Defensoria Pública do ES	1	1,6
Órgãos ambientais de MG	1	1,6
Município de Vitória	1	1,6
Município de Aracruz	1	1,6

Fonte: Elaborado por Cristiana Losekann a partir dos dados existentes no Observatório de Conflitos Sociais e Sistema de justiça (http://organon.ufes.br/acoes-judiciais) coletados e tratados no software SPSS entre 2015 e Setembro de 2017 por Cristiana Losekann, Thaís Henrique Dias e Ana Valéria Magalhães Camargo.

É importante salientar que apesar das análises quantitativas dos dados apontarem para o protagonismo judicial do Ministério Público, a análise qualitativa através de observação participante junto aos atingidos[5] e das próprias ações judiciais aponta para o fato de que

5 Esta é uma outra dimensão da pesquisa que analisa a construção das reivindicações pelos atingidos fora do sistema de justiça.

o próprio MP agiu por forte provocação social de forma que por trás das ações existe um processo de mobilização social que se instaurou nos territórios afetados e, também, provocações pontuais dos atingidos reivindicando do MP a tomada de providências.

No que se refere à análise qualitativa das ações do MP, encontramos argumentos amparados em "protestos que ocorreram da cidade" e, principalmente, na escuta realizada em audiências públicas. O argumento baseado na "opinião pública" associada à "mídia" também consta como base para justificar pedidos.

Mas vale ressaltar que também através de observações participantes, inclusive em audiências públicas, é possível verificar que os atingidos nas localidades afetadas endereçaram fortemente suas insatisfações ao Ministério Público e à Defensoria Pública. Ou seja, seria equivocado dizer que nas ações ajuizadas por essas instituições não se pode vislumbrar o agenciamento dos atingidos. Evidentemente, esse protagonismo institucional tem implicações que precisam ser ressalvadas, ainda que isso fuja do escopo do presente trabalho.

Além de tudo isso, formalmente é o MP o principal legitimado na interpretação corrente de juristas de operadores do direito para atuar num caso para este. Tal aspecto está expresso, por exemplo, em um argumento produzido por um juiz (12º vara federal de Belo Horizonte) acerca da intenção do MPF de abrir a sua atuação no caso à participação dos atingidos:

Se, por um lado, a **participação** da sociedade civil e a oitiva dos movimentos sociais revela-se legítima, prudente e conveniente para fins de legitimidade política-social do equacionamento de tema tão delicado e complexo, **por outro lado**, frise-se, tal participação, sobretudo na seara ***endoprocessual***, encontra **limites** na própria ordem constitucional, já que, no âmbito jurídico-processual, constitui função institucional do Ministério Público (***e não dos movimentos sociais ou do universo acadêmico***) zelar pela proteção do patrimônio público e social, do meio ambiente e de outros interesses difusos e coletivos, bem como defender judicialmente os direitos e interesses das populações indígenas. (CF/88, artigo 129, incisos III e V).

Fonte: Imagem de um trecho da decisão de 15 de maio de 2017, no âmbito da ACP 0023863-07.2016.4.01.3800, proferida pelo juiz federal substituto, Mario de Paulo Franco Júnior, da 12ª vara federal de Belo Horizonte.

Na decisão o juiz afirma a função constitucional do MP para atuar no caso em exclusão à atuação de "movimentos sociais ou do universo acadêmico". Tal aspecto, mesmo sendo de natureza relativa à dimensão jurídica e interna ao sistema jurídico, precisa ser considerada uma vez que afeta na intenção e performance dos atores envolvidos.

Depois do Ministério Público, observa-se um protagonismo importante de associações civis e também da Defensoria Pública, onde destaca-se a ausência da DP/MG e a presença da DPU e DP/ES.

O desastre atingiu uma ampla extensão territorial, atravessando vários municípios, contudo, alguns deles foram mais ativos no sentido de expressar através de instrumentos jurídicos seus descontentamentos. São eles:

Tabela 5. Frequência de local do conflito em questão nos procedimentos

Localidade	Frequência	Porcentagem (%)
Espírito Santo	15	37,5
Mariana	8	20
Governador Valadares	6	15
Espírito Santo e Minas Gerais	4	10
Linhares	2	5
Colatina	2	5
Sem informação	3	7,5
Total	40	100

Fonte: Elaborado por Cristiana Losekann a partir dos dados existentes no Observatório de Conflitos Sociais e Sistema de justiça (http://organon.ufes.br/acoes-judiciais) coletados e tratados no software SPSS entre 2015 e Setembro de 2017 por Cristiana Losekann, Thaís Henrique Dias e Ana Valéria Magalhães Camargo.

Assim, observa-se que parte dos procedimentos foi empregado para tratar que questões locais e outra parte abarcou uma dimensão mais geral do desastre, com destaque para o Espírito Santo que aparece em 37,5% dos casos e Espírito Santo e Minas Gerais em 10%.

Esses dados que caracterizam de uma forma geral os procedimentos jurídicos utilizados e relacionados à defesa de interesses coletivos, nos permitem observar de uma forma ampla o perfil e certas nuances no uso dos instrumentos jurídicos. Contudo, a compreensão dos enquadramentos se dá fundamentalmente quando examinamos qualitativamente a construção das demandas e a argumentação jurídica na construção das petições iniciais.

Entre natureza e sociedade – Os enquadramentos das reivindicações

A partir desse panorama amplo de acionamento do sistema de justiça, analisamos em profundidade 12 ações judiciais dos 40 procedimentos coletados. Por enquanto foram analisadas as ações relativas, principalmente, ao estado do Espírito Santo, algumas abarcam de forma geral os dois estados. A análise foi realizada com a utilização do software Nvivo 11 a partir da codificação das petições iniciais segundo dois critérios: demandas e argumentos de mérito e argumentos jurídicos. O objetivo central era conhecer o conteúdo das ações compreendendo quais são as demandas relacionadas ao desastre e como elas são fundamentadas argumentativamente.

Compreendendo, assim, como se dá o endereçamento das reivindicações do desastre ao sistema de justiça, observamos a centralidade da questão da "água" como aspecto recorrente em todas as ações analisadas. A água aparece na sua dimensão de consumo, relacionada aos impactos causados no abastecimento de água potável, mas também aparece a água enquanto "rio" e "mar" em função da chegada dos rejeitos de mineração ao longo de todo o rio Doce e mar na costa do ES.

A água também aparece relacionada à dimensão social, ou seja, a contaminação das águas está ligada ao uso humano de diversas formas. Isto é, o principal elemento de reivindicação revela, pela forma como aparece nas ações, as articulações entre natureza e sociedade nos efeitos do desastre. Nesse sentido observa-se que a palavra "população" aparece com relevância no mapa de palavras (figura 1 abaixo) e em proximidade da palavra "água".

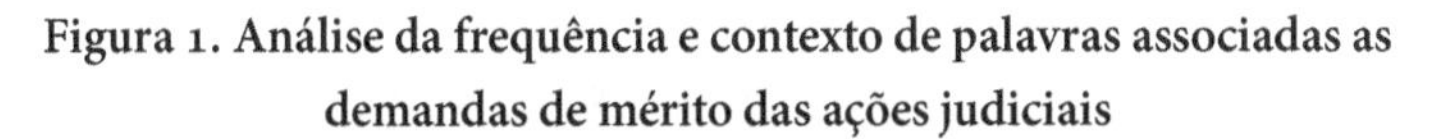

Figura 1. Análise da frequência e contexto de palavras associadas as demandas de mérito das ações judiciais

Fonte: Elaborado por Cristiana Losekann a partir dos dados existentes no Observatório de Conflitos Sociais e Sistema de justiça (http://organon.ufes.br/acoes-judiciais) coletados e tratados no software Nvivo 11 entre 2015 e Setembro de 2017 por Cristiana Losekann, Thaís Henrique Dias e Ana Valéria Magalhães Camargo.

Outro aspecto observado em relação à água está ligado à desconfiança dos laudos técnico-científicos de potabilidade. Essa é uma das questões que até hoje mais mobiliza a população dos municípios que dependem da água do rio Doce para abastecimento. Embora os órgãos públicos competentes e as empresas causadoras do dano afirmem que todos os laudos garantem que a água tratada pelo sistema público não apresenta contaminação, a população em geral continua comprando água mineral para beber.

Razão de muita discórdia entre populações locais e poderes públicos municipais, a desconfiança em relação à qualidade da água revela a perda de credibilidade das instituições políticas locais e das instituições ambientais e científicas, que pode ser creditado a três fatores principais: o próprio desastre que foi causado por imperícia, negligência e incompetência de setores técnico-científicos privados e públicos (que deveria fiscalizar a barragem); a conjuntura política que tem visibilizado as relações fisiológicas e corruptas entre lideranças políticas de empresas privadas; a confrontação entre o saber dado pela experiência e o senso comum que espontaneamente e intuitivamente percebe alterações nos padrões da água, enquanto o saber científico que diz o contrário. Este último aspecto é importante pois há inúmeros relatos de estranhamentos em relação à condição da água (gosto, cheiro, aparência) antes e depois do desastre.

A análise de reivindicações também revela demandas pelo reconhecimento daquilo e daqueles que foi e foram afetados. Reivindica-se o reconhecimento de ecossistemas afetados, populações afetadas, atividades e trabalhos afetados, modos de vidas e comunidades tradicionais. As Unidades de Conservação, o mar, o rio e os manguezais aparecem como os lugares principais associados aos danos físicos ambientais. Dentre os tipos de danos nesses lugares, estão: assoreamento do rio, perda de habitas, alteração das condições de vida e contaminação. Nesse sentido aparecem também os animais enquanto seres afetados de múltiplas formas. Os peixes e as tartarugas são os animais mais mencionados em termos de preocupações.

Os danos para os quais se reivindica reconhecimento são apresentados como efeitos imediatos e efeitos reflexos e exprimem uma preocupação quanto ao futuro que aparece através da noção de risco. Tal noção advém de uma evidente preocupação que perpassa a maior parte dos habitantes das regiões afetadas, mas, também encontra grande amparo em um enquadramento legal, qual seja, o "princípio de precaução" que está previsto na Constituição brasileira. Assim, as inseguranças e incertezas sobre contaminações transformam-se em uma reivindicação de reparação tendo em vista a projeção de possíveis danos futuros.

Um aspecto surpreendente foi a presença de reivindicações que apontam para os efeitos de ações de reparação, ou seja, para danos ligados às ações de reparação. Eles dizem respeito fundamentalmente à forma de organização, distribuição e tempo de fornecimento da água mineral durante o período de falta de abastecimento d'água, mas também, pela continuidade dessa distribuição. Além disso, encontramos denúncias sobre a ineficiência na contenção e no manejo dos rejeitos da barragem ao longo da bacia e do mar. Em alguns casos reclama-se sobre a forma como foram retirados os rejeitos (sobretudo em Minas Gerais) e em outros reclama-se pelo fato de os rejeitos não terem sido ainda retirados. Encontram-se também, denúncias sobre a letargia e falta de interesse das empresas em repararem o dano, manifesta em fatos concretos. Este é o caso, por exemplo, da demora em reconhecer as populações do norte do ES enquanto atingidas, mesmo após a determinação dada pelo Comitê Interfederativo (CIF) de que isso seja feito.

Não obstante, os principais questionamentos relacionados à reparação dizem respeito ao modelo, execução e à falta de transparência no cadastramento dos atingidos feita pela Fundação Renova. Esse aspecto é um dos mais contestados por movimentos sociais, atingidos, ONGs, grupos de pesquisa, MP e DP. O objeto central de contestação do acordo é o fato de que o modelo de cadastramento criado no acordo (TTAC) passou para a Fundação, criada e controlada pelas empresas, o poder de definir critérios de reconhecimento de atingidos e executar os procedimentos de reconhecimento. O formato adotado pressupõe o princípio de desconfiança ou a presunção de má-fé em relação às solicitações dos atingidos, os quais devem provar que são afetados para aqueles que causaram os danos.

Igualmente, questiona-se o modelo e execução do Programa de Indenização Mediada, sobretudo, por denúncia da Defensoria Pública do ES, no que se refere à quitação geral. Tal Programa embora seja apresentado como medida de mediação, não se enquadra em tal modalidade posto que foi concebido e será executado por uma das partes, eliminando qualquer o princípio básico de uma pretensa mediação – conforme os padrões estabelecidos pelo próprio Conselho Nacional de Justiça (CNJ) e pelos princípios que fundamentam teoricamente a mediação. Conforme consta no artigo 1 da Resolução nº 125, de 29 de novembro de 2010 que estabelece a "Política Judiciária Nacional de tratamento adequado dos conflitos de interesses no âmbito do Poder Judiciário":

> Dos princípios e garantias da conciliação e mediação judiciais Art. 10 – São princípios fundamentais que regem a atuação de conciliadores e mediadores judiciais: confidencialidade, decisão informada, competência, imparcialidade, independência e autonomia, respeito à ordem pública e às leis vigentes, empoderamento e validação (Conselho Nacional da Justiça, 2010).

A existência de ações judiciais, e em especial de Ações Civis Públicas, cujo tema central está em medidas de reparação, evidencia o limite e a falha nos esforços de mediação de conflitos e conciliação, materializados nas diversas modalidades de acordos que criaram tais medidas de reparação. Esse é um aspecto de alta relevância uma vez que se alastra o discurso de defesa das práticas de mediação como alternativas à judicialização com vistas a garantir maior celeridade, acesso à justiça etc. O que observamos é que não só tais iniciativas não evitaram a judicialização, como fomentaram, na medida em que os acordos criados apresentam falhas consideráveis ensejando novas ações judiciais.

Como as reivindicações são argumentadas juridicamente

Com o objetivo de identificar as argumentações jurídicas utilizadas nas ações judiciais coletivas, o Observatório realizou uma análise de dados qualitativos de 13 petições iniciais, localizadas no estado do Espírito Santo e no âmbito federal. Também foi possível observar como a questão da água foi argumentada juridicamente e quais foram os principais pedidos referentes a ela. A análise desses documentos pode nos indicar as principais estratégias jurídicas utilizadas pelos proponentes das ações, servindo também para futuras análises acerca da sua correspondência com as demandas a serem identificadas nas entrevistas com as pessoas afetadas pelo desastre.

No geral, o objetivo das ações judiciais coletivas analisadas diz respeito à reparação, minimização e prevenção dos danos causados pelo desastre. São propostos diversos tipos de danos, sendo os mais citados os danos socioambientais, socioeconômicos, ambientais e os danos morais. Além disso, identificamos o uso recorrente de legislações ambientais, do consumidor e constitucional; da teoria da responsabilidade civil; da jurisprudência[6] dos tribunais superiores; da doutrina brasileira; de princípios e de referências a outras ações civis públicas e a acordos propostos em decorrência do desastre.

No que se refere à forma de reparação dos danos e os argumentos jurídicos utilizados para demonstrar a caracterização de seus diversos tipos, a teoria da responsabilidade civil tem enorme

6 Jurisprudência é o conjunto das decisões sobre interpretações das leis, feitas pelos tribunais.

relevância dentro das ações judiciais coletivas. Essa teoria consiste na imputação do evento danoso a um sujeito determinado, que será obrigado a indenizá-lo.

A responsabilidade civil é um dos instrumentos jurídicos mais flexíveis e simples, considerado apto a oferecer a primeira forma de tutela a interesses novos sem regulamentação própria por parte do legislador. Trata-se de um direito antes de tudo jurisprudencial, pois as primeiras respostas normativas vêm das decisões dos juízes. Isso ocorre porque o mecanismo da responsabilidade civil é composto, em grande parte, por cláusulas gerais[7] e por conceitos vagos e indeterminados, carecendo de preenchimento pelo juiz de princípios e valores constitucionais a partir do exame do caso concreto (Moraes, 2006, p. 238).

O fato de instrumentos jurídicos mais abertos (no sentido exposto acima) estarem sendo usados nesse caso explica-se em parte pelo ineditismo de tal situação. A maior parte dos danos e fatos concretos relacionados ao desastre em questão não encontram precedentes no país e até no mundo. Além disso, a complexidade do caso, no sentido de que diferentes tipos de danos estão correlacionados e que ainda não se conhece suficientemente as implicações dos danos, contribui para que instrumentos jurídicos mais amplos sejam usados.

O uso desses instrumentos amplos e vagos tem uma implicação relevante para a análise das transformações dos instrumentos jurídicos e para a relação que se estabelece entre as construções dos conflitos e noções de injustiça fora do sistema jurídico e dentro do sistema jurídico. Isto é, essa dinâmica pode revelar o quanto o sistema de justiça é capaz de absorver as demandas externas e como, nesse processo, se dá tal conversão. Nesse sentido, eles favorecem o surgimento de certas inovações, podendo gerar incrementos nos enquadramentos de direitos já previstos. Por outro lado, essas inova-

7 Cláusulas gerais são normas com diretrizes indeterminadas, que não trazem expressamente uma solução ou consequência jurídica.

ções não são necessariamente positivas, dependendo sempre de uma análise de contexto.

Foi com base na teoria da responsabilidade civil *objetiva* que os pedidos de ressarcimento dos diversos tipos de danos foram fundamentados. Um dos argumentos jurídicos utilizados para justificar a aplicação dessa teoria foi a decisão proferida em sede do Recurso Especial nº 1.374.284 de Minas Gerais pelo Superior Tribunal de Justiça - STJ, em novembro de 2014, citada em dez ações, das treze analisadas. Essa decisão foi resultado do julgamento de recurso interposto pela empresa Mineração Rio Pomba Cataguases LTDA em face da decisão pela sua responsabilidade e obrigação de indenizar os danos materiais e morais causados em decorrência do rompimento de barragem, ocorrido nos Municípios de Miraí e Muriaé, no Estado de Minas Gerais, em 27 de janeiro de 2007. No recurso a empresa alegou a excludente de responsabilidade por força maior devido à enorme quantidade de chuvas, mas tal argumento não foi acatado pelo tribunal por causa do risco da atividade exercida pela empresa, a qual teria o dever de indenizar independentemente da existência de culpa.

A decisão citada nas ações, que obriga a empresa a indenizar os danos, consolida o entendimento de que a responsabilidade civil por dano ambiental é objetiva, isto é, no caso de dano ambiental a empresa responsável pelo dano não pode invocar as excludentes de responsabilidade civil previstas em lei[8] para afastar a sua obrigação de indenizar. Esse entendimento tem como base a teoria do risco integral, cuja ideia consiste no dever do poluidor ambiental reparar o dano independentemente de a poluição causada ter-se dado em decorrência de ato ilícito ou não, abrangendo os danos diretos e indiretos causados. Assim, o empreendimento ou a empresa será responsável pelos danos provocados por atividades exercidas sob seu controle,

8 São hipóteses de exclusão do nexo causal: culpa exclusiva da vítima, fato de terceiro e caso fortuito ou força maior.

bastando a comprovação do nexo causal entre o dano sofrido pela vítima e a situação de risco criada pelo agente.

O uso dessa jurisprudência e das teorias de responsabilidade civil objetiva e do risco integral serviu para fundamentar o dever de reparação integral dos danos causados aos atingidos. Por exemplo, na ACP[9] que discute a nulidade da cláusula de quitação ampla, geral e irrestrita previstas no Programa de Indenização Mediada (PIM)[10] relacionado aos danos gerais, essa teoria é utilizada para argumentar que a Fundação Renova e a Samarco não podem negociar diretamente com os atingidos sem observar as normas de direito ambiental, pois ao fazê-lo causar-lhes-ia novos danos. Assim, segundo os proponentes dessa ação, a adoção dessas cláusulas pela Fundação por meio de um contrato jurídico configura abuso de direito[11], pois exigiria do atingido a quitação de toda e qualquer responsabilização da empresa pelos danos futuros ou não conhecidos decorrentes do desastre, o que isentaria as empresas de ressarcimento integral dos danos.

A doutrina clássica conceitua o dano como a lesão ou diminuição de um bem juridicamente protegido, que pode ser material ou moral.[12] Contudo, o atual sistema de classificação de danos não

9 ACP nº 0011821-36.2017.4.02.5004, proposta pelas Defensorias Públicas da União e do Estado do Espírito Santo em face da Fundação Renova, Samarco e União Federal.

10 Programa criado pela empresa Samarco com o objetivo de indenizar as pessoas consideradas impactadas, sendo executado pela Fundação Renova.

11 Está previsto no art. 187 do Código Civil: "Também comete ato ilícito o titular de um direito que, ao exercê-lo, excede manifestamente os limites impostos pelo seu fim econômico ou social, pela boa-fé ou pelos bons costumes".

12 De acordo com a doutrina brasileira, o dano material é o prejuízo a bens tangíveis ao patrimônio de uma pessoa, incluindo todas as perdas materiais. Já o dano moral consiste nos prejuízos sofridos que não se incluem

consegue abranger todas as hipóteses de danos (Maggi, 2007, p. 6). Essa limitação pode ser observada nas ações judiciais analisadas, pois o enquadramento dos danos em somente materiais e morais não é suficiente para abarcar toda a amplitude dos danos causados em decorrência do desastre.

Na análise dos argumentos de mérito e explicações acerca dos danos fica evidente a complexidade dos mesmos. Substantivamente os danos aparecem de forma mais sutil e dinâmica do que a lei prevê. Eles ganham o sentido de interdições nos modos de vida; alteração nas relações sociais locais; perda da memória e dignidade; oneração do poder público; desconfiança nas instituições; imposição do modelo de reparação; insegurança quanto ao futuro. Além disso, do ponto de vista dos reclamantes e atingidos a separação entre as dimensões sociais e ambientais, estabelecida na forma como a lei pode ser interpretada, não faz sentido algum. Essa complexidade e fluidez na forma como os danos são sentidos se expressa nas dinâmicas legais.

Observa-se uma verdadeira disputa de enquadramentos em torno da definição dos danos conforme pode-se observar na tabela abaixo (Tabela 6). Tal disputa faz emergir a dimensão aberta e tensionada inerente aos conflitos sociais. Assim, pode-se dizer que em conflitos sociais, quando lidamos com marcos normativos e instrumentos jurídicos relativamente amplos ou vagos, as chances de que ocorram disputas em torno dos enquadramentos legais é maior. E daí podem surgir reenquadramentos legais.

---

dentre os danos materiais, sendo uma agressão à pessoa, do ponto de vista psicológico, moral e ético.

Tabela 6. Tipos de danos mencionados nas ações

Danos que aparecem nas Ações judiciais:
Dano ao patrimônio histórico-cultural
Danos à qualidade da água
Dano difuso
Dano futuro
Dano socioambiental
Danos à saúde
Danos ambientais
Danos ao erário
Danos ecológicos
Danos humanos
Danos econômicos
Danos materiais
Danos extrapatrimoniais
Danos morais
Danos gerais
Danos pelo desabastecimento
Dano ambiental coletivo
Danos sociais
Danos socioeconômicos
Danos reflexos
Lucro cessante ambiental

Desses os mais recorrentes são os danos socioambientais, citado treze vezes em três ACP's; danos ambientais, citado sessenta e duas vezes em cinco ACP's; danos morais, citado sete vezes em três ACP's e os danos socioeconômicos, citado onze vezes em três ACP's. O que nos revela que apesar da abertura jurídica da noção de dano prevalecem em uso os marcos ambientais, que são compreendimentos como mais adequados ao caso ou mais profícuos para a argumentação em questão. Tal aspecto fica evidente na representação gráfica abaixo onde analisamos os termos mais recorrentes e seus contextos dentro da classificação de argumentos jurídicos nas petições iniciais.

Figura 1. Análise da frequência e contexto de palavras associadas aos argumentos jurídicos das ações judiciais

Fonte: Elaborado por Cristiana Losekann a partir dos dados existentes no Observatório de Conflitos Sociais e Sistema de justiça (http://organon.ufes.br/acoes-judiciais) coletados e tratados no software Nvivo 11 entre 2015 e Setembro de 2017 por Cristiana Losekann, Thaís Henrique Dias e Ana Valéria Magalhães Camargo.

O dano causado e a forma de repará-lo são um dos pontos de discussão de todas as ações analisadas. Nas ações, os danos ambientais e socioambientais são tidos como evidentes e a discussão é feita quanto à sua forma de reparação e quantificação, uma vez que são extensos. Dentro desses danos podem ser incluídos os danos ecológicos e o dano à qualidade da água, sendo ambos citados poucas vezes. As discussões sobre os danos ecológicos giram em torno da insuficiência da indenização monetária para minimizá-los.

O dano à qualidade da água, apesar de aparecer apenas uma vez com essa denominação, é o dano utilizado na argumentação de praticamente todas as ações, seja para falar da situação dos pescadores que não podem mais exercer sua profissão, da amplitude da reparação devida pelas empresas, do desabastecimento ou até mesmo da competência Federal uma vez que o rio é um bem da União pois corta dois Estados (Minas Gerais e Espírito Santo). Com isso, apesar de ser citado poucas vezes com esse nome, os danos à qualidade da água são usados indiretamente como fundamento e argumentação para se pleitear indenização por Danos morais coletivos, danos socioambientais, danos à saúde, lucros cessante ambiental, danos sociais e danos gerais.

Apesar de pouco referenciada é importante abordar sobre as duas espécies de danos morais: danos morais coletivos e danos morais ambientais. Isso porque são peculiares, não é pacífica na doutrina a aceitação dessas espécies de danos morais, assim no debate sobre esses tipos de danos não se discute sua forma de quantificação ou reparação, como acontece nos danos ambientais e socioambientais, e sim sobre sua existência ou não. Na ACP dos R$ 155 bilhões[13] conceitua-se danos morais coletivos, segundo o entendimento de Hugo Nigro Mazzilli, como sendo a junção de vários danos morais individuais. As ACP's[14] que pleiteiam indenização por esse tipo de dano argumentam que a falta de abastecimento de água, a incerteza sobre sua potabilidade, pontos turísticos sem turistas, pescadores sem poder exercer atividade pesqueira, pessoas que perderam as casas, cláu-

---

13 ACP nº 0023863-07.2016.4.01.3800.

14 ACP's nº 0023863-07.2016.4.01.3800 ou ACP dos 155 bilhões e nº 0011821-36.2017.4.02.5004 ou ACP da cláusula de reparação ampla e irrestrita.

sulas abusivas nos contratos de conciliação e mediação, dentre outros fatores, contribuem para lesar a integridade psicológica da coletividade. Tal debate evidentemente contribui para uma ampliação dos sentidos previstos no enquadramento de danos morais permitindo novas modalidades de fatos e uma dimensão coletiva.

Outro ponto importante é o papel do poder público, controverso em algumas petições iniciais. Por exemplo, na ACP dos 155 bilhões a imprudência, a omissão, e o poder de polícia precário prestado pelos entes públicos são motivos pelo qual eles devem estar no polo passivo da ação como um agente causador do dano. Na ação proposta pelo estado do Espírito Santo e pelo Instituto Estadual de Meio Ambiente e Recursos Hídricos (IEMA)[15] argumenta-se que apesar da complexidade dos danos eles devem ser auferidos pela empresa e não pelos entes públicos alegando que o Espírito Santo e suas autarquias sofreram danos ao erário. O argumento é que as despesas com pessoal (servidores temporários para região afetada) faz com que o poder público desloque verba de seus orçamentos gerando prejuízo a outras necessidades públicas, surgindo daí o dano. Já na ACP que discute a nulidade da cláusula de quitação ampla, geral e irrestrita previstas no Programa de Indenização Mediada (PIM)[16] argumenta-se que a omissão da União frente a cláusula de quitação ampla e irrestrita, sendo ela considerada um abuso de direito perpetrado nas audiências de conciliação e mediação pelos proponentes da ação, possibilitou a continuidade do dano moral coletivo. Novamente, a tese amplia a noção de dano, produzindo um reenquadramento.

Por fim, há uma ligação entre as matérias dos danos econômicos, extrapatrimoniais, materiais e socioeconômicos. Nas ações que

15 Ação nº 0000154-21.2016.8.08.0014.

16 Ação Civil Pública nº 0011821-36.2017.4.02.5004.

eles são citados não se discute se ele existe ou não, assim como ocorre quanto ao dano ambiental, mas como é possível e urgente repará-lo.

A CENTRALIDADE DO DIREITO AMBIENTAL COMO ENQUADRAMENTO REIVINDICATIVO

A primeira legislação específica sobre o meio ambiente é a Lei nº 6.938 de 1981, que dispõe sobre a Política Nacional do Meio Ambiente. Ela é a legislação mais referenciada dentro das ações analisadas, sendo citada em sete ações diferentes. Em seu art. 14 § 1° encontram-se o *princípio do poluidor-pagador*, a teoria da responsabilidade civil e do risco integral. No art. 4º, I encontra-se o princípio da precaução. Assim, é possível afirmar que é de suma importância tal legislação no âmbito das indenizações em decorrência da degradação do meio ambiente. É possível perceber a centralidade e relevância da legislação ambiental na defesa das reivindicações mencionadas, evidente através da representação gráfica de nuvem de palavras os principais termos presentes na codificação dos argumentos jurídicos que apresentamos na figura 2.

Nessa legislação estão consubstanciados os princípios mais relevantes para as questões dos Direitos Ambientais. Eles servem para direcionar a interpretação e aplicação do direito (MORAES, 2006, p. 245), sendo os princípios da precaução, da reparação integral e da dignidade da pessoa humana os mais citados nas diferentes petições iniciais. O termo princípios também foi utilizado em um sentido geral para se referir aos princípios gerais ou fundamentais do direito brasileiro, previstos na Constituição Federal e em estatutos e leis do consumidor, ambientais, entre outros, sendo utilizados como alicerce ou fundamento jurídico para os pedidos contidos nas petições.

Outro aspecto que é notável nas análises das argumentações jurídicas é a presença de aspectos do debate internacional sobre questões ambientais e responsabilidade de empresas e suas implicações legais. Isso releva a implicação existente entre os próprios marcos legais ambientais nacionais e o debate internacional, tendo em vista que boa parte desses marcos advém de arenas de discussão e pressão internacional.

O princípio do poluidor-pagador, adotado por diversos países depois da Conferência de Estocolmo[17] ocorrida em 1972, foi inserido formalmente no direito ambiental brasileiro a partir da Recomendação C(72) 128, de 1972, da Organização para a Cooperação e Desenvolvimento Econômico – OCDE. Essa recomendação trata da implementação de princípios sobre os aspectos econômicos das políticas ambientais internacionais. Segunda a Recomendação, o princípio do poluidor-pagador consiste no dever de o poluidor de arcar com os custos das medidas de controle, prevenção e reparação da poluição da natureza, compreendida como recurso natural.

Esse princípio é citado de forma mais recorrente na ACP[18] proposta pelo estado do Espírito Santo e pelo Instituto Estadual de Meio Ambiente e Recursos Hídricos (IEMA) e na ACP dos R$ 155 bilhões[19]. Na primeira, o princípio do poluidor-pagador é mobilizado como um desdobramento da teoria do risco integral, adotada

---

17 A Conferência de Estocolmo, realizada em 1972 em Estocolmo na Suécia é a Conferência das Nações Unidas para o Meio Ambiente Humano. Ela foi pioneira na discussão global sobre o meio ambiente, e, por isso, é considerada um marco histórico e político internacional, estabelecendo diversas políticas de gerenciamento ambiental e direcionando a atenção das nações para as questões ambientais.

18 ACP nº 0000154-21.2016.8.08.0014, ajuizada na 1ª Vara Federal de Linhares.

19 ACP nº 0023863-07.2016.4.01.3800, ajuizada pelo Ministério Público Federal em face das empresas Samarco, Vale e BHP e de alguns entes públicos.

pela Lei de Política Nacional do Meio Ambiente,[20] e como alicerce da responsabilidade civil ambiental. Esse princípio também é utilizado como fundamento da responsabilidade civil ambiental em outras duas ACPs[21] com o objetivo de fundamentar o dever de reparação do dano por aquele que o cometeu ou assumiu os riscos de sua atividade. Assim, com base nesse princípio, a Procuradoria Geral de Linhares pediu que a Samarco suportasse financeiramente o ônus de todas as medidas para disponibilizar os recursos materiais para a proteção do meio ambiente e da saúde pública devido ao risco de contaminação do ambiente marinho e dos recursos pesqueiros.

Na segunda ACP, o princípio do poluidor-pagador é mobilizado como um princípio constitucional.[22] O mesmo ocorre em outras ACP's,[23] nas quais esse princípio é fundamentado pela Lei da Política Nacional do Meio Ambiente e pelo documento *Princípios Orientadores sobre Empresas e Direitos Humanos*, aprovado pelo Conselho de Direitos Humanos da Organização Mundial de Saúde da ONU, em junho de 2011. Esse princípio também é utilizado como base para o pedido de que as rés suportem o ônus financeiro de todas

---

20 "Art 14. Sem prejuízo das penalidades definidas pela legislação federal, estadual e municipal, o não cumprimento das medidas necessárias à preservação ou correção dos inconvenientes e danos causados pela degradação da qualidade ambiental sujeitará os transgressores: § 1° - Sem obstar a aplicação das penalidades previstas neste artigo, é o poluidor obrigado, independentemente da existência de culpa, a indenizar ou reparar os danos causados ao meio ambiente e a terceiros, afetados por sua atividade. O Ministério Público da União e dos Estados terá legitimidade para propor ação de responsabilidade civil e criminal, por danos causados ao meio ambiente."

21 São elas as ACPs n° 0002571-13.2016.4.02.5004 e 0132641-52. 2015.4.02.5005.

22 "Art. 225, § 2° Aquele que explorar recursos minerais fica obrigado a recuperar o meio ambiente degradado, de acordo com solução técnica exigida pelo órgão público competente, na forma da lei."

23 São elas as ACP's n° 0023863-07.2016.4.01.3800 e 0017045-06.2015.8.08.0030.

as medidas preventivas, reparatórias, mitigatórias, compensatórias e fiscalizatórias necessárias em decorrência da atividade poluidora.

É na ACP dos R$ 155 bilhões que se observa também a recorrência da mobilização do princípio da reparação integral como um princípio de direito ambiental, sobretudo para argumentar que a reparação do dano e sua extensão deve ser feita de forma integral, impedindo a adoção de dispositivo tendente à predeterminação de limites à reparabilidade de danos ambientais. Assim, defende o reconhecimento não só do dano imediato, mas de toda a extensão dos danos produzidos em decorrência do desastre. É embasado com argumentos da doutrina e pela sua adoção pelo sistema legal brasileiro por meio da Lei da Política Nacional do Meio Ambiente e do art. 225 da CF.[24]

Argumenta-se que a reparação integral pode superar o patrimônio do causador do dano que assumiu o risco da atividade, sendo utilizado também para embasar a demanda por articulação entre Poder Público, considerado responsável solidário, e empresas no planejamento e execução dos planos de recuperação socioambientais e socioeconômicos necessários à reparação integral do meio ambiente. Contudo, o que se verifica na prática é que mesmo tendo que assumir os riscos de forma integral, os danos são inúmeros e até mesmo o MPF, proponente da ACP dos R$ 155 bilhões, argumenta que a empresa não possui patrimônio para arcar sozinha com o dano que ocasionou. Ou seja, apesar de ter que reparar integralmente todos os danos causados o que se observa é a sua impossibilidade, dada a extensão dos danos decorrentes de condutas negligentes dos autores diretos e indiretos.

---

24 "Art. 225. Todos têm direito ao meio ambiente ecologicamente equilibrado, bem de uso comum do povo e essencial à sadia qualidade de vida, impondo-se ao poder público e à coletividade o dever de defendê-lo e preservá-lo para as presentes e futuras gerações."

Nas petições, o princípio da precaução é utilizado, sobretudo na matéria ambiental, para exigir do Estado a adoção de medidas de caráter preventivo devido à incerteza científica referente ao risco de contaminação ao meio ambiente e à saúde humana causado pelo desastre. Além de ser embasado com argumentos da doutrina, o princípio da precaução é reconhecida tanto internacionalmente (Princıípio 15, Conferência das Nações Unidas sobre o Meio Ambiente e Desenvolvimento, ECO/92), quanto no ordenamento jurídico brasileiro (art. 225, § 1º, inciso I da Constituição Federal; art. 4º, I e IV, Lei 6.938/1981, art. 54, § 3º, Lei 9.605/1998).

Com fundamento no Princípio 15 da Declaração do Rio sobre Meio Ambiente e Desenvolvimento de 1992[25] (produzido no contexto da Conferência ECO92 ocorrida no Rio de Janeiro), o princípio da precaução é utilizado para amparar a tese de que na possibilidade de ocorrência de algum dano ambiental ou à saúde humana, a ausência de estudos sobre essa possibilidade não pode servir para permitir a atividade do empreendimento. Ao contrário, a incerteza científica deve ser invocada para impedir o evento potencialmente danoso. Esse enunciado é utilizado como orientador do reconhecimento da contaminação do leito do rio Doce, servindo para embasar o dever de interrupção da captação e distribuição de água do rio à população de Colatina/ES. No caso da questão da água em Colatina, o princípio da dignidade da pessoa humana também é mobilizado para fazer referência à sua violação pelo fornecimento inadequado

25 "Princípio 15. Com o fim de proteger o meio ambiente, o princípio da precaução deverá ser amplamente observado pelos Estados, de acordo com suas capacidades. Quando houver ameaça de danos graves ou irreversíveis, a ausência de certeza científica absoluta não será utilizada como razão para o adiamento de medidas economicamente viáveis para prevenir a degradação ambiental."

de água potável para consumo humano, sendo fundamentado pela Constituição Federal.[26]

Através dessa análise é possível perceber como as diretrizes e princípios ambientais estabelecidos internacionalmente tem entrado no ordenamento jurídico brasileiro e estão sendo aplicados ao caso concreto. Apesar da magnitude das demandas e da dificuldade do poder público resolvê-la, o desastre ambiental de Mariana tem mobilizado tanto a legislação nacional quanto esses princípios e diretrizes construídos internacionalmente.

No que se refere aos enquadramentos, o uso dos marcos normativos ambientais e internacionais revela o processo de retroalimentação defendido por Andersen (2006), no sentido de que tanto as leis influenciam os atores sociais em processos reivindicativos, quanto os próprios processos de ação coletiva produzem influência sobre os marcos normativos e seus usos. Isto é evidente ao observarmos que discussões produzidas no âmbito da sociedade civil há mais de 20 anos continuam produzindo efeitos sobre a argumentação legal. Da mesma forma que as recentes discussões sobre Direitos Humanos e empresas, envolvendo atores da sociedade civil, acadêmicos e Estados, também são capazes que influenciar a argumentação jurídica intra Estado Nacional.

26 "Art. 1º A República Federativa do Brasil, formada pela união indissolúvel dos Estados e Municípios e do Distrito Federal, constitui-se em Estado Democrático de Direito e tem como fundamentos: [...] III – a dignidade da pessoa humana."

A CONTESTAÇÃO E A MOBILIZAÇÃO DOS ACORDOS NAS AÇÕES JUDICIAIS

Os principais acordos citados nas petições iniciais consistem em três Termos de Ajustamento de Conduta – TAC,[27] sendo dois deles referentes à questão da água e do pescado. Com exceção do Termo de Transação e Ajustamento de Conduta - TTAC, firmado no âmbito federal entre os governos dos Estados de Minas Gerais e Espírito Santo e a empresa Samarco e suas acionistas, no início de março de 2016, os outros dois termos que aparecem nas petições dizem respeito ao Termo de Compromisso Socioambiental Preliminar – TCSA e ao seu Primeiro Aditivo – 1º TCSA.

O TCSA foi firmado em novembro de 2015, logo após o rompimento da barragem de Fundão, entre o Ministério Público do Estado do Espírito Santo – MPES, Ministério Público Federal – MPF, Ministério Público do Trabalho – MPT e a Samarco, com o objetivo de estabelecer ações para mitigar os danos do desastre e o galgamento dos efluentes na barragem de Santarém sobre os municípios de Baixo Guandu, Colatina, Marilândia e Linhares, localizados no Espírito Santo. Dentre as obrigações à empresa estabelecidas neste acordo, está o fornecimento de água potável à população de Colatina/ES. Em aproximadamente um mês foi realizado o primeiro aditivo a esse termo, ampliando seu objeto para estabelecer o pagamento de valor mensal aos trabalhadores do Espírito Santo e Minas Gerais, que dependem dos cursos d'água afetados pelo desastre.

---

27 É um documento escrito, celebrado entre os órgãos públicos legitimados à proteção dos interesses tutelados pela lei e os futuros réus de ações judiciais, na modalidade de acordo, com finalidade conciliatória. O ajustamento de conduta é negócio jurídico extrajudicial com força de título executivo, instituído pela Lei de Ação Civil Pública, em seu artigo 5º, §6º.

O TCSA foi o acordo mais citado nas petições iniciais das ações analisadas. Ele aparece nas ações para pedir o cumprimento efetivo do termo pela Samarco; para evidenciar o descumprimento da Samarco da cláusula terceira que previa o fornecimento de água potável à população de Colatina, bem como, requerer o fornecimento de água potável; para fundamentar a demanda de elaboração de plano alternativo de captação em cursos hídricos não contaminados e de continuação do abastecimento de água potável; para fundamentar a propositura da ação[28] na qual o termo foi citado, que dizia respeito a uma situação específica do município de Linhares, não abarcada pelo termo; e como parte de discussão dos danos socioambientais referentes ao patrimônio natural e especificamente ao Rio Doce.

Já o 1º TCSA foi citado apenas em duas Ações Civis Públicas[29] e foi utilizado, sobretudo em discussões que envolvem a classe de pescadores artesanais no Espírito Santo. A mobilização desse termo foi feita para embasar o argumento de que os impactos e eventuais prejuízos à subsistência de pescadores artesanais locais devido à vedação à pesca podem ser mitigados. Assim, a subsistência dos pescadores estaria resguardada por este termo, visto que ele prevê o pagamento de auxílio-subsistência. Na ACP dos R$ 155 bilhões, ajuizada pelo MPF, este termo foi citado para destacar a importância em se adotar critérios de autoidentificação e autodeclaração como pescador, para fazer um mapeamento, diagnóstico e reparação adequados dos problemas socioambientais e conflitos gerados pelo desastre.

---

28 ACP nº 0017045-06.2015.8.08.0030. Trata-se de ação ordinária com pedido de tutela antecipada proposta pelo município de Linhares para que a Samarco solucione o problema gerado pelo rompimento da barragem, dada a sua peculiaridade. Isso porque a lama poderia ficar estacionada quando chegasse ao município devido ao baixo nível do Rio Doce na região.

29 ACP's nº 0002571-13.2016.4.02.5004 e nº 0023863-07.2016.4.01.3800.

Ou seja, nesse caso o acordo é referenciado como estratégia de argumentação para novas demandas e demandas de efetividade no cumprimento dos compromissos acordados. Sendo assim, um enquadramento criado em um acordo também permite um uso estratégico para outras demandas e mesmo extrajudicial pode ser usado em demandas judicializadas. Isso ocorre na medida em que um acordo pode ensejar o reconhecimento de certas responsabilidades por parte das empresas. Nesse sentido, observamos uma dinâmica interessante e nova entre acordos e ações judiciais, onde o reconhecimento preliminar de culpa pode servir de base para demandas judiciais futuras.

O TTAC é somente citado em duas petições iniciais,[30] porém de uma forma diferente, qual seja, ele é fundamentalmente criticado nas ações. Na primeira, ele é citado para fazer referência ao PIM e à ilegalidade da cláusula de quitação geral proposta pela Fundação Renova. O argumento central é a configuração de abuso de direito, com base no art. 186 do Código Civil[31], pela Fundação Renova ao exigir do atingido a quitação de toda e qualquer responsabilização pelos danos decorrentes do desastre. Essa cláusula foi denominada pelas Defensorias Públicas de cláusula abusiva. Na segunda, o MPF argumenta pela impugnação do Acordo apontando vícios e violações de princípios em seu conteúdo e elaboração. O TTAC é citado também para argumentar pelo interesse de agir do MPF, isto é, de propor essa ACP ainda que haja pontos em comum com o disposto no Acordo.

---

30 Na ACP nº 0011821-36.2017.4.02.5004 e na de nº 0023863-07.2016.4.01.3800.

31 "Art. 186. Aquele que, por ação ou omissão voluntária, negligência ou imprudência, violar direito e causar dano a outrem, ainda que exclusivamente moral, comete ato ilícito."

Conclusão

O artigo analisou a forma como o desastre de mineração que assolou o Vale do Rio Doce repercutiu no sistema de justiça através de uma análise de procedimentos formais e com ênfase nas Ações Civis Públicas. Observamos que a análise do uso dos instrumentos judiciais revela aspectos importantes de como as pessoas foram elaborando o desastre e construindo suas reivindicações. Nesse sentido destacamos que há uma dinâmica na compreensão da culpa de forma que progressivamente vão sendo consideradas outras empresas além da Samarco, culminando na culpabilização conjunta da Fundação Renova.

Percebemos que há uma dinâmica importante entre os enquadramentos legais e os enquadramentos produzidos fora do escopo do sistema de justiça. Tanto as leis ambientais são mobilizadas para tratar de uma gama bem ampla de efeitos do desastre, quanto também há uma rediscussão acerca da definição jurídica de *danos* uma vez que a realidade impõe definições não previstas na lei. Por outro lado, isso só é possível pelo fato do enquadramento existinte acerca de danos ser vago e aberto.

O artigo apresenta, através da análise dos dados empíricos, problemas importantes com o uso de instrumentos de mediação e conciliação evidenciados no fato das ações apresentarem como reclamação diversos aspectos elaborados como efeitos de medidas resultantes de acordos que tinham como objetivo a reparação e indenização de danos. Nesse sentido, os instrumentos falham pois não se apresentam como uma forma efetiva de substituir o litígio por uma resolução mediada. Ao contrário, os próprios acordos acabam fomentando novas ações judiciais e contribuindo para tornar a reparação ainda mais morosa.

Não obstante, os acordos também têm sido usados como recursos argumentativos para sustentar a culpa das empresas, uma vez que o que elas acordam nesses procedimentos implica em uma admissão das suas responsabilidades pelo desastre.

Finalmente, a análise dos enquadramentos legais é importante para compreender em que sentido estão sendo mobilizadas as leis e princípios do direito e quais os limites para o acesso à justiça. Além disso, podemos perceber, assim, os "gargalos" institucionais em função dos quais as reivindicações tornam-se limitadas pelo sistema de justiça em vez de superadas ou resolvidas. Este pode ser considerado o caso das novas tendências de mediação que na prática não geram os efeitos que são esperados pelo sistema, nem de evitar a judicialização tampouco de promover a justiça.

Referências Bibliográficas

ALINSKY, Saul David. *Rules for radicals: A primer for realistic radicals.* New York: Vintage Books ed, 1972.

AGÊNCIA BRASIL, 2016. *Desastre em Mariana é o maior acidente mundial com barragens em 100 anos.* Disponível em: <http://agenciabrasil.ebc.com.br/geral/noticia/2016-01/desastre-em-mariana-e-o-maior-acidente-mundial-com-barragens-em-100-anos>. Acesso em: 10 dez. 2017.

ANDERSEN, Ellen A. *Out of the closets and into the Courts: legal opportunity structure and gay rights litigation.* Ann Arbor: University of Michigan Press, 2016.

BENFORD, R. & SNOW, D. "Framing processes and social movements: an overview and assessment". *Annual Review of Sociology*, Palo Alto, CA, v. 26, p. 611-639, 2000. Disponível em: < www. jstor. org/stable/223459>. Acesso em: 25 jan. 2017.

BRASIL. Superior Tribunal de Justiça. *Acórdão no Recurso Especial nº1.374.284/MG.* Relator: Salomão, Luis Felipe. Publicado no DJe de 05-09-2014. Disponível em: <https://ww2.stj.jus.br/pro-

cesso/revista/inteiroteor/?num_registro=201201082657&dt_publicacao=05/09/2014>. Acesso em: 10 dez. 2017.

Conselho Nacional de Justiça (CNJ). *Resolução nº 125*. Política Judiciária Nacional de tratamento adequado dos conflitos de interesses no âmbito do Poder Judiciário. 29 de novembro de 2010.

Gamson, William A. *Talking Politics*. New York: Cambridge University Press, 1992.

Ibama. *Impactos ambientais decorrentes do desastre envolvendo o rompimento da barragem do Fundão, em Mariana, Minas Gerais*. Laudo Técnico Preliminar, 2015. 38 p.

Maggi, Bruno Oliveira. "Nova proposta de classificação do dano no Direito Civil". *Revista de Direito Privado: RDPriv*, Rio de Janeiro, v. 8 nº 32, p. 32-54, 2007.

Milaré, Édis. *Direito Ambiental*. 10 ed. rev., atual. e ampl. São Paulo: Revista dos Tribunais, 2015.

Moraes, Maria Celina Bodin de. "A constitucionalização do direito civil e seus efeitos sobre a responsabilidade civil". *Direito, Estado e Sociedade*, Rio de Janeiro, v. 9, nº 29, p. 233-258, 2006.

Mazzilli, Hugo Nigro. *A defesa dos interesses difusos em juízo: meio ambiente, consumidor, patrimônio cultural, patrimônio público e outros interesses*. 24 ed. rev. ampl. atual. São Paulo: Saraiva, 2014, p. 432-433.

Losekann, Cristiana & Bissoli, Luiza Duarte. "Direito, Mobilização Social e Mudança Institucional". *Revista Brasileira de Ciências Sociais* (ONLINE), São Paulo, v. 32, nº 94, p. 329-403, 2017.

Losekann, Cristiana. "Mobilização do direito como repertório de ação coletiva e crítica institucional no campo ambiental brasileiro". *Dados – Revista de Ciências Sociais*, Rio de Janeiro, v. 56, p. 311-349, 2013.

PEDRIANA, Nicholas. "From protective to equal treatment: legal framing processes and transformation of the women's movement in the 1960s". *American Journal of Sociology*, Chicago, v. 111, nº 6, p. 1718-1761, 2006.

THE ORGANISATION FOR ECONOMIC CO-OPERATION AND DEVELOPMENT. *Recommendation of the Council on Guiding Principles concerning International Economic Aspects of Environmental Policies C(72)128*, 1972. Disponível em: <http://webnet.oecd.org/oecdacts/Instruments/ShowInstrumentView.aspx?InstrumentID=4&Lang=en&Book=>. Acesso em: 10 dez. 2017.

VANHALA, Lisa. *Making rights a reality? Disability rights activists and legal mobilization*. Cambridge: Cambridge University Press, 2011.

2. Privação e violações do direito à água e ao saneamento na periferia da metrópole capitalista

Gustavo Prieto

A água como raridade e o urbano como privação

O presente artigo objetiva analisar os sentidos políticos, econômicos e sociais da manutenção estrutural da raridade do abastecimento de água e das violações dos direito à água e ao saneamento para os habitantes das favelas da periferia da metrópole fluminense, especificamente em um conjunto de onze favelas localizadas entre os bairros de Santa Cruz e Paciência, extremo oeste da cidade do Rio de Janeiro, que formam um enorme complexo de habitações denominadas de "irregulares" ou de "aglomerados subnormais" pelo aparelho do Estado.

Assim, iniciamos com a seguinte contradição central: a privação urbana e os conflitos em que convivem parte expressiva da população metropolitana se revelam no processo de produção social do espaço (realizada pelo conjunto da sociedade) e sua apropriação privada (subsumida à existência social da propriedade privada da riqueza), na qual o valor de troca do espaço impõe-se a seu valor de uso (Carlos, 2011). Tal processo é entendido como bloqueio e negação ao direito à cidade em sua utopia revolucionária de transformação radical das relações sociais (Lefebvre, 2008), pois priva a sociedade da reprodução plena da vida e instrumentaliza o habitar reduzindo-o de suas múltiplas determinações ao nível do econômico. A vida cotidiana com insuficiência e/ou ausência de água nas favelas da periferia explicita camadas da privação estrutural da ordem capitalista urbana, bem como os múltiplos níveis de segregação sócio-espacial como condição espacial da reprodução da metrópole.

Inicialmente, é fundamental tecer dois esclarecimentos de método: o primeiro refere-se à utilização da noção de raridade[1]. A raridade da água é entendida nesse artigo como sinônimo de precariedade, incompletude, ineficiência, insalubridade e intermitência e não necessariamente a completa ausência do abastecimento. A falta d'água e sua insuficiência para a reprodução básica da vida é uma escassez produzida socialmente, com a finalidade de destituir a água da condição de riqueza natural, direito social e bem comum e coletivo para transformá-la em mercadoria, serviço e negócio.

A água é produzida como mercadoria para ser trocada no lucrativo mercado de serviços e infraestruturas urbanas e é gerida pela tecnocracia estatal (ou diretamente por empresas privadas nacionais ou transnacionais) como um negócio em que impera a lógica financeira aumentando os custos de reprodução da vida e efetivando a passagem do cidadão que usa água para o consumidor da merca-

---

1 Compreendemos a àgua como raridade nos termos propostos por Lefebvre (2003, p. 66-67): "as antigas raridades foram o pão, os meios de subsistência, etc. Nos grandes países industrializados já há superprodução latente desses meios de viver que outrora foram raros que provocaram lutas terríveis em torno de sua raridade. E agora, não em todos os países, mas vitualmente à escala planetária, há uma produção abundante desses bens; não obstante, as novas raridades, em torno das quais há luta intensa emergem, a água, o ar, a luz, o espaço. É em função dessa luta que é preciso compreender o urbanismo, o que, apesar de suas fraquezas e fracassos, justifica em certa medida as pesquisas, as inquietações, as interrogações".

doria-água. Além disso, a raridade da água contribui decisivamente para a valorização diferencial do solo urbano com redes de infraestruturas e acesso desigual da mercadoria-água no espaço urbano, reproduzindo a contradição entre produção social e apropriação privada das riquezas.

Os moradores das favelas da periferia metropolitana analisadas constituem uma gigantesca massa de mais de 250 mil habitantes do extremo oeste do Rio de Janeiro e são portadores de inúmeras trajetórias de expropriação-reterritorialização, ou seja, deslocamentos forçados e mobilização do trabalho do campo para a cidade, além de expulsões das favelas das regiões centrais (e mais valorizadas) da metrópole para essas regiões periféricas (Prieto, 2011). Em outros termos: a raridade da água produzida socialmente auxilia a compreender o urbano que surge da *zona crítica* (Lefebvre, 2008; Harvey, 2003).

Esses moradores convivem cotidianamente com a raridade da água na reprodução de suas vidas. E mais, seus locais de moradia e sociabilidade podem, a qualquer momento de expansão econômica de lugares próximos, sofrer novas formas de valorização do solo urbano, com aumento do preço da terra, seguindo os fluxos e vetores da reprodução da metrópole na periferia do capitalismo, substanciado na urbanização crítica (Damiani, 2009). A expropriação tornou-se, portanto, um conteúdo intrínseco da (violência da) urbanização (Harvey, 2003; Brenner, 2004; Sampaio, 2015), assim como a constante reterritorialização de enormes massas urbanas (Prieto, 2016) em um movimento contínuo e crítico da reprodução da metrópole (Alvarez, 2011). Os moradores da Zona Oeste da cidade do Rio de Janeiro, periferia metropolitana fluminense, não escapam desse movimento de produção de territórios economizados em que políticas públicas urbanas produzem de forma reiterada e imbricada violação e garantia precarizada e parcial de direitos.

O segundo esclarecimento refere-se ao fato de que a pesquisa não partiu das favelas como objeto temático de estudo, mas sim a análise desenvolvida chegou às favelas por meio do movimento entre teoria e prática, fundamentalmente, pois as favelas da periferia do Rio de Janeiro mostraram-se portadoras de situações reveladoras das enormes contradições da urbanização crítica na metrópole periférica.

Verificamos que o proletariado urbano desse fragmento da periferia metropolitana sofreu um contundente processo de segregação sócio-espacial induzido em razão de políticas de remoção de favelas das áreas consolidadas e valorizadas da cidade e através do mercado de lotes em virtude do parcelamento de grandes glebas, o que produziu a privação dramática da vida cotidiana periférica. A impossibilidade do urbano (Carlos, 2011) voltou-se para a periferia da metrópole do Rio de Janeiro, especialmente para o extremo oeste da cidade (e também para a Baixada Fluminense) na década de 1960 e início da década de 1970 (Abreu, 2008; Lago, 1990; Lago & Ribeiro, 2001), quando a ela acorriam (como ainda acorrem) as classes sociais que não podiam/podem resistir à especulação imobiliária e aos impostos cobrados nas áreas elitizadas da cidade, ou seja, ao processo de valorização do solo urbano. Trocando em miúdos, a cidadania realizada através do consumo de bens-mercadorias e serviços-mercadorias expropria e reterritorializa classes revelando a privação do espaço, a reprodução da condição periférica em múltiplos níveis, implodindo o centro e explodindo a periferia da cidade. Na busca pelo habitar foram também para a Zona Oeste da cidade do Rio de Janeiro removidos de favelas e migrantes que (já não) chegavam à metrópole com a esperança de morar próximo ao trabalho e desfrutar de infraestruturas e serviços que a cidade poderia (como utopia) oferecer-lhes. É a redistribuição perversa e espoliativa no/do espaço urbano, como condição imposta às classes sociais mais pobres (Carlos, 2009).

Assim, podemos inferir numa postura abstrata-concreta que há um processo de favelização da periferia da Zona Oeste carioca, iniciada na década de 1980 e radicalizada entre as décadas de 1990 e 2010, concomitantemente à "remoção branca" de favelas que acontece nas áreas centrais, elitizadas e valorizadas da cidade do Rio de Janeiro (Faria, 2004; Prieto, 2011). Remoção e favelização são pares dialéticos do habitar na "urbanização com baixos salários" (Maricato, 2015) revelando a combinação entre modernidade e atraso da industrialização brasileira (Oliveira, 2003) e os fundamentos centrais da unidade contraditória da cidade desigual como forma e do urbano precarizado como conteúdo do lugar de moradia do proletariado urbano.

Diante disso, a urbanização de favelas realiza a ilusão da transparência do urbano (Soja, 1993), passando de resistência e pauta de luta pelo direito à cidade à negócio urbano e forma capitalista de economização dos territórios na periferia da metrópole capitalista. Apoiados numa aliança com organizações transnacionais veiculadores do planejamento estratégico neoliberal (Vainer, 2000), o aparelho de Estado substanciou vital fôlego para a produção e reprodução do espaço, voltados prioritariamente às exigências e contingências da reprodução econômica. A aliança entre proprietários de terra, proprietários de capital e Estado realiza a dotação de infraestruturas materiais e a criação de instrumentos fiscais, jurídicos e políticos para que a valorização do capital se efetive na (re)produção do espaço (Prieto, 2016a). Postergam-se e atenuam-se crises repassando o ônus da financeirização das produções e reproduções capitalistas, fundamentando o papel do planejamento urbano para o desenvolvimento da economia de doutrina neoliberal. A urbanização de favelas realiza a produção de um verdadeiro negócio da cidadania via consumo no/do espaço de infraestruturas e serviços: água, luz, esgoto, drenagem urbana, coleta de lixo e outros serviços aparecem como instrumentos de mercantilização do solo urbano e como veiculadores de processos de titulação da propriedade privada da terra urbana em favelas (Prieto, 2011). A cidadania se efetiva no modo capitalista de produção, portanto, pelo pagamento de infraestruturas e serviços urbanos e na condição de proprietário, mesmo que a propriedade seja apenas aquela do serviço ofertado.

Objetiva-se nesse artigo analisar o acesso/fornecimento de serviços e infraestruturas pública urbana para os moradores mais pobres em uma das metrópoles mais ricas do território brasileiro. Realizei um conjunto de etnografias, entrevistas e trabalhos de campo para compreender a vida cotidiana de privação da água (e do urbano) verificando os impactos sociais e econômicos das políticas públicas de saneamento e urbanização de favelas na periferia do Rio de Janeiro. Utilizei ainda no presente trabalho alguns apontamentos do imenso volume de materiais analisados, tais como: licitações públicas, relatórios técnicos, pareceres e projetos de saneamento, especialmente de abastecimento de água, desenvolvidos pelo aparelho do Estado a partir da década de 1990 e entrevistas com burocratas estatais.

Assim, constatou-se que no processo de urbanização crítica o acesso à água teve como marca principal a forte desigualdade sócio-espacial, beneficiando as camadas de maior renda, observando-se a recorrência da ausência, precariedade e incompletude de atendimento (e provisão do macro-sistema) para as favelas e para as periferias metropolitanas (Vetter, 1979; Mello, 1989; Kleiman, 2002; Santos Jr., 2007; Britto, 2009; Marques, 2000; Prieto, 2011; Britto & Quintslr, 2017).

Trata-se de um padrão de distribuição regressivo, conforme enfatizam Marques (2000), Custódio (2005) e Kleiman (2002). Por um lado, observam-se políticas públicas de redes de infraestrutura urbana completas com nível satisfatório de dotação de serviços sendo constantemente renovadas e expandidas e tecnicamente sofisticadas nas áreas em que há nexos entre os interesses de reprodução do capital financeiro-imobiliário e a moradia de classes sociais de maior renda. Assim sendo, as áreas ditas "nobres" tornaram-se cada vez mais "nobres" (Kleiman, 2002; Machado, 2007), ou em termos marxistas lefebvrianos a valorização do solo urbano se realiza a partir do aparelho do Estado e da tecnocracia do urbanismo moderno, que reproduz a desigualdade urbana e a segregação sócio-espacial como condição espacial das cidades brasileiras e do aprofundamento do abismo entre as classes.

Por outro lado, o aparelho de Estado eximiu-se – como decisão política, deliberada e planejada – de prover acesso regular aos serviços e infraestruturas para as classes sociais de baixa renda. Institui-se uma política deliberadamente espoliativa na qual destaca-se a ausência ou incompletude de redes de saneamento, o não-provimento de serviços ou seu péssimo provimento. A configuração de provimento dessas redes foi lenta, descontínua, sem manutenção e com problemas de operação em áreas de residência das classes sociais mais pauperizadas, principalmente em favelas, ocupações, conjuntos habitacionais e loteamentos precários das periferias. Essas áreas em princípio sem interesse para o capital financeiro-imobiliário e percebidas prioritariamente como estoque de força de trabalho ficaram excluídas (ou incluídas marginalmente) da conexão regular com as redes urbanas de saneamento durante mais de seis décadas, conforme descortinaram Vetter (1979), Santos (1981), Kleiman (1996; 2002) e Marques (2000).

Ressalta-se que há também uma privação da participação popular dos sujeitos periféricos no desenho da política pública mesmo sendo as periferias as principais interessadas na ampliação de direitos sociais e urbanos. No arcabouço jurídico e institucional do aparelho do Estado a participação é restritiva, burocrática e contida no discurso retórico, o que complementa a racionalidade tecnocrática de provisão de política pública em caráter eminentemente assistencialista e clientelista. Em entrevista, um arquiteto da Coordenadoria de Macroplanejamento da Prefeitura do Rio de Janeiro[2] nos relatou que em seu entendimento "as favelas não fazem parte do mundo urbano da cidade oficial-legal e precisam ser resgatadas". O "resgate" seria realizado pela "*urbanização racional*" de seus lugares de habitação. A irracionalidade do capital é transferida associativamente a condição periférica dos moradores de favelas da periferia metropolitana, ou seja, responsabiliza-se os favelados por morar em favelas, realizando a reificação absoluta da forma.

Para a tecnocracia estatal, a produção das moradias e os modos alternativos de acesso a água foram realizados "de maneira *errada*", "*confusa* e *sem lógica*", tecnicamente "*desordenada*" e esta forma técnica equivocada é um dos elementos da "marginalização" dos indivíduos que ali vivem[3].

O aparelho do Estado e as agências multilaterais que financiam parte expressiva de processos de urbanização de favelas compreendem que o provimento de serviço de água e esgoto através de redes oficiais faria a transição das favelas para o "mundo urbanizado" (BID, 1994, 2006) e aproximaria a "cidade ilegal e informal" (favela) da "cidade legal e formal" (Prefeitura da Cidade do Rio de Janeiro, 2005). Também a formulação e avaliação de políticas públicas incorpora tal *corpus* de atuação para o provimento de rede de abastecimento de água para tais espaços (Instituto Brasileiro de Administração Municipal, 2002). A reprodução de uma situação permanentemente crítica na periferia, concretizada na reposição da desigualdade no acesso à água, revela a reiteração da negação da uto-

---

2 Trabalho de campo junto a diversas secretarias municipais e autarquias da Prefeitura do Rio de Janeiro, realizado em julho de 2011 (Prieto, 2011).

3 Anotações de entrevista com assistente social da Secretaria Municipal de Habitação da Prefeitura do Rio de Janeiro em julho de 2011.

pia revolucionária do direito à cidade, a lógica da inclusão marginal (Martins, 1997) e reitera a privação do urbano como condição de reprodução da vida cotidiana periférica.

Direito radical à cidade, privação urbana e violações do direito ao saneamento

Rediscutir a noção de direito à cidade, formulada pelo filósofo Henri Lefebvre na década de 1960, no século XXI revela-se como fundamento para compreendermos a situação permanentemente crítica da vida cotidiana em favelas da periferia metropolitana, especialmente a negação aos elementos fundamentais de reprodução da vida, tal como o abastecimento de água. Assim, compreendemos que: 1) o direito à cidade é uma pauta radical e revolucionária; 2) na cidade neoliberal contemporânea o direito à cidade foi transformado em uma pauta reformista e é compreendido pela tecnocracia estatal (e por parte dos intelectuais, ONGs e organizações multilaterais) como mero acesso às infraestruturas e serviços urbanos (centralizado no direito à habitação), naturalizando a cidade como negócio e 3) o direito à cidade é uma resposta política da própria sociedade auto-organizada à privação imposta à parte expressiva da classe trabalhadora que não encontra no espaço urbano condições de reprodução da vida e é, simultaneamente, forma de luta contra a cidade capitalista como lugar da privação e virtualidade da transformação radical das relações sociais.

Diante disso, para compreender a problemática urbana na periferia do capitalismo, ressalta-se que esta é marcada pela concentração fundiária, pela segregação sócio-espacial, pelo abismo social, político e econômico entre as classes sociais, por um cotidiano brutalmente normatizado, pela violência do processo de urbanização e pela privação do urbano. Assim, é fundamental repensar e rediscutir os desdobramentos, rupturas e usos contemporâneos do direito à cidade em diálogo com as contribuições marxistas lefebvrianas e as especificidades do capitalismo brasileiro.

Refletir sobre o direito à cidade envolve negar a instrumentalização do conceito como se fora apenas um elemento teórico, mas compreendê-lo como reflexão teórico-metodológica em movimento, verdadeira práxis que os sujeitos sociais e movimentos sociais concebem no fazer político e instituem na ação novas camadas de reflexão à dimensão conceitual. O direito radical à cidade é uma pauta revolucionária, utopia real em movimento produzida pelas classes sociais em luta no campo e na cidade. Portanto, é uma ação revolucionária do nível do político, que possui a virtualidade de transformar radicalmente a sociedade, a economia e o espaço, não sendo assim uma pauta reformista.

Ao se produzir o espaço, articuladamente se produz a sociedade e a história, não sendo possível negligenciar o espaço da produção da sociedade. Nesse sentido, todas as lutas sociais são lutas pelo espaço. Em uma sociedade cindida em classes sociais, as reivindicações por moradia, tarifa zero, pela terra e por infraestrutura e serviços urbanos, por exemplo, ao pautarem direitos comuns/coletivos e criticarem firmemente a propriedade privada capitalista dos meios de produção e da terra, constituem lutas que apresentam a potência de confrontar diretamente a transformação do espaço em negócio capitalista. Assim, no Brasil do início do século XXI, constata-se a possibilidade real estabelecida pelas lutas sócio-espaciais de produção de um outro espaço com a virtualidade de produção de uma outra história e sociedade, anticapitalista em seus fundamentos.

Todavia, o Estado como aparelho tecnocrático, reprodutor das classes burguesas e de grandes proprietários de terra, instrumentaliza as lutas pelo espaço produzindo na esfera das políticas públicas o direito à cidade como slogan midiático, incorporado inclusive nos Planos Diretores e planejamento estratégicos de cidades como São Paulo, Salvador e Rio de Janeiro e nas estratégias de *city-marketing* de grandes empresas e de ONGs. O direito à cidade inserido na agenda neoliberal transforma-se em um negócio urbano e é sistematicamente esvaziado de conteúdo político por meio das práticas do urbanismo, da tecnocracia, do terceiro setor, da publicidade e de parte da Universidade. A velha estratégia de destituir os conceitos de sua potencialidade revolucionária repõe-se e o direito à cidade é confinado à esfera do consumo do espaço e do direito de propriedade privada capitalista da terra e/ou dos serviços urbanos. Entretanto, o direito à cidade como utopia em movimento não se enquadra ou se esquematiza nos marcos da lógica da governança territorial, da participação burocrática e dirigida, da inserção precária e periférica no espaço urbano ou no discurso "cultural" da classe média urbana de retomada (paliativa e seletiva) das ruas, pois é sim forma completa de ação revolucionária e da necessidade radical de uma nova produção do espaço.

O direito à cidade vem sendo instrumentalizado como pauta reformista e incorporado na agenda neoliberal de gentrificação do espaço urbano. A novidade perversa é que o conceito é transformado de direito sócio-espacial radical e condição de transformação estrutural da sociedade em mero acesso aos serviços, aos equipamentos e às infraestruturas urbanas, ou à participação burocratizada em políticas setoriais e territoriais. Sua impossibilidade nos marcos do modo capitalista de produção é compreendida como uma externalidade negativa da sociedade competitiva nos termos da Economia Espacial e do Planejamento Urbano. Submetido ao mundo da mercadoria, o direito à cidade poderia ser "resolvido" por meio de ações reformistas, sendo inclusive mediado por parcerias público-privadas ou mudanças de mentalidade individuais ou de uma classe específica realizando a utopia thatcherista de que não existe sociedade, apenas indivíduos autonomizados. Destitui-se, assim, sobretudo na periferia do capitalismo, o direito à cidade de sua potência crítica e radical. Em outros termos, ao reduzir o direito à cidade ao acesso aos serviços urbanos, normaliza-se a transformação da cidade em negócio e a reprodução das relações de produção capitalistas.

Cabe ressaltar que o geógrafo David Harvey (2005), prolongando as interpretações do filósofo Henri Lefebvre, verificou que o capital encontrou na produção do espaço urbano a possibilidade de resolução parcial de sua crise estrutural. O capitalismo apenas consegue desviar de suas próprias contradições internas, que envolvem a lei de tendência da queda da taxa de lucro, por meio de sua expansão permanente. Destaca-se que a expansão capitalista é articuladamente intensificação e expansão territorial. Assim, para o capitalismo sobreviver deverá existir ou ser criado espaço novo, além disso em um processo de acumulação originária permanente, o modo de produção capitalista produz reiteradamente novas formas de mercantilização do espaço (e especificamente da cidade), seja na produção de novas mercadorias ainda não inseridas no mercado ou no aprofundamento mercantil de mercadorias já criadas.

No espaço urbano capitalista contemporâneo – meio, condição e produto da contradição entre produção social e apropriação privada (Carlos, 2011) –, as lutas sócio-espaciais e/ou os direitos sociais conquistados são transformados em negócios e instrumentalizados como mercadorias: são as assim chamadas novas chances de ouro para a realização da cidade como lócus da reprodução capitalista, nos termos de economistas neoliberais, empresários e urbanistas. Algumas das principais lutas sócio-espaciais metamorfoseadas em negócios são: 1) as privatizações de equipamentos, serviços e infraestruturas como abastecimento de água, esgoto, coleta de lixo, energia elétrica, dentre outros a partir do argumento da eficácia e da eficiência das empresas privadas; 2) a produção de moradia popular por médias e grandes empreiteiras de construção civil que financeirizam o direito à moradia; 3) a reprodução da mobilidade urbana assentada no transporte individual, rodoviário e/ou pequeno burguês (a fetichização *hipster* das bicicletas) como possível saída para a resolução dos problemas de deslocamento, 4) a urbanização de favelas, subúrbios e periferias como oportunidade de remoção e valorização imobiliária do espaço habitado pelo proletariado e subproletariado urbano, e assim por diante.

A impossibilidade do urbano se realiza dessa forma em uma urbanização crítica, visto que se encontra assentada num processo de espoliação, expropriação e dominação permanente. A barbárie se reproduz como a condição do habitar a cidade associada à expulsão e reterritorialização constante de mobilização permanente do proletariado e subproletariado periférico urbano. Surge então a questão: há diante disso uma saída de emergência quando o direito à cidade se institui *per se* como política "pública"?

O direito à cidade é uma resposta política à brutal segregação sócio-espacial e à acachapante desigualdade de renda, de oportunidades e de direitos no espaço urbano na periferia do capitalismo. No momento atual, a produção da escassez de direitos sócio-espaciais concretiza-se na (re)produção social e política da raridade do espaço. Assim, o direito à cidade é uma resposta à privação de parte expressiva da classe trabalhadora que não encontra no espaço urbano condições de reprodução da vida, ou seja, o direto à cidade é um combate à cidade como lugar da privação.

Assim, seguindo os passos de Carlos (2011), compreendemos que vivemos uma crise que revela os limites da realização do processo de acumulação. O capital se reproduz contraditoriamente, intensificando e expandindo suas relações sociais e convivendo permanentemente com seu negativo: a crise. Tal crise não se reduz a uma crise econômica, nem o capitalismo é um fenômeno essencialmente econômico. Em seu fundamento social, este caracteriza um conjunto de relações que delimitam, definem o plano da realização da vida humana, submetendo-a (Carlos, 2011). Todavia, como um modo de produção que tem seu fundamento na contradição, sua expansão e intensificação reproduzem resistências e relações que não são especificamente capitalistas (Prieto, 2016).

No plano da produção do espaço, ligado à implosão das orientações socioculturais e da crise urbana, a metrópole separa e divide os cidadãos em função das formas de apropriação determinadas pela existência da propriedade privada do solo urbano (Carlos, 2011). A propriedade, como fundamento e como produto do processo de produção do espaço, sob o capitalismo, delineia a tendência da submissão dos modos de sua apropriação ao mundo da mercadoria; consequentemente, reproduz a redução do conteúdo da prática sócio-espacial à desigualdade de acessos (Carlos, 2011).

Assim, a análise sobre o abastecimento de água revelou que apesar do aumento de políticas públicas de universalização do acesso à água nas metrópoles brasileiras - o qual, de acordo com o discurso oficial do poder público, já atingiria mais de 95% da população carioca com abastecimento de água regular em seus domicílios -, constata-se uma realidade bastante diferente (e mesmo conflitante com os dados oficiais) ao analisarmos favelas na periferia do extremo oeste da cidade do Rio de Janeiro, uma das região mais pobres e mais populosas da metrópole. Os relatórios da Prefeitura do Rio de Janeiro e as auditorias do Ministério Público demonstraram que as infraestruturas de abastecimento de água que foram construídas nas favelas da periferia possuem qualidade inferior, tecnologia menos avançada e manutenção irregular, manifestação explícita da lógica da privação e da segregação sócio-espacial na reprodução do espaço urbano. Além disso, os relatos dos moradores das onze favelas que analisamos (Três Pontes, Paraguai, Favela do Aço, Cesarão, Cesarinho, Antares, Urucânia, Rola 1, Rola 2, Divinéia e Nova Jersey) evidenciam a precariedade, a ineficiência, a incompletude, a insuficiência e a intermitência dos serviços e infraestruturas públicos, revelando a reprodução do abastecimento de água como uma raridade, ou seja, um serviço escasso, caro e precário.

Compreende-se que nas imensas periferias, tanto aquelas próximas dos centros históricos e expandidos das cidades, quanto as do seu entorno, cada vez mais amplo e distanciado, prevalece ainda a ausência de habitação digna e infraestrutura urbana básica (Damiani, 2008). Esse processo revela o movimento da *urbanização crítica*: o distanciamento dos espaços periféricos e a construção de novas centralidades econômicas metropolitanas, em um fenômeno em curso aparentemente paradoxal. Ao lado de crises recorrentes do capital, assiste-se a uma das maiores expansões mundiais das relações sociais capitalistas, convertendo a maioria da população mundial em força de trabalho disponível para o mercado e dele dependente. Estamos, assim, diante de uma nova qualidade do capital contemporâneo, violentamente devastador. Essa abordagem permite ir além das crises clássicas e conjunturais do capital e do modo capitalista de produção, apontando para uma nova *situação permanentemente crítica do conjunto da vida social*.

O solo urbano de uma economia financeiro-imobiliária realiza tal situação, envolvendo a transformação da dotação de infraestruturas urbanas em um nicho de mercado ativo. Trata-se da urbanização como um negócio e da cidade como uma valiosa mercadoria. Esses processos são realizados, inclusive, nas periferias urbanas formadas por um conjunto precarizado de arranjos na produção do espaço metropolitano: loteamentos clandestinos, ocupações, favelas e complexos de favela, conjuntos habitacionais, loteamentos populares autoconstruídos, que são estruturalmente incompletos quanto às condições de estrutura urbana básica e que só assim se reproduzem. A reprodução da precarização da vida cotidiana do proletariado periférico coloca-se como um dos únicos lugares possíveis de moradia de imensas massas metropolitanas.

Urbanizar favelas transformou-se, portanto, em um negócio capitalista. As reivindicações por urbanização como estratégia de resistência contra os processos de remoção (Valladares, 1980; Santos, 1981) metamorfosearam-se na realização da urbanização como negócio e forma-conteúdo de expulsão do proletariado urbano e de sua inserção precária no urbano do mundo da mercadoria (Prieto, 2011). Compreende-se, dessa forma, que a integração precária e perversa não é mais descartada como forma de reprodução crítica da vida dos trabalhadores, ela é transformada em política pública pelo aparelho do Estado.

Assim, verificamos nessa reflexão que urbanizar esses fragmentos do espaço corresponde à selecionar quem recebe tais melhorias e onde elas serão produzidas. Isso equivale simultaneamente à expulsão de uma parte da população ali fixada (Damiani, 2008). A primeira adequação dos processos de urbanização de favela reporta-se à expulsão daqueles cuja posse é irregular ou considerada em "área de risco"; seguida pela redução da ocupação por moradias, em prol de espaços institucionais e viários: a prioridade é a funcionalização dos espaços. Em suma: urbanizar essas áreas é reduzir, no mínimo e ao mínimo, o número de moradias, e selecionar, tal e qual receberá a dotação de infraestrutura, fomentando a competição entre favelas, loteamentos e conjuntos habitacionais que receberão as obras, além da competição pelas benesses dentro dos territórios da favela. É preciso ainda frisar as questões referentes à valorização do imóvel após tais urbanizações, isto é, ampliação dos custos da cidadania realizada via consumo e negócio: pagamento de água, esgoto, luz, que são outros elementos de expulsão dos mais pobres dentro das tessituras da pobreza.

Além disso, são realizados projetos em que a participação dos moradores serve apenas como um momento *pró-forma* burocrático e dirigido, não se evidenciando nenhuma alteração nos projetos após as audiências públicas ocorridas nas favelas que sofrem intervenções urbanísticas. Os grandes projetos realizados pela Prefeitura do Rio de Janeiro, tal como o Programa Favela Bairro e o Programa Morar Carioca em parceria com o Banco Mundial e com o Banco Interamericano de Desenvolvimento explicitam essas premissas. A urbanização funciona muito mais como um acesso ao consumo do espaço, com intervenções que promovem remoções e expropriações e com serviços, avaliados pelos moradores, como de baixíssima qualidade e excessivamente caros. Outro problema apontado é a ausência de manutenção das infraestruturas, a qualidade do serviço público ofertado e também, em alguns casos, a reprodução dos mesmos problemas após a realização das obras.

Ruth,[4] moradora de uma área dentro da favela das Três Pontes Zona Oeste da cidade do Rio de Janeiro que foi urbanizada em 1996, relatou:

> Com o [Programa] Favela-Bairro temos tudo. Pagamos água, luz, telefone, e nada disso funciona. Eu pelo menos nunca vi um funcionário da CEDAE [companhia prestado-

4 Os nomes dos moradores que partilharam a vida cotidiana com este pesquisador foram alterados para preservar sua privacidade, anonimato e segurança. A etnografia urbana em favelas das periferias da periferia da metrópole se iniciou no final de 2007 e foram parte constitutiva de minha dissertação de mestrado (Prieto, 2011). As conversas, narrativas e entrevistas ocorreram nas experiências entre 2007 e 2011. Retomei os trabalhos de campo para rediscussão do abastecimento de água e as relações com o tráfico e a milícia em 2015 e 2016 (Prieto, 2016b). Permaneço realizando trabalhos de campo de forma intermitente até hoje.

> ra de serviços de água], Light [serviço de prestação de luz elétrica] aqui para fazer reparos. Dizem que eles aparecem, olham o problema e vão embora, mas eu nunca vi... Agora, a conta chega todo mês.

O cotidiano urbano prolonga e explicita o sentido da urbanização capitalista pela generalização de um modo de vida no qual se prolongam o momento do trabalho na busca reiterada por água para a reprodução da vida. E mais, são processos de urbanização em favelas da periferia em que a privação do espaço chega ao limite: a inexistência ou insuficiência de abastecimento de água. Maria da Penha, moradora da favela do Cesarão, em 2009, relatou a centralidade da falta d'água em sua vida cotidiana: "Aqui no Cesarão só cai água depois da meia-noite. E olhe lá! As pessoas tem que sair de casa depois do jantar para pegar água. Isso é todo dia, não tem descanso".

Em narrativa que dialoga com a fala de Maria da Penha, Esther, moradora da favela do Paraguai, reitera a precarização da vida cotidiana na reprodução da lógica da ausência e insuficiência de água e na prática da espera angustiante de um bem que nunca chega na quantidade necessária. Para aqueles que não possuem grandes caixas-d'água ou cisternas ou que não moram em lugares no qual a vazão de água chega com a pressão adequada para o abastecimento de seus estoques, a saída é a realização da coleta direta de água em bicas d'água produzidas pelos próprios moradores (conhecidas na favela do Paraguai como "biquinhas"), que ficam na entrada do lugar. Ou seja, trata-se de uma instalação "irregular" de captação de água (o popular "gato d'água") diretamente conectada à rede "regular" de distribuição da CEDAE. Nas madrugadas e manhãs da favela do Paraguai, no começo de 2010, galões, baldes, garrafas e outras formas de envase são alternativas precárias de sobrevivência, revelando a privação em ato da produção do espaço da periferia:

> A água aqui é um sofrimento, meia-noite, uma hora *eles* abrem [o abastecimento], quando são quatro horas da manhã *eles* fecham. Quem tem caixa-d'água nesse tantinho de tempo enche, quem não tem fica sem água mesmo. Aí tem que carregar da biquinha. Lá para dentro, parece que já tem quatro meses que não se vê uma gota d'água. Quatro meses sem água nenhuma, carregando daqui de baixo um galão até em casa para poder beber, cozinhar e lavar um quintal.

Favelas que se encontram num mesmo contínuo não recebem a infraestrutura adequada e necessária para a garantia de reprodução da vida dos moradores. A instalação de políticas públicas a partir de um urbanismo tecnocrático desconsidera a produção do espaço e produz um planejamento urbano desigual entre favelas que são territorialmente próximas. Esther argumenta sobre habitar uma favela alijada de infraestruturas e serviços e a relação de dependência com moradores que possuem bombas hidráulicas para a captação de água diretamente em suas casas:

> Aqui no Paraguai tá tudo errado, não somos [da favela] das Três Pontes, aquelas obras [do Programa Favela Bairro] que aconteceram lá, quase não chegaram nada aqui. Aqui não somos do Cesarinho, que parece que vai ter uma Clínica da Família. Lá pelo menos é perto, mas aqui ainda temos muitos problemas, mas será que vão nos atender... [Pergunto: Quais?]: Saúde, educação, saneamento, violência (tiro, pipoco, sabe?!), água, que cai dia sim, dia não, não e não. [...] A saída, meu filho, é pegar água no vizinho que tem bomba [hidráulica].

Dessa forma, constata-se também que o assim chamado processo tendencial de universalização do abastecimento de água não vem acompanhado de uma regularidade no serviço, na qualidade da água tratada e mesmo na potabilidade da água fornecida, apesar dos projetos de urbanização de favelas e de espaços periféricos. A fala de Ana, moradora da favela de Antares, em 2016, expressa essa reflexão "A água que chega na minha torneira é muito barrenta, escura mesmo e com um gosto estranho. Eu trabalho como doméstica. Na casa dos meus patrões a água não é como daqui. É mais clara, mais gostosa, parece mais saudável".

E mais: o preço do serviço é elevado e em diversos casos analisados verificou-se a impossibilidade do seu pagamento por parte dos moradores das favelas, o que leva à uma parte da infraestrutura ter sido produzida pelos próprios moradores. Nos termos de Maria das Dores, moradora da favela das Três Pontes:

> Aqui era barro puro, só tinha água de poço. Nunca tivemos água encanada. Para a gente ter água, nos juntamos e construímos tudo. A gente comprou os encanamentos, o povo se juntou, e fizemos um grande mutirão e trouxemos a água para as Três Pontes. O povo chama de gato, eu chamo de sobrevivência, afinal água é vida, não é mesmo? E daí fomos trazendo a água cada vez mais para dentro da comunidade. Depois que fizeram o tal do Programa Favela-Bairro a conta de água começou a chegar. E cada dia ela vem mais cara! E o pior, nem sempre dá para pagar. [...] Tem meses que eu não tenho dinheiro suficiente para todas as contas.

Os mutirões e organização dos próprios moradores para a construção da infraestrutura urbana explicitado pela noção de urbanização com baixos salários (Maricato, 2015) ganha novos conteúdos com a presença cada vez mais normatizadora do tráfico de drogas. Para além das alterações dos traçados de obras públicas e a negociação das intervenções permitidas na favela, o tráfico de drogas regula parte expressiva das práticas dos moradores, tal como explicita Noemi da favela do Cesarinho em narrativa de 2016:

> Se tiver que bater uma laje, o povo se junta e põe a casa para cima, se o problema é do esgoto vão lá e colocam uns canos, se não tem luz ou não tem como pagar faz um gato, com a água é a mesma coisa. Mas tudo que se faz aqui tem as bênçãos, as mãos e o salvo-conduto do *movimento,*[5] eles sabem de tudo que acontece por aqui.

Constata-se, assim, nessa pesquisa, o duplo processo de inclusão marginal, privação urbana e segregação sócio-espacial na produção do espaço da metrópole na periferia do capitalismo: habitar uma favela na periferia significa estar sujeito a um cotidiano mediado pela privação e por múltiplas formas de ausência dos serviços mais básicos e fundamentais para a reprodução da vida. A moradora da favela do Paraguai, Esther, sintetiza essa reflexão: "Às vezes você tem que escolher, ou você faz uma comida, ou você toma um banho, pois nem todo dia temos água em casa. [...] Fica difícil, muito difícil viver. [...] É muito triste viver sem água".

Nesse sentido, os moradores criam estratégias de apropriação e uso da água, tais como as ligações irregulares à infraestrutura de abastecimento de água (conhecidos popularmente como "gatos"), estocam água em casa a partir de bicas e fontes públicas, ficando sujeitos a um conjunto de doenças transmitidas por uma água sem os critérios mínimos de potabilidade, constroem poços para obter acesso à água para além do serviço administrado pelo aparelho do Estado. Raquel enfatiza a precariedade da vida cotidiana da estocagem de água:

---

5 Movimento é a acepção nativa para parte do assim chamado "mundo do crime", sugere especialmente os sujeitos que são diretamente ligados ao narcotráfico.

> A gente tem que guardar água em casa, faz muito tempo que não sei o que é ter água na bica e no chuveiro. Beber essa água direto da bica não dá. O filtro de água não dá conta, a água continua suja. Tem que ferver a água que se bebe e cozinha todo dia. Mas o gás está caro, não dá para esquentar tudo, não é mole não. A vida aqui é pior que de gado, professor, pelo menos o boi tem água na cocheira.

As milícias (organizações paramilitares de dominação e gestão paralela de territórios) se valem dessa vida cotidiana precarizada para oferecer serviços de abastecimento de água, como a venda privada de galões de água, a extorsão de proprietários de depósitos de água engarrafada e o comércio de caminhões pipas. Desde meados da década de 2000, as milícias que operam na metrópole do Rio de Janeiro intensificaram a expulsão de traficantes de várias favelas e também a venda de serviços de "segurança" à população pobre, estabelecendo padrões de intimidação e extorsão que já chegaram, inclusive, a alguns bairros da assim chamada *cidade formal.*

Compreende-se que as milícias representam um outro patamar do capitalismo *criminal-informal* no Rio de Janeiro, no que se refere ao comércio de drogas de varejo e a outras atividades econômicas: ao invés de apenas extorquir traficantes (na prática conhecida como "arrego"), policiais e ex-policiais passaram a desterritorializar o aparato policial e a operar, eles mesmos, diferentes tipos de negócios lícitos e ilícitos, em alguns casos atuando em algumas favelas inclusive no tráfico de drogas. Também do ângulo sócio-político, a ascensão das milícias vem representando um novo e grave momento na história do Rio de Janeiro: diferentemente dos "esquadrões da morte" de épocas passadas, os milicianos de hoje largamente se autonomizaram, não se contentando em prestar serviços para comerciantes de periferia ameaçados por pequenos bandidos e assustados.

Tais milicianos passaram, eles mesmos, a operar sistematicamente negócios, com base na territorialização e controle espacial exercidos sobre certas áreas e suas populações. Ramalho (2010) verificou as atividades das milícias na Zona Oeste do Rio de Janeiro e as conversas dos milicianos no processo de extorsão de comerciantes:

> A partir de agora, é tudo comigo. Eu quero quatro reais por cada botija de gás e um real por cada galão de água vendido. Vou colocar um funcionário meu aí dentro, para conferir quantas botijas de gás e quantos galões de água serão vendidos [...] se não pagar, [...] vai virar meu inimigo [...] se não pagar, não vai trabalhar e, se trabalhar, vai virar meu inimigo. Se você acha que não tem que pagar, vou te falar: vai tomar prejuízo.

Desde 2005 a milícia realiza em várias localidades da Zona Oeste carioca, principalmente nos bairros de Campo Grande, Santa Cruz e Paciência, a extorsão de comerciantes como os proprietários de depósitos de gás e de água mineral sob a rubrica de pagamento de "taxa de segurança". Essa é uma estratégia para a dominação do comércio de venda de água engarrafada e gás doméstico. Além disso, as milícias, inclusive, colocam-se como as fornecedoras de água através de caminhões-pipa para os moradores de algumas favelas, como Cesarinho e Urucânia.

Na favela de Urucânia, as taxas de janeiro de 2015 cobradas por serviço pelas milícias eram: segurança de moradores R$ 25,00; de comércio entre R$ 100,00 e R$ 450,00; sinal de TV a cabo R$ 100,00 a mensalidade e R$ 50,00 a instalação; gás R$ 45,00 e galões de água: R$ 12,00, conforme nos foi informado por diversos entrevistados.

Além disso, em determinadas favelas gerenciadas pelo narcotráfico, os traficantes que dominam algumas das favelas analisadas subornam os agentes do aparelho do Estado para o fornecimento de água em áreas das favelas em que se encontram seus interesses de dominação do território.

Na favela denominada de Nova Jersey, dominada à época pelo Comando Vermelho, o processo envolveu suborno para que a realização de obra de dotação de infraestrutura de abastecimento de água se realizasse próximo às moradias dos traficantes e às bocas de fumo da favela. Ou seja, verifica-se um arranjo do poder público em certa associação coercitiva com os interesses do tráfico de drogas na dotação dos serviços.

Há em outras favelas *certo* desinteresse do tráfico de drogas pelo domínio territorial de parte da favela que passou por processos de urbanização. Geralmente, durante a realização das obras do programa de urbanização de favelas no município do Rio de Janeiro (o Programa Favela-Bairro e Morar Carioca), ocorreram conflitos, segundo nos relataram os técnicos das Secretarias de Urbanismo e Habitação em entrevista em 2010 e 2011. Os traficantes exigiam modificações no traçado das obras, a contratação de pessoas ligadas às ações do tráfico, ou mesmo a não realização de qualquer obra na favela. A presença e as intervenções do Estado, tais como aumento do efetivo policial, realização de obras viárias e presença da mídia são problemáticas para a assim chamada "rotina do tráfico". Quando ocorre a urbanização, como no caso da favela das Três Pontes, a facção Terceiro Comando Puro (TCP), que detinha o controle da favela, não considerava a área que sofreu intervenções (uma pequena parte da favela) mais um local estratégico para a realização de parte de seus negócios.

Entretanto, constatam-se também algumas resistências. Estas aparecem nas fissuras do cotidiano: ajuda mútua, mutirão e auxílio no cotidiano precarizado. Revelam o quanto a luta por água é uma forma de reivindicação pelo direito à cidade e de habitar o urbano. Como argumenta Madalena, moradora da favela do Aço:

> Sempre que falta água eu me solidarizo. Ajudo mesmo! Ofereço a água da minha casa, pego balde, lata, galão, qualquer coisa e vou buscar água aonde ela estiver e para quem precisar. No ano passado [2010], nós fomos até a subprefeitura reclamar, protestar. [...] Começamos pela água, agora pedimos mais médicos, esgoto, asfaltamento da rua, iluminação, tudo! Mas é difícil se organizar, as pessoas não tem tempo, não tem um espaço para a gente se encontrar. Todo mundo chega cansado do trabalho [...] e nem todo mundo quer participar. Mas vamos lá! [...] Aqui na nossa comunidade falta muita coisa, a gente na verdade precisa de um pouco de tudo!

A resistência aparece como um fio vermelho de esperança, como o auxílio imediato frente à barbárie da vida cotidiana, porém silenciada por uma urbanização crítica e pela ausência total de direitos. Esther, moradora da favela Paraguai, parece sintetizar tais pontos de vista quando afirma que há uma

> "visão de descaso", só lembram da gente na época de eleição. Chegam aí, tampam um buraquinho, criam uma bica d'água, um candidato tal abre uma portinha e bota dois médicos ali para fazer aquela enrolação. Todo brasileiro pobre que tem um pouquinho de visão sabe que acabou a eleição aquilo ali vai virar uma bagunça e fechar. Bota ali um advogado, uma assistente socialzinha. Também vem empresa, vem ONG, vem tudo pra favela. O olhar deles para gente é assim: um curral eleitoral, uma máquina de exploração. Época de eleição, vamos lá tocar nossos bois, dar uma dentadura, dar um Leite Ninho para as crianças, fazer obra tapa-buraco. Acabou a eleição, a gente ganhou, deixa eles lá, confinados. Daqui a quatro anos a gente enrola eles mais um pouquinho.

Os processos excludentes revelam-se como inserção precária na metrópole. O processo de reprodução do capital não coloca os sujeitos sociais para fora da sociedade, mas os inclui em fragmentos do espaço precários e periféricos. As condições que são estruturais da vida cotidiana são a crise e a situação crítica da realização da vida, contradições explícitas nas favelas da periferia do Rio de Janeiro, alvo de planejamento submetido à urbanização como negócio e a cidadania realizada através do pagamento dos serviços. O econômico se descola do social de modo cada vez mais fetichizado. Compreende-se, assim, que a questão do abastecimento de água, particularmente na periferia das metrópoles capitalistas, é reveladora dessa crise estrutural do capital, da ampla violação de direito ao saneamento e dos conflitos e interações que ela realiza e evidencia, tornando urgente a dimensão radical do direito à cidade.

Considerações finais: um capitalismo verde?

Nos aproximamos da terceira década do século XXI e a questão do abastecimento de água está longe de ser resolvida, muito menos universalizada. A água tornou-se uma mercadoria e é também uma raridade encoberta sob o véu da escassez absoluta e da crise da água. Essas relações, entre as águas e a crise, quando explicitadas, são um dos prismas para observarmos um dos fetiches do capital, ou seja, como o capitalismo travestiu-se de verde no mundo contemporâneo. Foster (2005) argumenta a partir da perspectiva marxiana que um dos desdobramentos do capitalismo revela-se na constatação de que: "a produção capitalista volta-se para a terra só depois que esta foi exaurida pela sua influência e depois que as suas qualidades naturais foram por ela devastadas" (Foster, 2005, p. 220). As riquezas naturais pilhadas pelo capital e destruídas pelo seu uso transformam-se tautologicamente em mercadoria. Nesse intento, tornar raro o que outrora foi abundante é um dos movimentos de sua produção e reprodução. Transformam-se desmedidamente todas as relações e produtos em bens mercantilizáveis e se instituem marcos de propriedade privada onde for (im)possível (Swyngedouw, 2004).

Tal como vários outros elementos fundamentais para a reprodução da vida, a água não está disponível para uma quantidade vultosa de pessoas. Destaca-se que à época e a partir de estimativas consideradas conservadoras, a ONU em 2010 afirmava que cerca de um bilhão e meio de pessoas não tem acesso à água potável em quantidade suficiente (ou seja, não possuem ao menos 20 litros de água potável por pessoa ao dia) e que havia cerca de 884 milhões de pessoas no mundo que não possuíam acesso à água potável de qualidade e que aproximadamente 2,6 bilhões não dispunham de instalações e/ou infraestrutura de saneamento básico. Além disso, segundo dados da ONU, anualmente 2,2 milhões de pessoas, sobretudo as classes sociais mais pobres – camponeses, proletários e subproletários - morrem em decorrência direta de doenças causadas pelo consumo de águas impróprias e/ou ausência de saneamento. No Brasil, o PLANSAB, Plano Nacional de Saneamento Básico, estima que há 64 milhões com atendimento precário de abastecimento de água. No espaço urbano existiriam 3,3 milhões de habitantes com abastecimento de água precário, reconhecendo que a insuficiência na quantidade, a intermitência no acesso e a qualidade de água distribuída se constituem em formas precarizadas de abastecimento.

Ao analisar as favelas da periferia da metrópole fluminense, constatam-se momentos dessa problemática. Esses fragmentos do espaço convivem cotidianamente com o abastecimento de água negado. Porém, não só a ausência de abastecimento de água foi observada: há ainda a intermitência (a água que só chega durante uma parte do dia), a irregularidade (moradores sem água durante dias, semanas e mesmo meses), a desconfiança sobre a qualidade e sua potabilidade, infraestrutura precária e autoconstruída de ligações clandestinas, desenho do projeto urbanístico e de saneamento mediado/realizado pelo narcotráfico, parte da provisão realizada por milícias e cortes do serviço pela falta de pagamento.

A água porta um valor de uso indispensável e é condição *sine qua non* para saúde, alimentação, higiene, produção e reprodução, ou seja, é um meio de vida que possibilita a realização das necessidades básicas e é fulcral à subsistência e à humanização do homem.

A água, porém, é fundamental também para a reprodução econômica do capital, e vem sendo cada vez mais instituída como uma mercadoria, mediante sua valorização econômica e criação de um lucrativo mercado de águas.

Assim, a reprodução acelerada do capital consegue, contraditoriamente, cada vez menos expandir seus sobre-lucros, obter as mesmas taxas de mais valia e os mesmos índices de consumo. A reprodução necessita de níveis ainda maiores e mais intensos de exploração, e a população periférica, ao invés de descartável (pois na aparência do processo é assim que se apresenta), é ainda mais considerada necessária, visto que consumidora de mercadorias básicas, tal como o negócio da água, ou seja, é um mercado consumidor dialeticamente almejado e negado.

Os elementos da reprodução da vida atravessam nova rodada de mercantilização, os usos coletivos são intensamente criminalizados e a população periférica ao menos serve como exército de reserva ou como desempregados consumidores, que cada vez mais não conseguem realizar-se na troca. Porém, ainda há a possibilidade de endividamento desse proletariado de trabalho precário através das articulações entre o capital produtivo e financeiro, que expande seus tentáculos vertiginosamente para as periferias, realizando mais urbanizações de favela, mais processos de titulação precárias de terras, mais cidadania via pagamentos dos serviços essenciais ou organizações não-governamentais, mais consumo de supérfluos, de regularização fundiária, entre outros.

Certamente é na periferia que se explicitam as contradições. É nesses fragmentos que o capitalismo e suas *telescopagens* apontam os limites da acumulação e da reprodução desmedidas. É nas periferias que o discurso da igualdade mostra mais escancaradamente a igualação dos desiguais, demonstração de que a igualdade é jurídica e formal e atende aos interesses dos proprietários de terra e de capital. É nas periferias que a liberdade mostra-se como a expropriação dos meios de produção e revela-se como liberdade do trabalhador para vender sua força de trabalho de modo cada vez mais precário. E é nas periferias que a fraternidade se coloca pela imposição do desenvolvimento local/comunitário de caráter ongueiro, que apazigua as lutas sociais, que coloca todos como atores sociais, tanto os opressores quanto os oprimidos.

Essas tessituras, todavia, tem reentrâncias, e não são de modo algum uma lei geral, uma tendência de mão única. Dialeticamente, é nesses lugares que a vida cotidiana e a resistência acontecem, que as lutas se expressam de modo impossível-possível, portadoras de caráter estruturalmente transformador.

Nas favelas da periferia do Rio de Janeiro está explícita a figura do expropriado da terra no campo e do expropriado de outras favelas. A presença de novas expropriações é constante e se apresenta pela urbanização de favelas que põe abaixo as casas e barracos para melhorias de circulação, e não reassenta essas famílias; pelos traficantes e milicianos que podem expropriar os moradores visando utilizar seus imóveis para a movimentação de comércio e atividades ilícitas; pelos possíveis projetos de regularização fundiária e os custos da cidadania e do urbano transformado em negócio; pelas novas atividades industriais que se realizam na periferia da metrópole carioca, etc.

Nas periferias, a dimensão violenta da urbanização se explicita. A urbanização da sociedade expõe a situação permanentemente crítica pelo qual se conforma o modo de produção capitalista: destruição destrutiva, situação permanente de crise estrutural, mundialização do capital, produção de novas raridades, privação urbana e a conformação da impossibilidade do urbano para todos. Acredita-se que as periferias do extremo oeste carioca realizam essa impossibilidade.

Percebeu-se, ainda, que há uma racionalidade econômica engendrando um planejamento submetido à mercadoria, que financeiriza o urbano e a pobreza, opacificando a produção do espaço da periferia e se atendo a uma miopia desses espaços, incluindo de forma precária e marginal a classe trabalhadora.

Em suma, o direito à cidade concretiza-se como superação da racionalidade econômica do planejamento urbano submetido a transformação absoluta da cidade em negócio. Além disso, o direito à cidade colocado em ação por sujeitos e movimentos revela a negação da subsunção dos níveis sociais e políticos ao econômico no urbano, revelando a cidade produzida pela tecnocracia estatal e seus burocratas que instrumentalizam direitos na cidade como políticas públicas (estatal em sua essência) paliativas, setoriais e reprodutoras do modo de produção capitalista. A cidade como um direito pleno de realização da sociedade urbana e como utopia de uma sociedade justa se apresentam como horizonte possíveis-impossíveis, virtualidade para a produção de um devir que nega e supera o capitalismo.

Referências bibliográficas

Abreu, Mauricio de Alemida. *A evolução urbana do Rio de Janeiro*. Rio de Janeiro: IPP, 2008.

Alvarez, Isabel Pinto. "A segregação como conteúdo da produção do espaço urbano". In: Vasconcelos, Pedro de Almeida &

CÔRREA, Roberto Lobato & PINTAUDI, Silvana Maria (orgs.). *A cidade contemporânea: segregação espacial*. São Paulo: Contexto, 2013, p. 111-126.

ASSEMBLÉIA LEGISLATIVA DO ESTADO DO RIO DE JANEIRO. Relátorio final da Comissão Parlamentar de Inquérito destinada a investigar a ação de milícias no âmbito do Estado do Rio de Janeiro. Comissão Parlamentar de Inquérito (Resolução Nº 433/2008). 288p.

BALANYÁ, Belén et al. (orgs.). *Por um modelo público de água: triunfos, lutas e sonhos*. São Paulo: Casa Amarela, 2007.

BANCO INTERAMERICANO DE DESAROLLO – BID. *Politicas Operativas Sectoriales – Saneamiento Basico Ambiental*. Washington, D.C., agosto de 1994. 5p.

BANCO INTERAMERICANO DE DESAROLLO – BID. *Compañía de Agua Y Alcantarillado del Estado de Rio de Janeiro (CEDAE) - Cooperación técnica para el programa de mejora de la eficiencia comercial y operativa (BR-T1034) Plan de operaciones*. Washington: BID, 2006. 10p.

BRENNER, Neil. *New State Spaces: Urban Governance and the Rescaling of Statehood*. Oxford: Oxford University Press, 2004.

BRITTO, Ana Lucia Nogueira de Paiva. "Condições de acesso aos serviços de saneamento no Rio de janeiro: uma análise através da perspectiva da Justiça Ambiental". In: RIBEIRO, Luiz Cesar de Quieroz (org.). *Metropóles: entre coesão e fragmentação, a cooperação e o conflito*. São Paulo/Rio de Janeiro: Fundação Perseu Abramo/FASE, 2004.

BRITTO, Ana Lucia Nogueira de Paiva & QUINTSLR, Suyá. "Redes técnicas de abastecimento de água no Rio de Janeiro: história e dependência de trajetória". *Revista Brasileira de História e Ciências Sociais*, Rio de Janeiro, v. 9, nº 18, p. 137-162, 2017.

BARBOSA, Jorge Luiz et al. (orgs.). *O que é favela, afinal?* Rio de Janeiro: Observatório de Favelas/BNDES, 2009.

CARLOS, Ana Fani Alessandri. "A urbanização da sociedade: questões para o debate". In: OLIVEIRA, Márcio Piñon de & COELHO, Maria Célia Nunes & CORRÊA, Aureanice de Mello (orgs.). *O Brasil, a América Latina e o Mundo: espacialidades contemporâneas*, v. 2. Rio de Janeiro: Lamparina, p. 49-60, 2008.

CARLOS, Ana Fani Alessandri. "A 'ilusão' da transparência do espaço e a 'fé cega' no planejamento urbano: os desafios de uma geografia urbana crítica". *Cidades*, Presidente Prudente, v. 6, p. 289-306, 2009.

CARLOS, Ana Fani Alessandri. *A condição espacial.* São Paulo: Contexto, 2011.

CUSTÓDIO, Vanderli. "A retomada do planejamento federal e as políticas públicas no ordenamento do território municipal: a temática das águas e do saneamento". *Revista do Departamento de Geografia (USP)*, São Paulo. v. 16, p. 95 - 104, 2005.

DAMIANI, Amélia Luisa. "O urbano no mundo da mercadoria". In: CARLOS, Ana Fani Alessandri & LEMOS, Amália Inês Geraiges de (orgs.). *Dilemas urbanos: novas abordagens sobre a cidade.* São Paulo: Contexto, 2003.

DAMIANI, Amélia Luisa. "A urbanização crítica na metrópole de São Paulo a partir de fundamentos da Geografia Urbana". *Revista da ANPEGE*, Dourados, v. 5, p. 51 - 70, 2009.

FARIA, T. *Favelas na periferia: (re) produção ou mudança nas formas de produção e acesso à terra e moradia pelos pobres na cidade do Rio de Janeiro nos anos 90?* Tese (doutorado em Planejamento Urbano e Regional) - IPPUR - UFRJ, Rio de Janeiro, 2004.

FOSTER, John Bellamy. *A ecologia de Marx.* Rio de Janeiro: Civilização brasileira, 2005.

HARVEY, David. *O novo imperialismo*. São Paulo: Loyola, 2003.

HARVEY, David. *A produção capitalista do espaço*. São Paulo: Annablume, 2005.

INSTITUTO BRASILEIRO DE ADMINISTRAÇÃO MUNICIPAL. *Estudo de avaliação brasileira sobre urbanização de favelas e regularização fundiária*. Relatório Final, v. 1. Rio de Janeiro: IBAM, 2002.

KLEIMAN, Mauro. *Constituição de uma Metodologia de Avaliação do Impacto das Redes de Infra-estrutura no Âmbito do Programa "Favela-Bairro" através da Construção de Indicadores Qualitativos*. Rio de Janeiro: Relatório de Pesquisa, FINEP – Prefeitura do Rio de Janeiro, 1996.

KLEIMAN, Mauro. "Permanências e mudanças no padrão de alocação socioespacial das redes de infra-estrutura no Rio de Janeiro". *Cadernos IPPUR*, Rio de Janeiro, v. 15-16, p. 123-154, 2001-2002.

KOWARICK, Lúcio. *A espoliação urbana*. Rio de Janeiro: Paz e Terra, 1983.

LAGO, Luciana Corrêa do. "O direito à moradia nos limites da lei". In: RIBEIRO, Ana Clara Torres & PIQUET, Rosélia (orgs.). *Brasil, território da desigualdade*. Rio de Janeiro: Jorge Zahar/FUJB, 1991.

LAGO, Luciana Corrêa do. *O movimento de loteadores no Rio de Janeiro*. Dissertação (mestrado em Planejamento Urbano e Regional) – IPPUR – UFRJ, Rio de Janeiro, 1990.

LAGO, Luciana Corrêa do. "Favela-loteamento: reconceituando os termos da ilegalidade e da segregação urbana". *Cadernos Metrópole (PUCSP)*, São Paulo, v. 9, nº 1, p. 119-133, 2003.

LAGO, Luciana Corrêa do & RIBEIRO, Luiz César de Queiroz. "A divisão favela-bairro no espaço social do Rio de Janeiro". *Cadernos Metrópole*, São Paulo, nº 5, p. 29-46, 2001.

LEFEBVRE, Henri. *Position: contre les technocrates.* Paris, Éditions Gonthier, 1967

LEFEBVRE, Henri. *O direito à cidade.* São Paulo: Centauro, 2001.

LEFEBVRE, Henri. *Espaço e política.* Belo Horizonte: Editora UFMG, 2003.

LEFEBVRE, Henri. *A revolução urbana.* Belo Horizonte: Editora UFMG, 2008.

LEITÃO, Geronimo. *Dos barracos de madeira aos prédios de quitinetes: uma análise do processo de produção da moradia na favela da Rocinha, ao longo de cinqüenta anos.* Niterói: EdUFF, 2009.

MACHADO, Thiago Ramos. "Cidade e meio ambiente em debate: notas sobre o papel da infra-estrutura de saneamento no planejamento estratégico urbano". *Expressões Geográficas,* Florianópolis, nº 3, p. 42-59, 2007.

MAIA, César. *O Rio de Janeiro e o Favela Bairro.* Coleção Estudos Cariocas. Rio de Janeiro: PCRJ/SMU/IPP, 2003.

MARICATO, Ermínia. *Para entender a crise urbana.* São Paulo: Expressão Popular, 2015.

MARQUES, Eduardo Cesar Leão. *Desigualdades sociais e infra-estrutura urbana: a produção dos equipamentos de saneamento no Rio de Janeiro.* Dissertação (mestrado em Planejamento Urbano e Regional) - IPPUR - UFRJ, Rio de Janeiro, 1993.

MARQUES, Eduardo Cesar Leão. *Estado e redes sociais: permeabilidade e coesão nas políticas urbanas no Rio de Janeiro.* Rio de Janeiro: Revan; São Paulo: FAPESP, 2000.

MARTINS, Jose de Souza. *Exclusão social e a nova desigualdade.* São Paulo: Paulus, 1997.

OLIVEIRA, Francisco de. *Crítica à razão dualista. O ornitorrinco.* São Paulo: Boitempo, 2003.

Plano Estratégico da Prefeitura do Rio de Janeiro 2009 - 2012. *Pós- 2016 O Rio mais integrado e competitivo*. Rio de Janeiro, 2009.

Prefeitura da Cidade do Rio de Janeiro. Secretaria Municipal de Habitação. *Política Habitacional da Cidade do Rio de Janeiro*. PCRJ/SMH, 1995.

Prefeitura da Cidade do Rio de Janeiro. *O Momento 2000 do programa Favela-Bairro: avaliação com base nos censos 1991 e 2000*. Coleção Estudos Cariocas. Rio de Janeiro: SMU/IPP/PCRJ, 2005.

Prefeitura da Cidade do Rio de Janeiro. *Favela-Bairro: avaliação da primeira fase*. Rio Estudos nº 165, 2005 (mimeogr.).

Prieto, Gustavo Francisco Teixeira. *A sede do capital: o abastecimento de água em favelas da periferia da cidade do Rio de Janeiro*. Dissertação (mestrado em Geografia Humana) - FFLCH - USP, São Paulo, 2011.

Prieto, Gustavo Francisco Teixeira. *Rentismo à brasileira: uma via de desenvolvimento capitalista: grilagem, produção do capital e formação da propriedade privada da terra*. Tese (doutorado em Geografia Humana) - FFLCH - USP, São Paulo, 2016.

Prieto, Gustavo Francisco Teixeira. "A reprodução do abastecimento de água como raridade nas favelas da periferia da cidade do Rio de Janeiro (1994 - 2015): estratégias, conflitos e resistências". In: *BRASA XIII, Brazilian Studies Association Congress*. Providence: Brown University Press, 2016.

Sampaio, Renata Alves. "A violência do processo de urbanização". In: Carlos, Ana Fani Alessandri (org.). *Crise urbana*. São Paulo: Contexto, 2015, p. 55-84.

Santos, Carlos Nelson Ferreira dos. *Movimentos urbanos no Rio de Janeiro*. Rio de Janeiro: Zahar, 1981.

SWYNGEDOUW, Erik. *Social Power and the Urbanization of Water: Flows of Power*. Oxford: Oxford University Press, 2004.

VAINER, Carlos B. "Pátria, empresa e mercadoria: notas sobre a estratégia discursiva do Planejamento Estratégico Urbano". In: ARANTES, Otília & VAINER, Carlos B. & MARICATO, Ermínia (orgs.). *A cidade do pensamento único: desmanchando consensos*. Petrópolis: Vozes, 2000, p. 75-104.

VALLADARES, Licia do Prado. *Passa-se uma casa: análise do Programa de Remoção de Favelas do Rio de Janeiro*. Rio de Janeiro: Zahar, 1980.

VETTER, David Michael. "Espaço, valor da terra e equidade dos investimentos em infra-estrutura no município do Rio de Janeiro". *Revista Brasileira de Geografia*, Rio de Janeiro, nº 112, p. 23-34, 1979.

Parte II

Distribuição e Abastecimento de Água

3. Nas fronteiras do paraíso. Avaliando o abastecimento de água do Rio de Janeiro (séculos XVI-XIX)[1]

Jorun Poettering

Um dos traços característicos do Brasil no século XIX foi a discrepância entre o sistema político altamente conservador e uma retórica muitas vezes distintamente progressista. Sérgio Buarque de Holanda comentou sobre esse fenômeno em sua obra inspiradora *Raízes do Brasil,* originalmente publicada em 1936:

> Na verdade, a ideologia impessoal do liberalismo democrático jamais se naturalizou entre nós. [...] Uma aristocracia rural e semifeudal importou-a e tratou de acomodá-la, onde fosse possível, aos seus direitos ou privilégios, os mesmos privilégios que tinham sido, no Velho Mundo, o alvo da luta da burguesia contra os aristocratas. E assim puderam incorporar à situação tradicional, ao menos como fachada ou decoração externa, alguns lemas que pareciam

1 Tradução do artigo publicado em inglês, Poettering, Jorun. Paradise for Whom? Conservatism and Progress in the Perception of Rio de Janeiro's Drinking-Water Supply, Sixteenth to Nineteenth Century. *Journal of Latin American Studies*, Cambridge, v. 50, nº 3, p. 703-727, 2018. © Cambridge University Press, tradução e publicação com permissão da casa editora.

> os mais acertados para a época e eram exaltados nos livros e discursos (Holanda, 2012, p. 160).

Buarque de Holanda caracterizou as ordens política e social do Brasil como reacionárias e aristocráticas, embora os que estavam no poder aparentavam defender os valores liberais. Outros estudiosos têm identificado adoções similarmente superficiais de atitudes europeias em relação ao estilo de vida urbano, atividades culturais, bem como ciência e tecnologia (Graham, 1968, p. 9-22, 112, 120).[2] A recente historiografia, no entanto, tem desafiado essa visão, colocando em foco, entre outros aspetos, as práticas científicas locais e populares, especialmente nos campos da mineralogia, agricultura e medicina.[3] Esses estudos revelam que os brasileiros eram, na verdade, inovadores em vários aspectos, mas se concentraram predominantemente em fenômenos específicos do Brasil, como a cura de doenças tropicais ou a conservação da fertilidade do solo em ambientes tórridos. A questão que me interessa aqui, no entanto, não é explorar as áreas nas quais a sociedade brasileira teve êxito ou fracasso, mas averiguar porque ela permaneceu passiva em relação a uma série de problemas tecnológicos que necessitavam de soluções a nível global. Focando em um exemplo concreto: como explicar que uma elite urbana bem informada como a do Rio de Janeiro, era tão relutante em

---

2 Ver também, Schwarz (1992).

3 Para uma visão geral recente sobre práticas de cura, ver Kananoja (2016). Júnia Furtado chegou a afirmar que os cirurgiões-barbeiros nas florestas e dos sertões do Brasil colonial, com base no conhecimento popular, "se tornaram os mais inovadores colaboradores do estudo da medicina tropical": Furtado (2008), p. 132. Para as ciências no âmbito acadêmico, ver Figueirôa (1998); Figueirôa & Silva (2001); Furtado (2010); Oliveira & Winiwarter (2010).

assumir o compromisso de modernizar o abastecimento de água potável da cidade?

Procuro demonstrar que a elite brasileira teve uma percepção consistentemente positiva em relação ao abastecimento de água do Rio de Janeiro. Embora permitisse algumas intervenções pragmáticas, essa postura serviu para justificar a prolongada inatividade do governo, especialmente na segunda metade do século XIX. Não se tratava de incapacidade tecnológica, mas essa inatividade resultou da noção do Brasil possuir condições naturais superiores. O pano de fundo da impertubável ordem social conservadora contribuiu para impedir um engajamento sincero na melhoria da infraestrutura hídrica. Esta percepção dos brasileiros encontrava-se em oposição fundamental à uma série de críticas por parte de visitantes estrangeiros, que em seus relatos sobre a cidade se sentiram inclinados a criticar duramente a situação do abastecimento de água, embora outros estivessem cheios de elogios. Como foi o caso do regime político e social, tão bem descrito por Buarque de Holanda, a gestão da água do Rio de Janeiro era fundamentalmente conservadora e até aristocrática. As elites brasileiras continuavam sustentando com confiança a sua própria verdade há muito estabelecida, não reconhecendo que as mudanças no quadro social e tecnológico exigiam abordagens novas e mais refinadas.[4]

Primeiras avaliações da qualidade da água

O Rio de Janeiro tem uma paisagem natural de tirar o fôlego. É cercado por montanhas cobertas de florestas tropicais e permeadas por rios, tendo um clima tropical com um alto nível de umidade e frequen-

4 Sobre a água potável em geral, ver Hamlin (2000); Hirschfelder & Winterberg (2009); Tomory (2014). Para abastecimento de água do Rio de Janeiro, ver Silva (1965); Abreu (1992); Cabral (2011); Benchimol (1992).

tes chuvas fortes. À primeira vista, não parece ser um ambiente onde o abastecimento de água seria um grande problema. No entanto, desde os primórdios da colonização, a água era um assunto de disputa.

Os portugueses chegaram pela primeira vez à Baía de Guanabara em 1502. No entanto, a cidade foi fundada apenas em 1565, para defender o território contra outros invasores europeus, principalmente os franceses, que ali tinham estabelecido uma pequena colônia na década anterior.[5] Depois de provisoriamente erguer o assentamento na entrada da baía, em 1567 os portugueses o relocaram para o topo de uma colina próxima, que mais tarde ficou conhecida como Morro do Castelo. Nesta colina havia um poço, mas os habitantes não bebiam de sua água porque era salobra (Cardim, 1997, p. 268). A planície abaixo era ainda menos adequada para abrir poços, sendo uma paisagem de pântanos, charcos e lagoas. Assim, a população de origem europeia desde cedo se acostumou a enviar os seus escravos para buscar água potável no rio Carioca, que se originava no Maciço da Tijuca e desaguava no Atlântico, na atual praia do Flamengo, a cerca de 2,5 quilômetros ao sul do Morro do Castelo (Sousa, 1951, p. 83).

Embora os habitantes não tivessem um abastecimento adequado de água no próprio assentamento ou em seus arredores imediatos, a maioria dos viajantes que visitava o Rio de Janeiro no início do período colonial elogiava a cidade pelas suas águas. De fato, nesta época, a boa qualidade e grande quantidade de água foram características atribuídas ao Brasil em geral. O escrivão de navio Pero Vaz de Caminha escreveu em sua carta ao rei Manuel após o primeiro desembarque na terra: "Águas são muitas; infindas. E em tal maneira é graciosa que, querendo-a aproveitar, dar-se-á nela tudo, por bem das águas que tem" (Águas, 1987, p. 97). Os missionários que logo começaram a visitar o Brasil interpretaram a boa qualidade de suas

5 Para uma história sucinta da cidade ver Enders (2000).

águas como um dos quatro indicadores da presença do paraíso terrestre (VASCONCELOS, 1865, p. 142).[6] Pensava-se que, juntamente com o clima temperado, a água tornava o Brasil um lugar de pureza e fertilidade, capaz de satisfazer todas as necessidades humanas. No que diz respeito particularmente à região do Rio de Janeiro, um dos primeiros europeus a elogiar sua água foi o piloto de navegação Nicolas Barré, que participou do projeto de colonização francesa. Ele escreveu para seus amigos em Paris na década de 1550: "O território é irrigado por maravilhosas correntes de água doce, das mais limpas que já bebi" (BARRÉ, 1840, p. 110).

A disponibilidade de água doce tinha uma utilidade concreta para os colonos. Mas de acordo com os estudiosos da Renascença, a existência de água boa e abundante era também uma condição *sine qua non* para a criação de qualquer cidade. O humanista e arquiteto Leon Battista Alberti enfatizou a importância da água em seu influente tratado *Da arte de construir*; a água figurou com destaque nas *Ordenanças Filipinas* para o planejamento urbano na América espanhola; e foi uma exigência nas instruções dadas a Tomé de Sousa, o governador geral português designado para fundar a primeira cidade portuguesa na América, Salvador da Bahia, em 1548 (ALBERTI, 1988, p. 12-15; SOLANO, 1996, p. 194-218; MENDONÇA, 1972, p. 38). Diversas descrições de cidades, desde as antigas e medievais *laudes urbium* às topografias médicas do século XIX, ilustram que a qualidade da água potável era um fator chave para a avaliação da própria cidade (CLASSEN, 1986). Declarar que o Rio de Janeiro estava bem abastecido com água fortaleceu a legitimidade e a reputação da cidade e do projeto de colonização na sua totalidade.

6 Para uma discussão sobre o tema do paraíso terrestre, ver HOLANDA (2010); SOUZA (2003), P. 3-21; DELUMEAU (1992), p. 145-152.

Mas o que significava para uma cidade ter água boa e abundante? De acordo com quais critérios os contemporâneos julgariam a água? Leon Battista Alberti explicou que a melhor água era aquela que não possuía "nada de estranho, nada de ruim", alertando que "a menos que seja muito pura, não contaminada por qualquer elemento viscoso e livre de qualquer gosto ou cheiro, sem dúvida, seria muito prejudicial à saúde" (Alberti, 1988, p. 331). Alberti discutiu várias opiniões da Antiguidade e do Renascimento sobre as diversas propriedades da água – ou águas, já que o termo se referia a uma classe de substâncias em vez de uma única substância (Hamlin, 2000, p. 721). De acordo com essas opiniões, as águas variavam de lugar para lugar, suas características dependiam da localização de sua fonte e do percurso que faziam. Como havia sido exposto por Hipócrates e Plínio o Velho, entre outros, acreditava-se que as águas correntes eram muito melhores do que as águas estagnadas, e as águas de nascente eram melhores do que as águas de poço (Hippocrates, 1978, p. 148-169; Pliny the Elder, 1855, livro 3, cap. 21). Outro indicador favorável da qualidade da água, que de acordo com Alberti havia sido destacado pelo escritor romano Columella, era o fato de ter vindo de precipícios rochosos (Alberti, 1988, p. 333).[7]

Embora, no início da colonização, existisse uma forte pressuposição de que as águas do Rio de Janeiro eram boas e abundantes, sem necessidade de fornecer evidências, mais tarde, a característica do rio Carioca ter água descendo de penhascos, foi repetidamente comentada. Em 1730, por exemplo, Sebastião da Rocha Pita, um dos maiores cronistas do Brasil colonial, elogiou o "copioso rio chamado Carioca, de puras e cristalinas águas, que depois de penetrarem os corações de

7 Hipócrates divergiu dessa opinião, dizendo que "a água das fontes rochosas [...] é de má qualidade, pois é dura, tem efeito aquecedor, pouco fluída e causa prisão do ventre" (Hippocrates, 1978, p. 153).

muitas montanhas, se despenhavam por altos riscos, uma légua distante da cidade" (Pita, 1976, p. 65). De fato, diferente do que se poderia esperar da inicial apreciação geral das águas do Rio de Janeiro, na prática, apenas a água do rio Carioca era considerada boa o suficiente para o consumo. Como sabemos pelo cronista Agostinho de Santa Maria, que recorreu a informações provenientes da virada do século XVII para o século XVIII, os habitantes asseguravam que a água não fosse retirada de nenhuma outra fonte, pedindo aos escravos para "enramaõ os cantaros, & barris, em que a trazem, com hũas folhas de hũas hervas, que só lá [no rio Carioca] se criaõ" (Santa Maria, 1723, p. 20)

Viajantes da época do Iluminismo e sua percepção sobre a água

Esse tipo de 'prova de origem' tornou-se obsoleta após a finalização do Aqueduto da Carioca que levava a água do rio para um lugar mais próximo da cidade e cuja parte final é hoje conhecida como Arcos da Lapa. Já no início do século XVII, o espaço no Morro do Castelo havia se tornado pequeno demais para a crescente população. O assentamento desceu para a planície, e os habitantes começaram a drenar o subsolo pantanoso e a encher as lagoas de terra, ganhando novas áreas para a expansão da cidade. Até o final do século XVII, o desenvolvimento urbano era relativamente lento, mas a partir daí a cidade começou a prosperar devido à descoberta do ouro no sertão de Minas Gerais. Quando o aqueduto foi concluído em 1723, a cidade tinha cerca de 20.000 habitantes, igualando-se ao tamanho de cidades europeias como Utrecht, Mantova e Montpellier (Chandler, 1987, p. 21, 25). Em 1763, a cidade do Rio de Janeiro foi declarada capital da colônia e sede do vice-reinado, substituindo Salvador da Bahia nesta função.

Foi aproximadamente nessa época, em meados do século XVIII, que as opiniões dos viajantes sobre a água começaram a se tornar mais diversificadas. Enquanto alguns viajantes continuavam a elogiá-la, os britânicos em particular, que nesta altura haviam entrado em sua própria fase expansionista, muitas vezes criticavam o fornecimento. O fidalgo espanhol Juan Francisco de Aguirre foi um dos viajantes que ainda estava cheio de admiração. Em sua descrição da cidade, que visitou em 1782, afirmou: "Uma das coisas que nos pareceu mais apreciável no Rio, é a abundância de águas e fontes para o serviço de seu público" (Aguirre, 1905, p. 72). Uma postura semelhante foi adotada por Aeneas Anderson, assistente pessoal do lorde britânico George Macartney em sua missão à China, que passou pelo Rio de Janeiro em 1792. Admirava profundamente o "estupendo aqueduto"; considerou a estrutura uma conquista arquitetônica e técnica, que tornava a paisagem natural encantadora ainda mais perfeita. E também reconheceu, como muitos antes dele: "A água é da melhor qualidade e tão abundante, não apenas para prover o suprimento adequado para todas as necessidades dos habitantes, mas também, para suprir com este elemento necessário, os navios que entram no porto" (Anderson, 1795, p. 16, 22-23).

O primeiro viajante que, décadas antes de Aguirre e Anderson, já teve uma visão claramente distinta foi o explorador britânico James Cook. Ele fez uma escala no Rio de Janeiro em sua primeira expedição ao Pacífico Sul, em 1768. Segundo o editor de seu diário, Cook fez o seguinte comentário:

> [A cidade] é abastecida com água das colinas vizinhas, por um aqueduto, que é erguido sobre dois andares de arcos, e é dito que em alguns lugares fica a uma grande altura do solo, de onde a água é transportada por canos até uma fonte na grande praça, que fica exatamente em frente ao palácio do Vice-Rei [atualmente conhecido como Paço Imperial] [...]. A água nesta fonte, porém, é tão ruim que nós, que estávamos há dois meses no mar, com a água

> confinada em nossos barris, que era quase sempre desagradável, não conseguíamos bebê-la com prazer. Água de melhor qualidade é disponibilizada em alguma outra parte da cidade, mas eu não pude descobrir com que meios (Hawkesworth, 1773, p. 27-28).

Embora expressando alguma admiração pela aparência externa do aqueduto, Cook desprezava a água que era transportada através dele. Ao aludir à disponibilidade de água de melhor qualidade em outra fonte, questionou a funcionalidade do aqueduto. Aparentemente, os portugueses foram tão incompetentes que fizeram uma suntuosa construção, mas canalizaram a água errada, ou estragaram a água originalmente boa, deixando-a passar por uma construção defeituosa. Examinando detalhadamente o relatório, é possível discernir um padrão geral na interpretação de James Cook, que sugere que o projeto dos colonizadores portugueses falhou como um todo. Por exemplo, a futilidade dos esforços portugueses mostra-se nos seus comentários referentes às plantas: Por um lado, o autor do relatório estava cheio de elogios: "O país, a uma pequena distância ao redor da cidade [...] é lindo no mais alto grau; os locais mais selvagens são variados com uma luxuosidade de flores, desde o número à beleza, tanto quanto os melhores jardins da Inglaterra" (Hawkesworth, 1773, p. 31-32). No entanto, chegando às plantas úteis, explicou que "há realmente pequenos trechos ou jardins, nos quais muitos tipos de hortas europeias são produzidas, particularmente repolhos, ervilhas, feijões-roxos, nabos e rabanetes brancos, mas todos muito inferior aos nossos" (Hawkesworth, 1773, p. 32-33). Isso coincide com a percepção de que a água conduzida através do aqueduto, considerada uma conquista da colonização, era ruim, enquanto havia outra fonte de água, supostamente mais imediata, de boa qualidade.

Com esta interpretação, Cook inverteu a forte crença de muitos europeus do início da Idade Moderna, e especialmente dos portugueses, de que eram capazes de influenciar a natureza de modo a construir um mundo que respondesse às suas necessidades. Relativo à construção de aquedutos, essa visão foi abordada, entre outros, pelo humanista João de Barros, ao elogiar o rei português por trazer água para a cidade de Évora, "vencendo com arte à natureza" e "suprindo os defeitos do lugar, por dar saúde e contentamento aos homens" (Barros, 1937, p. 76). O ressentimento que a expedição de Cook tinha com o Rio de Janeiro provavelmente estava enraizado no profundo preconceito contra a nação portuguesa, que os britânicos nesta altura acreditavam ser atrasada e incompetente e, portanto, ineficaz como colonizadora (Priore, 2000; Daly, 2009). Este sentimento foi confirmado e reforçado pela recepção severa de Cook e seu séquito pelo vice-rei Conde de Azambuja, a quem descreveram como uma pessoa ignorante e despótica que impedia as pessoas instruídas de cumprirem a sua missão científica (Domingues, 2013).

Vários viajantes posteriores refutaram a avaliação feita por Cook sobre a água. Friedrich Ludwig Langstedt, por exemplo, um clérigo alemão que visitou o Rio de Janeiro em 1782, observou: "Recebemos água fresca que foi transportada através de um canal artificial de muito longe na província. Tinha um sabor muito melhor e não era tão prejudicial quanto às vezes é descrito nas anotações de viagem" (Langstedt, 1789, p. 56). De acordo com George Staunton, um colega de viagem de Aeneas Anderson na delegação para a Corte chinesa, "a água era incrivelmente boa e se mantinha melhor no mar do que qualquer outra". Ele atribuiu "a opinião contrária do Capitão Cook à algumas impurezas acidentais que permanecem nos tonéis que foram utilizados por ele" (Staunton, 1799, p. 79).

No entanto, o relato da expedição de Cook foi extremamente influente e coincidiu com a percepção sobre os trópicos, que iniciou no Iluminismo e acompanhou o crescente envolvimento dos europeus do norte na exploração das regiões equatoriais (Arnold,

1996, p. 141-168; Stepan, 2001). Ela se baseou no redescobrimento do pensamento hipocrático, que defendia a superioridade dos climas temperados, sugerindo não apenas uma má influência do clima quente e úmido dos trópicos sobre a saúde, mas de acordo com pensadores como o Conde de Buffon, até mesmo um efeito deteriorador para própria raça humana (Carey, 2011; Tzoref-Ashkenazi, 2010). Essas idéias transcenderam um amplo espectro de pensamento cultural e social, incluindo a medicina, as ciências, a filosofia, a arte e a política, e foram sintetizadas com mais destaque no *Espírito das Leis* de Montesquieu que defendia a visão de que, o clima determinava os costumes e leis dos países (Montesquieu, 1982).

O clima e a topografia eram agora dotados de significado moral. A tropicalidade não representava mais apenas a fertilidade e a exuberância, mas também a crueldade, a doença e a opressão. Além disso, a cidade do Rio de Janeiro não estava localizada apenas nos trópicos, mas também em uma paisagem densamente intercalada por pântanos. Dos pântanos, supostamente, surgiram exalações venenosas chamadas miasmas, que nos trópicos eram consideradas de morbidade ainda mais intensa do que na Europa. Pensava-se que juntamente com o ar úmido e quente, estes elementos poderiam ter efeitos prejudiciais sobre a saúde, o corpo e, finalmente, a civilização. A imagem outrora paradisíaca dos trópicos inclinou-se para uma imagem pestilenta. No entanto, essa mudança só teve efeitos muito limitados sobre a percepção da água potável do Rio de Janeiro pelos seus habitantes.

A ATITUDE PRAGMÁTICA DOS GOVERNANTES

Embora as pessoas, antes do final do século XIX não tivessem noção científica sobre a forma de disseminação das doenças transmitidas pela água, existia, desde sempre, uma consciência sobre os efeitos prejudiciais da água contaminada. Pelo menos desde o início do século XVII, os representantes da cidade do Rio de Janeiro tinham monitorado a qualidade da água potável. Tentaram protegê-la, particularmente, da poluição causada por fezes de gado que pastava ao longo das margens do rio Carioca e pela lavagem de roupas nas suas águas (Arquivo do Distrito Federal, 1935, p. 15, 42; Tourinho, 1929, p. 58). De fato, uma das principais razões pelas quais os navios que chegavam ao seu porto, incluindo o da expedição de James Cook, foram abastecidos com água da fonte recém-construída no Largo do Carmo (atual Praça XV) que era abastecida pelo Aqueduto da Carioca, e não no antigo local de irrigação dos navios, a Bica dos Marinheiros abastecida por uma fonte independente, era que a água desta última era supostamente "immunda, e prejudicial a saude por se fazer lavagem de roupa assima do mesmo rio".[8]

Em uma das poucas incidências em que dispomos de fatos concretos sobre um surto de doença que afligia os habitantes do Rio de Janeiro durante o período colonial, o vice-rei atribuiu esse surto à água contaminada – um problema que tentava solucionar. Foi o já citado fidalgo Juan Francisco de Aguirre, que falava tão positivamente sobre a infraestrutura hídrica, quem relatou que as pessoas sofriam muito com a disenteria e que, segundo informações que lhe haviam sido dadas, em 1781 morreram mais de 2 mil pessoas por esta doença, concluindo que se tratava de "uma peste formal" (Aguirre, 1905, p. 121-122). Como as bactérias que causam a disenteria se espalham pela água, o surto pode ter sido causado pelas obras no abastecimento de água que aconteciam naquela época. Para instalar os canos do sistema de tubulações subterrâneas que levariam água para novas fontes, foi necessário abrir muitas ruas, e os condutos frequentemen-

8 A Bica dos Marinheiros era abastecida pelo Rio Comprido, um rio independente do sistema do rio Carioca. *Revista de Documentos para a História da Cidade do Rio de Janeiro do Arquivo do Distrito Federal*, Rio de Janeiro, v. 1, p. 174, 1950.

te não eram devidamente fechados.[9] O vice-rei Luís de Vasconcelos ficou alarmado com o fato de que as águas que foram conduzidas através dos tubos estavam sujeitas à contaminação por "toda a qualidade de animaes" (Souza, 1888, p. 187-188). De fato, não apenas animais, mas também sujeira e esgoto poderiam ter penetrado no sistema dessa forma.

As medidas tomadas pelo governo da cidade para proteger a água potável, geralmente incluíam a prevenção de animais e matérias vegetais, como folhas caírem na água, porque acreditava-se que estas entrariam em putrefação em contato com o líquido e a água assim alterada causaria doenças (Tomory, 2014, p. 497). A partir do momento em que o aqueduto foi concluído, guardas especiais foram empregados para evitar esses transtornos· Além disso, a entrada de lama na água foi considerada um problema. Após chuvas fortes, a água fornecida pelo Aqueduto da Carioca não era potável por um ou dois dias, porque a chuva derrubava terra das colinas vizinhas do conduto e suas águas eram misturadas com uma "incrivel porção de barro", como observou o vice-rei Conde de Resende em 1795.[10] A maneira comum de resolver esse inconveniente era fazer transcorrer pelas caixas de sedimentação a água que continha resíduos.

O governo também estava preocupado com a poluição gerada 'socialmente'. O vice-rei Conde de Resende relatou que, quando assumiu o governo em 1790, grande parte do sistema de tubulação estava aberta, e que a água potável não estava apenas sendo infectada

---

9 Aguirre (1905), p. 73, fez sua própria observação que o abastecimento de água estava sendo consideravelmente ampliado quando visitou a cidade: além das três fontes públicas existentes, o governo estava construindo outras seis.

10 Arquivo Nacional do Rio de Janeiro (AN), Negócios de Portugal, cód. 68, v. 12, f. 246.

por répteis, insetos, folhas e outras coisas, mas também por pessoas que tomavam banho na água e que estavam com doenças consideradas contagiosas, como lepra e escorbuto, ou que estavam cobertas de feridas ou manchas e pústulas. Resende vangloriou-se por ter imediatamente iniciado medidas para cobrir o aqueduto e assim inibir o surto de novas doenças.[11] Como tem sido demonstrado para outras regiões, esse tipo de ação não foi motivada apenas pelo medo da disseminação de doenças, mas também por causa de transgressões indesejadas cometidas por membros de grupos considerados socialmente inferiores, especialmente pelos escravos. Havia um desejo elitista de impedir que aqueles que não dispunham de instalações privadas tomassem banho usando a água comum (Tomory, 2014, p. 490; Douglas, 1966).

A opinião médica

Nenhuma das medidas pragmáticas tomadas pelos vice-reis e outros funcionários do governo para garantir a qualidade da água figurou nos pareceres de especialistas feitos por cientistas médicos brasileiros no final do século XVIII e no século XIX. Em vez de aprender com as práticas, os médicos argumentaram em base das doutrinas do Iluminismo transferidas da Europa. No entanto, em contraste com as opiniões de seus colegas europeus, a apreciação da água da cidade pelos médicos brasileiros foi exclusivamente positiva.

Já em 1771 foi criada a primeira Academia Científica do Rio de Janeiro (Oliveira, 2005, p. 94-96; Silva, 1999, p. 27-33).[12] A maioria de seus membros eram médicos que estavam bem informados das teorias científicas e filosóficas do Iluminismo. Alguns anos depois, foi

11 AN, Negócios de Portugal, cód. 68, v. 12, f. 246.

12 Ver também Kury (2004).

fundada a Sociedade Literária, sucedendo a antiga organização, que, apesar de seu nome, também era organizada por médicos e dedicada à pesquisa científica. Em 1786, a Sociedade encomendou a primeira avaliação sobre a água, provavelmente como uma reação à epidemia de disenteria de 1781 mencionada por Juan Francisco de Aguirre. O objetivo da análise da água do rio Carioca era aprender os efeitos saudáveis danosos que resultariam de seu consumo. Dois relatórios surgiram desse esforço, um avaliando a água através dos sentidos, o outro confiando na análise química, nenhum dos quais sobreviveu (Atahide, 1882, p. 69-76). Mas podemos concluir de um estudo posterior, escrito em 1798 pelo médico Antônio Joaquim Medeiros, que provavelmente descartaram qualquer conexão entre a água e a epidemia. Medeiros explicou que antigamente as doenças endêmicas do Rio de Janeiro tinham sido atribuídas à água potável, mas que isso foi determinado como falso por experimentos realizados pelos "mais habeis Philosophos e Medicos" da cidade durante a época do vice-rei Vasconcelos (Medeiros, 1813, p. 7).

Portanto, o próprio Medeiros e dois outros médicos creditados, que em 1798 haviam sido solicitados pela Câmara para opinar sobre as causas das doenças no Rio de Janeiro, também excluíram a qualidade da água urbana como causadora de doenças e atribuíram ao "pestifero ar, que respira o miseravel Povo, humido, e quente".[13] O que James Cook e outros escreveram sobre a água do rio Carioca não impediu nem mesmo a primeira geração de médicos brasileiros que foram oficialmente consultados como especialistas, de defender uma opinião distinta e muito mais favorável. Nas décadas seguintes, um número ainda maior de tratados eruditos sobre a situação da saúde

13 "No anno de 1798 se propoz por Acordo da Camara desta Cidade a varios Medicos, hum Programma que tinha por objecto os quesitos seguintes". *O Patriota*, Rio de Janeiro, v. 1, nº 1 (1813), p. 58-59.

na cidade seria produzido por médicos locais. Todos faziam alusão às tendências científicas da medicina iluminista em voga na Europa, mas seguiam sua própria agenda, evitando uma avaliação demasiadamente prejudicial de sua cidade, e consistentemente valorizando a qualidade da água.[14]

A transferência da Corte

Em 1808, a Corte Real portuguesa, fugindo do exército de Napoleão, mudou-se para o Rio de Janeiro, transformando a cidade sul americana na capital de uma potência europeia. Pela primeira vez, estrangeiros tiveram autorização para mudar para o Brasil e circular livremente. O comércio, que antes era restrito aos portugueses, agora estava aberto a todas as nações amistosas (principalmente aos ingleses). De fato, o Rio de Janeiro não apenas se tornou a sede de uma Corte europeia, mas também estava situado em uma das regiões economicamente mais promissoras do mundo. As pessoas estavam migrando para o Rio de Janeiro, vindos de Portugal e de outros países europeus, bem como do Brasil inteiro. Além disso, a população escrava também aumentou substancialmente (Alganti, 1988, p. 32-33). Em apenas doze anos, a população duplicou para cerca de 110.000 habitantes e, em meados do século, chegou a cerca de 200.000, igualando cidades como Barcelona, Hamburgo ou a Cidade do México (Chandler, 1987, p. 24, 44).

O crescimento repentino levou à falta de moradia, à sobrecarga na infraestrutura, ao aumento de todos os tipos de resíduos e águas residuais e à escassez de água potável. Os estrangeiros, em especial, tinham um julgamento muito severo sobre a situação higiênica no Rio de Janeiro. John Luccock, um comerciante inglês que passou vários anos entre 1808 e 1818 na cidade, exclamou: "Não é a

14 Para mais tratados ver Silva (1999), p. 77-92.

toa que os estrangeiros, na irresistível evidência de diferentes impressões sensoriais, considerem o Rio como uma das mais sujas associações de seres humanos sob o Céu. Não é a toa que eles se apavorem com o aumento da população, que pode fazer com que a cidade se torne em uma grande casa de pragas" (Luccock, 1830, p. 133). De fato, não havia esgotos regulares na cidade até a década de 1860, e as valas que coletavam o esgoto eram muitas vezes congestionadas, tendendo a transbordar e inundar as partes mais baixas da cidade após fortes chuvas. Doenças transmitidas pela água, como disenteria e febre tifóide, eram comuns, especialmente durante a estação de chuvas (Peixoto, 2008, p. 117; Medeiros, 1813, p. 6-7).

Desde que a Corte se mudou para o Rio de Janeiro, toda a população – incluindo os recém-chegados portugueses e as elites locais – foi afetada por esse tipo de inconveniência. Por isso, uma das primeiras medidas tomadas pela nova administração, em termos de urbanização, foi a ativação de recursos hídricos adicionais (Abreu, 1992, p. 60-65, 68). Na primeira metade do século XIX, outros rios foram canalizados, sendo o mais importante o Maracanã, um número maior de nascentes foi aproveitado para alimentar o Aqueduto da Carioca, e várias novas fontes e fontanários foram construídos. Além disso, inovações técnicas foram aplicadas para gerar um suprimento de água mais limpo e substancial.[15] No entanto, muitos estrangeiros permaneceram céticos quanto à qualidade da água. John Shillibeer, por exemplo, um tenente britânico que retornou do Pacífico em 1814, relatou sem rodeios: "A água não é boa e, ao tomá-la pela primeira vez, causa inchaço acompanhado de dor no abdômen" (Shillingbeer, 1817, p. 10).[16]

15 As intervenções incluíram a construção de tanques e reservatórios, a tubulação de fluxos adicionais, a vedação de vazamentos, a troca de canos.

16 O diplomata Henry Ellis escreveu de forma um pouco ambígua: "A água em São Sebastião não é agradável ao paladar, mas diz-se que é saudável";

Perspectiva anti-colonial

Embora possa parecer evidente que a deterioração das condições de saúde tenha se originado no crescimento súbito da população após a chegada da Corte, os contemporâneos brasileiros tiveram uma interpretação diferente. Os problemas foram atribuídos à má administração *antes* da chegada da família real e a situação insalubre era vista como uma herança do colonialismo. O médico brasileiro Domingos Ribeiro dos Guimarães Peixoto, cirurgião do rei, escreveu em 1820, dois anos antes da independência brasileira, que, desde a chegada da família real em 1808, "o Rio de Janeiro tem adquirido um melhoramento indizível e nunca esperado; de um país malfazejo e inabitável, por assim dizer, se tem tornado um país mais saudável" (Peixoto, 2008, p. 107-108). É claro que queria lisonjear seu patrão, e prosseguiu dizendo que ainda havia muito a ser feito até que a plena satisfação em todos os aspectos da higiene pública fosse alcançada. Mas a salvação da doença, para Peixoto e muitos de seus contemporâneos, tornou-se um objetivo nacional, a ser alcançado pela libertação de maus hábitos e preconceitos herdados do passado colonial (Peixoto, 2008, p. 107-108). É impressionante como a deterioração real da situação foi superada por uma melhoria percebida, que culpou os problemas da administração anterior.

Apesar desta mudança na percepção geral das condições higiênicas e da situação de saúde, em relação à qualidade da água Guimarães Peixoto aderiu à opinião dos médicos coloniais do final do século XVIII, declarando a água livre de quaisquer qualidades prejudiciais. Afirmou:

Ellis (1817), p. 14. Um julgamento totalmente positivo, no entanto, foi dado por seu companheiro de viagem, o cirurgião John McLeod, que relatou que o navio havia "recebido um excelente suprimento de água", McLeod (1818), p. 15.

> A respeito das águas, de que os habitants da cidade fazem uso, a do Chafariz da Carioca, das Marrecas e do Passeio Público é ótima e parece ter as condições de uma boa água; sua origem provém de muitas fontes que vertem do alto de um grande morro denominado Corcovado, de onde precipitadamente cai, sendo sobremaneira batida, pela desigualdade dos lugares por onde passa e força com que é lançada. Exposta ao ar livre, ela recebe os raios de luz e caloríficos emanados do Sol, até que ultimamente é recebida em canos, que a conduzem para a cidade, sendo estes em certa distância divididos e distribuídos para os diferentes chafarizes mencionados e alguns outros (Peixoto, 2008, p. 101).

Embora, em termos gerais, inclinado a romper com a herança colonial, em sua opinião sobre a qualidade da água, o médico aderia exclusivamente à tradição, adotando o argumento da queda sobre rochas que supostamente melhorasse a qualidade da água que remontava às opiniões de Sebastião da Rocha Pita, Leon Battista Alberti e eventualmente Columella. Essa crença não se restringiu às declarações oficiais, mas também parece ter sido parte do conhecimento popular, como mostra o comentário de um estrangeiro sobre o aspersor da fonte do Largo do Carmo: "Espalha a água e a expõe aos raios de sol, que a aquece a uma temperatura desagradável, mas os idosos dizem que não é bom beber água que não é agitada. É melhor 'água batida' quente, do que água fria não 'batida' (Ewbank, 1856, p. 88).

A qualidade da água tornou-se, mais uma vez, uma questão política em meados do século. Médicos da Academia Imperial de Medicina e da recém-fundada Junta de Higiene Pública foram convidados pelo governo nacional para dar sua opinião sobre o surto de epidemia que teve na cidade no verão de 1849/50: a febre amarela afetou mais de 90.000 habitantes, com 4.160 mortes registradas, o número total foi provavelmente muito maior (Benchimol, 1992, p. 113; Silva, 1988, p. 23; Telles, 1994, p. 357). Essa epidemia teve surtos quase anuais até o início do século XX. Alguns anos depois, no verão de 1855/56, uma outra epidemia, dessa vez de cólera, chegou à cidade e levou a outras 5.000 mortes em menos de um ano.

Em relação à água, que foi novamente abordada como possível causa das epidemias, o médico Francisco de Paula Cândido, presidente da Junta de Higiene Pública, em 1850, mais uma vez deu crédito à sua boa qualidade, aludindo à teoria da 'água batida'. Explicou que a água não poderia ser um catalisador central das doenças, porque durante a queda das alturas do Corcovado a água absorvia ar, que achava ser o requisito fundamental para sua salubridade. Paula Cândido era uma distinta autoridade científica em seu campo. Obteve seu doutorado em Paris, onde também trabalhou como voluntário na 'legião sanitária' organizada pelo governo francês em resposta ao surto de cólera de 1832 (Casa Oswaldo Cruz, s.d.).[17] Após seu retorno ao Brasil, logo se tornou um dos especialistas sanitários mais importantes do império, sendo membro ativo da Sociedade Médica do Rio de Janeiro, além de ocupar uma cadeira na Faculdade de Medicina. Em 1855, quando o médico inglês John Snow transmitiu sua tão disputada hipótese, relacionando os surtos de cólera em Londres à poluição da água, Paula Cândido provavelmente acompanhou de perto a polêmica que se seguiu em Paris. Posteriormente, essa polêmica levaria o prefeito Haussmann e seu engenheiro hidráulico Eugène Belgrand a abandonarem o abastecimento de água pelo lençol freático e fluvial de Paris, substituindo-o por uma provisão de água de nascente vinda de longa

---

17 Para uma apreciação mais geral das instituições nacionais de saúde e seus membros, ver Cueto & Palmer (2015).

distância, pioneira nas décadas de 1860 e 70 (Roche, 2013, p. 44-57).[18] No entanto, isso não fez com que Paula Cândido revisasse suas considerações científicas sobre o abastecimento de água do Rio de Janeiro.

Embora Paula Cândido em princípio concordasse com a estabelecida avaliação da boa qualidade da água, também chamou atenção para uma possível ameaça: como a mata que antes cobria o Aqueduto da Carioca estava desaparecendo e não era mais capaz de protegê-lo do calor intenso do sol, segundo ele, a água não mantinha a temperatura fria o suficiente para preservar o ar que era absorvido. Por isso, solicitou à administração que assegurasse a existência de árvores suficientes ao longo do aqueduto, para abrigar a água e garantir sua temperatura fresca até chegar ao seu destino final. Além disso, explicou que a vegetação consumiria os gases produzidos pelos constantes processos de putrefação, impedindo a nitrificação da água. Por estas razões, Paula Cândido aconselhou o plantio de árvores em toda a área montanhosa acima do curso dos aquedutos da Carioca e da Tijuca, bem como em uma área de cerca de 100 braças (220 metros) abaixo deles (Cândido, 1850, p. 8-11).[19] Na verdade, o reflorestamento não era uma demanda nova, mas até então não havia sido justificado pelo desejo de melhorar a *qualidade* da água; em vez disso, foi pensado para resolver o problema da *quantidade* de água.

Escassez de água

Historiadores ambientais presumem que o Rio de Janeiro do século XIX foi afetado por uma aridez crescente, da qual as faltas de

18 Paula Cândido permaneceu como presidente da Junta de Higiene Pública só até 1864, quando faleceu durante sua estadia em Paris.

19 No ano seguinte, Francisco de Paula Cândido repetiu suas exigências, já que muito pouco havia sido feito nesse meio tempo, Cândido (1851), p. 13.

água recorrentes foram a consequência mais visível.[20] Foi o resultado de séculos de desmatamento na região, que, como Warren Dean mostrou, havia começado 1.500 anos antes, numa época bem anterior aos primeiros portugueses pisarem no continente americano (Dean, 1995; Amador, 2012). No entanto, ficou pior depois que os europeus chegaram e começaram a exploração intensiva do país. Além de desmatar imensas áreas para cultivar açúcar e criar gado, precisavam de lenha para a produção de açúcar. Mas a destruição das florestas não terminou com o regime colonial. O impacto mais severo nos arredores do Rio de Janeiro ocorreu nas primeiras décadas do século XIX, com o cultivo de cafezais nas encostas do Maciço da Tijuca (Drummond, 1996, p. 89; Cabral, 2011). Quase toda a floresta foi cortada para esse fim, nem mesmo as árvores isoladas foram poupadas, que normalmente seriam preservadas para fornecer sombra para as plantas de café. Como consequência, em períodos de chuva, violentas torrentes desciam pelas colinas, não apenas levando muita superfície de solo fértil, mas também impedindo o reabastecimento do lençol freático. Em 1845, de acordo com o Ministro da Agricultura, Comércio e Obras Públicas, a água disponível nas fontes da cidade atingiu apenas um terço do volume antigo. Um de seus sucessores afirmou que, em 1866, havia diminuído para um quarto do volume.[21]

Mais uma vez, os estrangeiros ficaram divididos na opinião sobre a quantidade de água disponível. Quando se tratava de julgamen-

---

20 Embora a quantidade de precipitação de chuva tenha sido medida sistematicamente apenas a partir de 1851, o geógrafo e historiador Diogo de Carvalho Cabral está confiante de que houve uma redução da precipitação entre o final do século XVIII e meados do século XIX, Cabral (2011), p. 172. Para documentação oficial sobre secas, ver *Relatório apresentado á Assembléia Geral Legislativa pelo Ministro e Secretário de Estado dos Negócios da Agricultura, Comércio e Obras Públicas* (*RMNACOP) 1866*, p. 158.

21 RMNACOP 1866, p. 158.

tos gerais, frequentemente eram muito críticos. O já mencionado comerciante John Luccock observou que "em proporção ao tamanho e às exigências, o Rio de Janeiro tem apenas um escasso suprimento de água" (LUCCOCK, 1820, p. 76). Muitos outros europeus concordariam com ele. Mas a maioria derivou essa impressão dos muitos escravos que viram nas fontes. Isso, obviamente, era mais uma indicação de falta de pontos de acesso à água – senão uma crítica à escravidão em si – do que de uma escassez real. Nenhum dos estrangeiros cujos relatos consultei, reclamou que a falta de água perturbava suas rotinas diárias. Pelo contrário, o professor alemão de zoologia Hermann Burmeister, que visitou o Rio de Janeiro entre 1850 e 1852, ficou impressionado com a quantidade de água que os brasileiros usavam. Ele chamou isso de "a mais importante de suas necessidades de vida", afirmando que era "inacreditável a quantidade de água consumida diariamente" (BURMEISTER, 1853, p. 84). A julgar pelas avaliações dos visitantes, mesmo que considerassem a infraestrutura insuficiente, a quantidade de água disponível para eles parecia ser mais do que suficiente. Como europeus, provavelmente se beneficiaram do alto padrão de vida da população privilegiada que tinha melhor situação devido ao uso de escravos e ao acesso a poços privados. Com isso, poderiam contar com um suprimento de água confiável, mesmo durante as secas que ocorriam regularmente.[22]

Os funcionários da Diretoria das Obras Públicas da Secretaria de Estado dos Negócios da Agricultura tinham uma atitude contorcida e em relação à provisão de água na segunda metade do século XIX. Reconheceram a aridez e regularmente publicavam relatórios pedindo a expansão da infraestrutura para aumentar a quantidade de água

22 De acordo com Maurício de Abreu, as secas afetaram a cidade nos anos 1809, 1817, 1824, 1829, 1833, 1843, e a pior delas em 1868/69; ABREU (2011), p. 62-64, 76, 80.

potável disponível. Mas os números em que esses relatórios eram baseados variavam consideravelmente, e a estimativa subjacente do tamanho da população quase dobrou os dados do censo, que foram coletados no mesmo período.[23] Isso sugere que o principal objetivo dos especialistas era persuadir o governo da necessidade de novos projetos de construção. Além disso, o Inspetor das Obras Públicas, Bento José Ribeiro Sobragy, assim como seu sucessor António Maria de Oliveira Bulhões, foram bastante presunçosos em sua noção do escopo adequado de água, assumindo a necessidade de 150 litros per capita por dia – uma estimativa extraordinariamente alta em comparação com os padrões de outros lugares.[24] Justificaram isso "attenden-

---

23 Bento José Ribeiro Sobragy, 'Abastecimento d'agua', *RMNACOP 1864*, Anexo R, p. 3: o abastecimento por pessoa/dia foi de 31,7 litros no período seco em 1864, com a nova canalização seria de 57 litros, baseando-se numa população de 400.000 pessoas; no entanto, o tamanho oficial da população era de apenas 200.000 pessoas, significando 63 litros, resp. 114 litros; *RMNACOP 1869*, p. 166: 22,5 litros no período seco em 1869, 40 litros no período chuvoso, baseando-se numa população de 400.000 pessoas; no entanto, o tamanho oficial da população era de apenas 200.000 pessoas, significando 45 litros no período seco e 80 litros no período chuvoso; *RMNACOP 1870*, p. 157: 73 litros em 1870, baseando-se numa população de 300.000 pessoas; no entanto, o tamanho oficial da população era de apenas 220.000 pessoas, significando 100 litros. Para tamanhos populacionais, ver *Relatório de Antônio Thomaz de Godoy*, citado em Silva, *Recenseamentos*, p. 104; Jerónimo Martiniano Figueira de Mello et. al., 'Relatório sobre o arrolamento da população do município da corte em 1870', *Relatório apresentado á Assembléia Geral Legislativa pelo Ministro e Secretário de Estado dos Negócios do Império (RMNI) 1869*, Anexo C, p. 15; Manoel Francisco Correia, 'Relatório e trabalhos estatísticos (Rio de Janeiro 1874)', *RMNI 1972*, Anexo.

24 Londres tinha 112, Bruxelas 80, Paris 60 litros disponíveis por pessoa/dia, de acordo com N.N. 'Ueber den Wasserverbrauch in großen Städten', *Polytechnisches Journal*, 165 (1862). Hoje em dia, a Organização Mundial

do-se ao clima e outras circumstancias da capital do imperio".[25] Sem pensar que poderiam ter que renunciar a algo – Sobragy chegou a declarar que "talvez não houvesse outra cidade no mundo abastecida por água em condições tão excelentes como a do Rio de Janeiro" – argumentavam que o clima tropical assim como a exposição de status como líder da nação, legitimava expectativas particularmente altas no consumo de água.

No entanto, por bastante tempo, nenhuma medida foi tomada para expandir o sistema de abastecimento de água. Somente a partir de 1880, os mananciais distantes da Serra do Tinguá foram finalmente explorados para trazer mais água para a cidade, e foi instalado um abrangente sistema de dutos com conexões domésticas individuais nos bairros centrais, substituindo o fornecimento de água operado por escravos que a distribuiram desde os chafarizes (Abreu, 2011, p. 79-83). Pode-se argumentar que os tomadores de decisão e as elites em geral não sentiam necessidade real de agir, já que aproveitaram dos seus escravos ou, sobretudo nos bairros mais ricos nas encostas das montanhas e nos arredores da cidade, tinham suas fontes privadas e não precisavam usar a água do abastecimento público. Como os estrangeiros, as pessoas que trabalharam na administração da cidade, provavelmente não precisaram restringir o uso habitual de água mesmo durante as secas. Os afetados pela escassez e pela contaminação da água eram os pobres, desprotegidos e marginalizados da população. Mas não tinham quem representasse suas necessidades.

---

de Saúde define 100 litros como suficientes para cumprir integralmente as necessidades de consumo e higiene, mesmo nos países tropicais; World Health Organisation, Domestic water quantity, service level and health, WHO/SDE/WSH/03.02, 2003.

25 *RMNACOP 1864*, pp. 79-80; *RMNACOP 1869*, p. 166.

Restabelecendo a natureza

Embora o *boom* do café, assim como o crescimento repentino da população após a chegada da Corte, tenha reforçado a escassez de água no Rio de Janeiro, essa escassez não foi um fenômeno novo. Nem a convocação para o reflorestamento foi uma reação sem precedentes. Os relatos de viagens e as crônicas, pelo menos até meados do século XVIII, geralmente, elogiavam a abundância de água e não faziam qualquer alusão à escassez. Mas como vimos, isso foi, pelo menos em parte, baseado em certas antecipações em relação à localização da cidade. A primeira menção de seca por um viajante europeu, na verdade, antecedeu a fundação do Rio de Janeiro. Em 1519, quando a expedição liderada por Fernando Magalhães, realizando a primeira circunavegação do mundo, parou na Baía de Guanabara, Antonio Pigafetta, que era o responsável pela manutenção do registro diário, observou: "Fazia cerca de dois meses desde que havia chovido nessa terra, e quando chegamos a esse porto, ocorreu a chuva". Os povos indígenas que viviam ao redor da baía disseram que "viemos do céu e trouxemos a chuva conosco", do qual Pigafetta inferiu que "as pessoas poderiam se converter facilmente à fé de Jesus Cristo" (Pigafetta, 2007, p. 10). O explorador usou a aridez para explicar a receptividade dos nativos e mostrar sua mentalidade simples, que se assemelha à presunção dos espanhóis de que os astecas teriam confundido Cortés com Quetzalcoatl por lhe atribuirem a chuva que caiu na sua chegada. No entanto, a observação da seca provavelmente estava correta.

Após esse incidente, referências a faltas de água aparecem de tempos em tempos na documentação administrativa da cidade, embora não com muita frequência.[26] Na Europa, desde a Antiguidade,

---

26 Arquivo Histórico Ultramarino (Lisboa), ACL, CU 017 cx. 4 doc. 425; AN, Secretaria de Estado do Brasil, cód. 952, v. 2, f. 111; AN, Secretaria de Estado do Brasil, cód. 77, v. 14, f. 305v.

assumiu-se que o desmatamento provocava um declínio na precipitação de chuvas e que o contínuo corte de florestas que cobrem as bacias hidrográficas era responsável pela seca de nascentes de água. Assim como foi o caso com os critérios para averiguar a qualidade da água, essa crença remonta aos gregos, nomeadamente aos escritos de Teofrasto, e persistiu no Rio de Janeiro até o século XIX.[27] Nesta linha, os ouvidores coloniais repetidamente julgavam que as árvores ao longo das margens do rio Carioca não deveriam ser retiradas (Tourinho, 1929, p. 29). Após a chegada da família real, em 1817, quando a escassez de água se agravou, o rei D. João VI proibiu a derrubada de árvores ao redor das nascentes no topo das colinas (Abreu, 2011, p. 63). Como as secas continuaram, o governo imperial em 1843 decidiu a expropriação e o reflorestamento de todas as propriedades que faziam fronteira com os rios (Abreu, 2011, p. 77-79). A essa altura, o apogeu dos cafezais havia passado, já que os solos se esgotavam e a produção se deslocava para outras regiões. Ainda assim se passaram mais 12 anos até que as primeiras expropriações fossem realizadas e um impressionante programa de reflorestamento fosse lançado: entre 1862 e 1887, foram plantadas cerca de 95.000 mudas (Pádua, 2002, p. 220-225; Heynemann, 1995; Drummond, 1997: Drummond, 1996). A vegetação se recuperou gradualmente e se transformou na floresta densa e verde que constitui o cenário atual.

Qual foi o contexto deste projeto extraordinário? No final do século XVIII, a natureza tinha se tornado objeto de curiosidade e exploração no Brasil. Como mostrou José Augusto Pádua, um pequeno, mas vigoroso grupo técnico-científico de intelectuais brasileiros, que absorveu as idéias do Iluminismo durante seus estudos na Europa, percebeu os efeitos destrutivos do extrativismo colonial

---

27 Sobre Teofrasto, ver Glacken (1967), p. 129-130. Sobre o desenvolvimento do "discurso dessecacionista", ver Grove (1995), p. 153-161.

sobre o meio ambiente (Pádua, 2002, 2000). Preocupados com o desaparecimento das florestas, o esgotamento dos solos e as mudanças climáticas, exigiram um uso mais responsável dos recursos naturais, incluindo a conservação das florestas. Encorajaram o estabelecimento de reservas e o plantio sistemático de árvores. Longe de serem idealistas românticos, foram motivados pelo objetivo pragmático e utilitário de promover o crescimento econômico. Segundo José Augusto Pádua, eles não consideraram a destruição da natureza como o 'preço do progresso', mas como o 'preço do atraso' (Pádua, 2000, p. 260). Enxergavam os recursos naturais como instrumentos no desenvolvimento do país e, consequentemente, recomendaram que fossem tratados com cuidado.

Essa linha de pensamento tornou-se parte do discurso nacional emergente e, após a independência, vários de seus adeptos – embora longe de constituírem uma maioria entre os intelectuais brasileiros – passaram a ocupar posições influentes na administração do Estado recém-constituído. Em 1833, o sacerdote, jornalista e político, Januário da Cunha Barbosa proferiu um "Discurso sobre o abuso das derrubadas de arvores em lugares superiores à vales, e sobre o das queimadas" para a Sociedade Auxiliadora da Indústria Nacional, que foi publicado no mesmo ano na revista da sociedade. Em seu discurso, Cunha Barbosa se referiu ao Rio de Janeiro, onde a "notavel diminuição [das águas] procede em grande parte de se haverem destruido as mattas nos terrenos da sua nascença, e passagem" (Barbosa, 1833, p. 19). Ele usou o caso local, que era bem conhecido por seu público, para apoiar o argumento de que o corte excessivo de árvores causava a falta de chuva e esterilizava a terra antes fértil, também em relação às áreas agrícolas (Barbosa, 1833, p. 19). O reflorestamento, em contraste, parecia ser o caminho para o avanço econômico e político do país.

Além do objetivo de promover o desenvolvimento sustentável, um sentimento de distinção nacional enraizada na natureza tropical, também impulsionou o movimento. Durante a maior parte do período colonial, os portugueses e seus descendentes acreditavam que as mesmas coisas que eram boas para Portugal também seriam apropriadas para o Brasil. No entanto, no final do século XVIII, havia desenvolvido uma consciência da singularidade do ambiente tropical. Como foi mencionado antes, muitos europeus acreditavam que o alto nível de civilização poderia ser alcançado apenas em um clima temperado, enquanto um clima tropical, embora assegurando uma vegetação mais exuberante e produtiva, destruiria a ambição humana e levaria à degeneração.[28] Em particular, os colonos britânicos frequentemente favoreceram o desmatamento de madeiras e arbustos para melhorar a ventilação e dispersar miasmas prejudiciais (Carey, 2011). As elites brasileiras aceitaram e internalizaram a noção de diferença, mas eram ambivalentes quanto à sua interpretação. Enquanto alguns também tendiam a pensar que a mais alta civilização era inatingível para o país, outros responderam argumentando pelo caráter superior e não inferior de seu ambiente natural. Viam na natureza a 'essência nacional', a base substancial para a identificação e legitimação da brasilidade. Para eles, a civilização era o meio de lidar com os atributos extremos da natureza, contendo sua selvageria e desordem, enquanto se aproveitava sua beleza e fertilidade (Kury, 1994).

Embora houvesse muitas posturas entre esses dois extremos, no Rio de Janeiro do século XIX, a maior parte da elite concordava com as características positivas atribuídas às florestas – como tam-

28 Por exemplo: Thomas Ewbank (1856), p. 77, registrou de sua visita ao Rio de Janeiro: "Há uma conexão óbvia entre meteorologia e mente; os espíritos energéticos prosperam melhor quando o calor e o frio, calma e tempestade se alternam. Eu sinto uma tendência crescente para cansaço mental e físico, e posso facilmente entender porque aqueles que visitam os trópicos se cansam com a monotonia da paisagem verde".

bém estava convencido da boa qualidade da água. Desde a virada do século, a população afluente mudou para as partes da cidade que eram próximas às florestas: para o oeste, para São Cristóvão, onde a família real se instalou, assim como para o sul, para Glória, Catete, Flamengo e Botafogo (Leithold, 1820, p. 23). Apenas alguns anos depois, as colinas arborizadas de Santa Teresa e o vale da Tijuca se tornaram as áreas mais apreciadas. Especialmente durante as epidemias de cólera e febre amarela, os habitantes mais ricos, se refugiaram nas partes mais altas da cidade. Isso levou à uma segregação da população, deixando as classes trabalhadoras nos bairros apertados do centro, enquanto a maioria dos membros da nobreza e muitos embaixadores tinham sua residência ou pelo menos uma casa de verão nas colinas. As florestas foram submetidas a um processo de aristocratização, passando do status de um local selvagem para um de lazer (Abreu, 2011).[29]

A escassez de água, por vezes aguda, juntamente com a valorização das florestas, foram fortes o suficiente para finalmente permitir o reflorestamento do Maciço da Tijuca. O objetivo do projeto, no entanto, não era restaurar a mata original, mas sim estabelecer uma paisagem de floresta com caráter de parque.[30] Simbolizaria a capacidade dos brasileiros de dominar a natureza e controlar tanto a sua devastação como a sua exuberância. A natureza recebeu seu lugar sob medida na cidade, demonstrando sua valorização e o alto grau de civilização dos brasileiros. Mas, ao mesmo tempo, contribuiu para aumentar cada vez mais a delimitação entre as classes mais pobres e

---

29 Nota da tradutora: Ver também, nessa coletânea, o texto de Bruno Capilé.

30 Este foi especialmente o caso desde 1877, quando Gastão de Escragnolle assumiu o trabalho iniciado por Manuel Gomes Archer em 1861. Grandes partes do Maciço da Tijuca são até hoje um Parque Nacional; Drummond (1996).

aquelas em melhor situação. Garantir o abastecimento de água tornou-se parte de um processo que reforçou a segregação social.

Conclusão

O pronunciamento de Buarque de Holanda, citado no início deste capítulo, apontou a contradição entre a ordem social reacionária e a retórica progressista no Brasil do século XIX. Em uma análise mais detalhada, no entanto, descobriu-se que a retórica sobre o abastecimento de água do Rio de Janeiro não era uma cópia dos discursos europeus contemporâneos, mas derivado de um processo prolongado de particularização local. Desde o início da colonização, o abastecimento de água tornou se assunto de discussões para os representantes da cidade, seja por sua salobridade, a poluição causada pela lavagem de roupas, pelas fezes de animais ou banhos de pessoas, a mistura com a terra após fortes chuvas ou, mais proeminentemente, a seca de nascentes, provocadas pelo desmatamento. No entanto, eles nunca questionaram a qualidade ou a quantidade da água em sua essência. Embora com o advento do Iluminismo europeu tenha surgido uma nova e depreciativa perspectiva da natureza tropical, a avaliação da elite local sobre a água potável foi muito pouco influenciada por essas ideias. Por contraste, os viajantes estrangeiros (especialmente os britânicos) desprestigiaram a qualidade da água, frequentemente responsabilizando o governo colonial português por falhas no sistema de abastecimento.

Após a chegada da Corte Real portuguesa no Rio de Janeiro, os brasileiros começaram a culpar o antigo sistema político pelas deficiências na infraestrutura, e elogiaram o novo sistema pela gestão prospectiva 'nacional' da água. Isso aconteceu apesar da crescente falta de água na cidade e do visível agravamento da situação da saúde após o fim do domínio colonial. No entanto, a avaliação global positiva da água, as formas de estimar sua qualidade, a compreensão das razões das faltas de água e as propostas de solução, não se alteraram significativamente entre os períodos colonial e pós-colonial ou entre os períodos moderno e contemporâneo. Embora as elites intelectuais estivessem cientes das discussões científicas existentes na Europa sobre o abastecimento de água potável, elas não se engajaram nela, concentrando suas energias científicas na melhoria econômica do Estado-nação e não em preocupações sociais. Assim, em vez de adaptar a infraestrutura hídrica às necessidades comuns, os habitantes influentes simplesmente se mudaram para áreas onde podiam recorrer a recursos hídricos privados e continuaram desfrutando de um estilo de vida aristocrático, que provavelmente era muito mais confortável e saudável do que o de suas contrapartes europeias.

Ao manter a convicção de que a cidade era provida de água boa e abundante graças à sua disposição natural, parecia não haver razão para reagir às condições sociais alteradas. Em outras palavras, a causa da inatividade não foi a falta de conhecimento ou ímpeto científico, mas a indiferença social e a indisposição de incluir o público em geral. Por outro lado, ao implementar o programa de reflorestamento, o governo aperfeiçoou a legitimação do cenário natural, restabelecendo a aparência edênica que os primeiros viajantes encontraram. Além de argumentar que a falta de comprometimento científico e tecnológico foi condicionada pela posição social superior das autoridades responsáveis, mostrei que isso era o resultado de um modo de pensar de longa duração (*longue durée*). Assim, o discurso sobre a água no Rio de Janeiro não era apenas uma "fachada ou decoração externa", transferido de modelos europeus recentes, como argumentou Buarque de Holanda sobre os slogans do liberalismo democrático. Em vez disso, representava a convicção autoconfiante e otimista das elites locais sobre as superiores condições naturais da cidade.

Tradução: Gabriela Imperiale Sonkajärvi

Referências Bibliográficas

Abreu, Maurício de Almeida. "A cidade, a montanha e a floresta". In: Abreu, Maurício de Almeida (org.). *Natureza e Sociedade no Rio de Janeiro*, Rio de Janeiro: Secretaria Municipal de Cultura, Turismo e Esportes, 1992, p. 54-103.

Águas, Maria Paula Caetano e Neves (org.). *Carta de Pêro Vaz de Caminha a el-rei D. Manuel sobre o achamento do Brasil.* Mem Martins: Publicações Europa-América, 1987.

Aguirre, Juan Francisco de. "Diario". *Anales de la Biblioteca*, Buenos Aires, v. 4, p. 1-271, 1905.

Alberti, Leon Battista. *On the Art of Building in Ten Books*, ed. por Joseph Rykwert and Robert Tavernor. Cambridge, MA: MIT Press, 1988 [publ. orig. em latin, *De re aedificatoria.* Roma, 1452; trad. português: *Da arte de construer. Tratado de arquitetura e urbanismo.* São Paulo, Hedra, 2012].

Algranti, Leila Mezan. *O feitor ausente. Estudos sobre a escravidão urbana no Rio de Janeiro, 1808-1822.* Petrópolis: Vozes, 1988.

Amador, Elmo da Silva. *Baía de Guanabara e Ecossistemas Periféricos. Homem e Natureza.* Rio de Janeiro: Interciência, 2012.

Anderson, Aeneas. *A narrative of the British embassy to China in the years 1792, 1793, and 1794.* London: J. Debrett, 1795.

Arnold, David. *The Problem of Nature: Environment, Culture and European Expansion.* Oxford: Blackwell Publishers, 1996.

Arquivo do Distrito Federal (org.). *O Rio de Janeiro no século XVII. Accordãos e Vereanças do Senado da Camara, copiadas do livro original existente no Archivo do Districto Federal, e relativos aos annos de 1635 até 1650.* Rio de Janeiro: Oficinas Gráficas do Jornal do Brasil, 1935.

ATAHIDE, Joaquim Jozé de. "Discurso em que se mostra o fim para que foi estabelecida a sociedade literaria do Rio de Janeiro". *Revista de Instituto Histórico Geográfico Brasileiro*, Rio de Janeiro, v. 45, nº 1, p. 69-76, 1882.

BARBOSA, Januario da Cunha. "Discurso sobre o abuso das derrubadas de arvores em lugares superiores à vales, e sobre o das queimadas; lido na Sessão annual da Sociedade Auxiliadora da Industria Nacional, no dia 7 de Julho de 1833". *O Auxiliador da Industria Nacional*, Rio de Janeiro, v. 10, p. 17-24, 1833.

BARRÉ, Nicolas, "Copie de qvelqves letres svr la navigation du cheuallier de Villegaignon". In: TERNAUX-COMPANS, Henri (org.). *Archives des voyages, ou Collection d'anciennes relations*, v. 1. Paris: A. Bertrand, 1840.

BARROS, João de. *Panegíricos*, org. por Manuel Rodrigues Lapa- Lisboa: Livraria Sá da Costa, 1937.

BENCHIMOL, Jaime Larry. *Pereira Passos. Um Haussmann tropical. A renovação urbana da cidade do Rio de Janeiro no início do século XX*. Rio de Janeiro: Secretaria Municipal de Cultura, Turismo e Esportes, 1992.

BURMEISTER, Hermann. *Reise nach Brasilien, durch die Provinzen von Rio de Janeiro und Minas Geraës*. Berlin: Reimer, 1853.

CABRAL, Diogo de Carvalho. "Águas passadas: sociedade e natureza no Rio de Janeiro oitocentista". *Ra'e Ga. O Espaço Geográfico em Análise*, Curitiba, v. 23, p. 159-190, 2011.

CÂNDIDO, Francisco de Paula. "Exposição da Junta de Hygiene Publica sobre o estado sanitário da Capital do Império, e meios de conseguir o seu melhoramento". In: *Relatório apresentado á Assembléia Geral Legislativa pelo Ministro e Secretário de Estado dos Negócios do Império (RMNI) 1850*.

CÂNDIDO, Francisco de Paula. "Exposição do estado sanitário da Capital do Império, apresentado ao Ministério do Império pelo Presidente da Junta Central de Hygiene Publica". In: *Relatório apresentado á Assembléia Geral Legislativa pelo Ministro e Secretário de Estado dos Negócios do Império (RMNI) 1851.*

CARDIM, "Fernão. Narrativa epistolar de uma viagem e missão jesuítica, ..." In: CARDIM, Fernão, *Tratados da terra e gente do Brasil,* ed. por Ana Maria de Azevedo. Lisboa: Comissão Nacional para as Comemorações dos Descobrimentos Portugueses, 1997.

CAREY, Mark. "Inventing Caribbean Climates. How Science, Medicine, and Tourism Changed Tropical Weather from Deadly to Healthy". *Osiris*, Chicago, v. 26, nº 1, p. 129-141, 2011.

CASA DE OSWALDO CRUZ *(org.). Dicionário Histórico-Biográfico das Ciências da Saúde no Brasil (1832-1930),* "Cândido, Francisco de Paula". Rio de Janeiro: FIOCRUZ, s.d. *Disponível em: <http:// www.dichistoriasaude.coc.fiocruz.br>. Accesso em 10. out. 2018).*

CHANDLER, Tertius. *Four thousand years of urban growth. An historical census.* Lewiston, NY: St. David's University Press, 1987.

CLASSEN, Carl Joachim. *Die Stadt im Spiegel der Descriptiones und Laudes urbium in der antiken und mittelalterlichen Literatur bis zum Ende des zwölften Jahrhunderts.* 2. ed. Hildesheim: Georg Olms, 1986.

CORREIA, Manoel Francisco. "Relatório e trabalhos estatísticos (Rio de Janeiro 1874)". In: *Relatório apresentado á Assembléia Geral Legislativa pelo Ministro e Secretário de Estado dos Negócios do Império*, Rio de Janeiro, 1875.

CUETO, Marcos & Palmer, Steven. *Medicine and public health in Latin America: A history.* Cambridge: Cambridge University Press, 2015.

DALY, Gavin. "A Dirty, Indolent, Priest-Ridden City: British Soldiers in Lisbon during the Peninsular War, 1808–1813", *History*, Norwich, v. 94, nº 316, p. 461-482, 2009.

DEAN, Warren. *With Broadax and Firebrand. The Destruction of the Brazilian Atlantic Forest*. Berkeley, CA: University of California Press, 1995.

DELUMEAU, Jean. *Une histoire du Paradis. V. 1: Le Jardin des délices*. Paris: Fayard, 1992.

DOMINGUES, Ângela. "Oficiais, cavalheiros e concorrentes: o 'Brasil' nas viagens de circum-navegação do século das Luzes". *Revista de Indias*, Madrid, v. 73, n° 258, p. 365-398, 2013.

DOUGLAS, Mary. *Purity and Danger: An Analysis of Concepts of Pollution and Taboo*. London: Routledge & Kegan Paul, 1966.

DRUMMOND, José Augusto. *Devastação e preservação ambiental no Rio de Janeiro. Os parques nacionais do Estado do Rio de Janeiro*. Niterói: EDUFF, 1997.

DRUMMOND, José Augusto. "The garden in the machine. An environmental history of Brazil's Tijuca forest". *Environmental History*, Oxford, v. 1, n° 1, *p. 83-104, 1996*.

ELLIS, Henry. *Journal of the proceedings of the late embassy to China*. London: J. Murray, 1817.

ENDERS, Armelle. *Histoire de Rio de Janeiro*. [Paris]: Fayard, 2000.

EWBANK, Thomas. *Life in Brazil; or, a journal of a visit to the land of the cocoa and the palm*. New York: Harper, 1856.

FIGUEIRÔA, Silvia & SILVA, Clarete da. "Enlightened Mineralogists: Mining Knowledge in Colonial Brazil, 1750-1825". *Osiris*, Chicago, v. 15, n° 1, p. 174-189, 2001.

FIGUEIRÔA, Silvia Fernanda. de Mendonça. "Mundialização da ciência e respostas locais: Sobre a institucionalização das ciências naturais no Brasil (de fins do século XVIII à transição ao século XX)". *Asclepio*, Madrid, v. 50, n° 2, p. 107-123, 1998.

FURTADO, Júnia Ferreira. "Enlightenment Science and Iconoclasm: The Brazilian Naturalist José Vieira Couto". *Osiris*, Chicago, v. 25, p. 189-212, 2010.

FURTADO, Júnia Ferreira. "Tropical Empiricism. Making Medical Knowledge in Colonial Brazil". In: DELBOURGO, James & DEW, Nicholas (orgs.). *Science and Empire in the Atlantic World*. New York: Routledge, 2008, p. 127-151.

GLACKEN, Clarence J. *Traces on the Rhodian Shore: Nature and Culture in Western Thought from Ancient Times to the End of the Eighteenth Century*. Berkeley, CA: University of California Press, 1967.

GRAHAM, Richard. *Britain and the Onset of Modernization in Brazil, 1850-1914*. Cambridge: Cambridge University Press, 1968.

GROVE, Richard H. *Green Imperialism: Colonial Expansion, Tropical Island Edens and the Origins of Environmentalism, 1600-1860*. Cambridge: Cambridge University Press, 1995.

HAMLIN, Christopher. "Water". In: KIPLE, Kenneth & ORNELAS, Kriemhild Coneè (orgs.). *The Cambridge World History of Food*, v. 1. Cambridge: Cambridge University Press, 2000, p. 720-730.

HAWKESWORTH, John. *An account of the voyages undertaken by the order of His present Majesty for making discoveries in the Southern Hemisphere*, v. 2. London: W. Strahan and T. Cadell, 1773.

HIPPOCRATES. "Airs, Waters, Places. An essay on the influence of climate, water supply and situation on health". In: LLOYD, G. E. R. (org.). *Hippocratic Writings*. Harmondsworth: Penguin, 1978, p. 148-169.

HIRSCHFELDER, Gunther & WINTERBERG, Lars. "... weil man das Wasser trinken *kann*? Aspekte kultureller Wertigkeit und sozialer Distinktion". In: HIRSCHFELDER, Gunther & PLOEGER,

Angelika (orgs.). *Purer Genuss? Wasser als Getränk, Ware und Kulturgut*. Frankfurt am Main: Campus Verlag, 2009, p. 109-131.

Holanda, Sérgio Buarque de. *Raízes do Brasil*. 26. ed. São Paulo, Companhia das Letras, 2012.

Holanda, Sérgio Buarque de. *Visão do Paraíso: Os motivos edênicos no descobrimento e colonização do Brasil*. São Paulo: Companhia das Letras, 2010 [1. ed. 1959].

Kananoja, Kalle. "Infected by the Devil, Cured by *Calundu*: African Healers in Eighteenth-century Minas Gerais, Brazil". *Social History of Medicine*, Oxford, v. 29, n° 3, p. 490-511, 2016.

Kury, Lorelai. "Entre nature et civilisation. Les médecins brésiliens et l'identité nationale (1830-1850)". *Les Cahiers du Cente de Recherches Historiques*, Paris, v. 12, p. 159-172, 1994.

Kury, Lorelai. "Homens de ciência no Brasil: impérios coloniais e circulação de informações (1780-1810)". *História, Ciências, Saúde - Manguinhos*, Rio de Janeiro, v. 11, n° 1, p. 109-129, 2004.

Langstedt, Friedrich Ludwig. *Reisen nach Südamerika, Asien und Afrika*. Hildesheim: Tuchtfeld, 1789.

Leithold, Theodor von. *Meine Ausflucht nach Brasilien oder Reise von Berlin nach Rio de Janeiro und von dort zurück*. Berlin: Maurersche Buchhandlung, 1820.

Luccock, John. *Notes on Rio de Janeiro and the Southern Parts of Brazil; Taken During a Residence of Tem Years in that Country, from 1808 to 1818*. London: Samuel Leigh, 1820.

McLeod, John. *Voyage of His Majesty's ship Alceste, along the coast of Corea to the island of Lewchew*. London: John Murray, 1818.

Medeiros, Antônio Joaquim. "Resposta, que ao Programma da Camara anunciado no N.° 1.° pag. 58., deu o Doutor Antonio

Joaquim de Medeiros". *O Patriota*, Rio de Janeiro, v. 1, nº 3, p. 3-15, 1813.

Mello, Jerónimo Martiniano Figueira de et al. "Relatório sobre o arrolamento da população do município da corte em 1870". In: *Relatório apresentado á Assembléia Geral Legislativa pelo Ministro e Secretário de Estado dos Negócios do Império, Rio de Janeiro,* 1870.

Mendonça, Marcos Carneiro de (org.). *Raízes da formação administrativa do Brasil*, v. 1. Rio de Janeiro: Instituto Histórico e Geográfico Brasileiro, 1972.

Montesquieu, Charles Louis de Secondat de. *O espírito das leis*, trad. de Fernando Henrique Cardoso e Leôncio Martins. Brasília: Ed. Universidade de Brasília, 1982 [1. ed. francês Genebra, 1748].

N.N. 'Ueber den Wasserverbrauch in großen Städten', *Polytechnisches Journal*, 165 (1862).

Oliveira, José Carlos de. *D. João VI, adorador do Deus das ciências? A constituição da cultura científica no Brasil (1808-1821).* Rio de Janeiro: E-papers, 2005, p. 94-96.

Oliveira, Rogério Ribeiro de & Winiwarter, Verena. "Toiling in Paradise: Knowledge Acquisition in the Context of Colonial Agriculture in Brazil's Atlantic Forest". *Environment and History*, Cambridgeshire, v. 16, p. 483-508, 2010.

Pádua, José Augusto. "Annihilating Natural Productions". Nature's Economy, Colonial Crisis and the Origins of Brazilian Political Environmentalism (1786–1810)'. *Environment and History*, Cambridgeshire, v. 6, p. 255-287, 2000.

Pádua, José Augusto. *Um sopro de destruição: pensamento político e crítica ambiental no Brasil escravista (1786-1888).* Rio de Janeiro: Jorge Zahar, 2002.

PEIXOTO, Domingos Ribeiro dos Guimarães. "Aos serenissimos Principes Reais [...] Prolegomenos, dictados pela obediencia, que serviráõ ás observações, que for dando das molestias Cirurgicas do Paiz (Rio de Janeiro 1820)". In: D'EGMONT, Andrea Fraga (org). *A saúde pública no Rio de Dom João*. Rio de Janeiro: Editora SENAC Rio, 2008, p. 85-118.

PIGAFETTA, Antonio. *The first voyage around the world, 1519-1522. An account of Magellan's expedition*, ed. Theodore J. Cachey Jr. Toronto: University of Toronto Press, 2007.

PITA, Sebastião da Rocha. *História da América Portuguesa*, org. por Mário Guimarães Ferri. Belo Horizonte: Editora da Universidade de São Paulo, 1976.

PLINY THE ELDER. *The Natural History*, org. por John Bostock & Henry T. Riley. London: Taylor and Francis, 1855.

POETTERING, Jorun. "Paradise for Whom? Conservatism and Progress in the Perception of Rio de Janeiro's Drinking-Water Supply, Sixteenth to Nineteenth Century". *Journal of Latin American Studies*, Cambridge, v. 50, n° 3, p. 703-727, 2018.

PRIORE, Mary del. "Descobrindo 'um no outro': o olhar do Marquês de Lavradio e os mazombos". *Revista de Instituto Histórico Geográfico Brasileiro*, Rio de Janeiro, v. 161, n° 407, p. 109-130, 2000.

Relatório apresentado á Assembléia Geral Legislativa pelo Ministro e Secretário de Estado dos Negócios do Império, Rio de Janeiro, *1869*.

Relatório apresentado á Assembléia Geral Legislativa pelo Ministro e Secretário de Estado dos Negócios da Agricultura, Comércio e Obras Públicas, Rio de Janeiro, *1866*.

Revista de Documentos para a História da Cidade do Rio de Janeiro do Arquivo do Distrito Federal, Rio de Janeiro, v. 1, 1950.

ROCHE, Pierre-Alain. "Eugène Belgrand: hommme de science et ingénieur". In: DEUTSCH, Jean-Claude & GAUTHERON, Isabelle (org.). *Eaux pour la ville, eaux des villes. Eugène Belgrand XIXe-XXI siècle.* Paris: Presse des Ponts, 2013.

Santa Maria, Agostinho de. *Santuario mariano, e historia das imagens milagrosas de nossa senhora*, v. 10. Lisboa: Antonio Pedrozo Galram, 1723.

Schwarz, Roberto. *Misplaced Ideas: Essays on Brazilian Culture.* London: Verso, 1992.

Silva, Joaquim Norberto de Souza e. "Investigações sobre os recenseamentos da população geral do império e cada provincia de per si tentados desde os tempos coloniaes até hoje". In: *Relatório apresentado á Assembléia Geral Legislativa pelo Ministro e Secretário de Estado dos Negócios do Império*, Rio de Janeiro, 1869.

Silva, Maria Beatriz Nizza da. *A cultura luso-brasileira. Da reforma da Universidade à independência do Brasil.* Lisboa: Editorial Estampa, 1999), p. 27-33.

Silva, Rosauro Mariano. "A luta pela água". In: *Rio de Janeiro em seus quatrocentos anos. Formação e desenvolvimento da cidade.* Rio de Janeiro: Distribuidora Record, 1965, p. 311-337.

Silva; José Ribeiro da. *Os esgotos da cidade do Rio de Janeiro, 1857-1947*. Rio de Janeiro: CEDAE, 1988.

Sobragy, Bento José Ribeiro. "Anexo R: Abastecimento de água e Companhia Rio de Janeiro Improvements". In: SÁ, Jesuíno Marcondes Oliveira E. *Relatório do Ministério da Agricultura, Comércio e Obras Públicas.* Rio de Janeiro: Typographia Universal de Laemmert, 1865.

Solano, Francisco de (org.). *Normas y leyes de la ciudad hispanoamericana*, v. 1: *1492-1600*, Madrid: Consejo Superior de Investigaciones Científicas, 1996.

Sousa, Gabriel Soares de. "Tratado descriptivo do Brazil em 1587". *Revista do Instituto Histórico e Geográfico Brasileiro*, Rio de Janeiro, v. 14, 1851.

Souza, Laura de Mello e. *The Devil and the Land of the Holy Cross: Witchcraft, Slavery, and Popular Religion in Colonial Brazil*. Austin, TX: University of Texas Press, 2003 [1. ed. 1986].

Souza, Luiz de Vasconcellos. Novas culturas, obras publicas e despezas do Brazil, nos tempos coloniaes [officio do vice-rei Luiz de Vasconcellos]. *Revista de Instituto Histórico Geográfico Brasileiro*, Rio de Janeiro, v. 51, nº 2, p. 183-208, 1888.

Staunton, George. *An authentic account of an embassy from the king of Great Britain to the emperor of China*, v. 1. Philadelphia, PA: Robert Campbell, 1799.

Stepan, Nancy Leys. *Pictoring Tropical Nature*. Ithaca, NY: Cornell University Press, 2001.

Telles, Pedro Carlos da Silva. *História da Engenharia no Brasil, séculos XVI a XIX*. 2. ed. Rio de Janeiro: Clube de Engenharia, 1994.

Tomory, Leslie. "The Question of Water Quality and London's New River in the Eighteenth Century". *Social History of Medicine*, Oxford, v. 27, nº 3, p. 488-507, 2014.

Tourinho, Eduardo (org.). *Autos de Correições de Ouvidores do Rio de Janeiro*, v. 1 (1624-1699). Rio de Janeiro: Oficinas Gráficas do Jornal do Brasil, 1929.

Tzoref-Ashkenazi, Chen. "The Experienced Traveller as a Professional Author: Friedrich Ludwig Langstedt, Georg Forster and Colonialism Discourse in Eighteenth-Century Germany", *History*, Norwich, v. 95, nº 1, p. 2-24, 2010.

Vasconcelos, Simão de. *Chronica da Companhia de Jesu do estado do Brasil*. Lisboa: A. J. Fernandes Lopes, 1865.

4. Direitos ou privilégios? Os embates nos usos dos rios nas serras do Rio de Janeiro no Segundo Reinado

Bruno Capilé

> [...] encanando as águas entre os pontos mencionados, já não poderão os moradores daquelas localidades banharem-se no rio, que abastece a cidade d'água para beber, nem mesmo se poderão cometer esses atos de vandalismo, que hoje se praticam, fatos estes, que não se pode coibir apesar da mais severa polícia; porque quando se conseguisse em relação aos proprietários e pessoas de educação, não seria possível fazê-lo em relação aos fâmulos e escravos (Galvão, 1863, p. 77).

A presença de populações humanas nas serras da corte imperial significou a expansão do alcance territorial da cidade do Rio de Janeiro. Funcionários governamentais do reflorestamento ou do abastecimento de água, cafeicultores, quilombolas, cortadores de madeiras, carvoeiros e escravos locais apropriavam-se e transformavam a paisagem florestal e seus rios. Com o monopólio da tomada de decisões, o Estado designava quais ações ocorriam nas matas cariocas, e com isso apontou o que chamarei aqui de grupos desejados e grupos indesejados. Conforme a população urbana aumentava, o governo legitimava ações para o fornecimento de água: novos desvios e captações de cursos fluviais, proteção e reflorestamento das matas ciliares. Ao mesmo tempo restringia outras atividades que poderiam comprometer tal finalidade: desmatamento, queimadas, e, vide nossa epígrafe, os terríveis "atos de vandalismo": os banhos de cachoeira.

A consequência direta dessa intervenção estatal foi a transformação material dos rios a partir da construção de toda uma nova infraestrutura para que a cidade pudesse usufruir dos serviços ecossistêmicos da floresta, como por exemplo: encanamentos para a ampliação do abastecimento de água, estradas e trilhos para facilitar o acesso às cascatas e rios, iluminação para a segurança pública. A nova paisagem significou um novo arranjo de relações gerado por uma política autoritária, o que por sua vez resultou em uma nova dinâmica de conflitos e cooperações. Sobre a dependência de água e a modificação da paisagem ambiental resultando em novas relações de poder e o surgimento de elites, vale relembrar o trabalho do historiador ambiental estadunidense Donald Worster. Embora tenha escrito sobre relações de poder e apropriação de água no Oeste estadunidense, o seguinte trecho de Worster em *Rivers of Empire* explica muito sobre as políticas de água na cidade do Rio de Janeiro: "O controle sobre a água tem repetidamente proporcionado um meio eficaz de consolidar o poder dentro dos grupos humanos – liderados, isto é, pela premissa de algumas pessoas, com poder, sobre outras" (Worster, 1992, p. 20).[1]

A proposta desse texto é analisar como as modificações das relações entre a sociedade urbana carioca e seus rios resultaram em transformações materiais dessas bacias hidrográficas, gerando uma nova dinâmica de conflitos socioambientais. O governo imperial brasileiro – na figura do corpo de engenheiros e de ministros da Secretaria da

1 Do original: "Control over water has again and again provided an effective means of consolidating power within human groups – led, that is, to the assertion by some people of power over others."

Agricultura – foi o principal ator nas modificações concretas e imateriais. Junto a isso, os discursos dos engenheiros, reforçados por ideias sanitárias e urbanistas, legitimavam as ações imperiais em prol do usufruto da sociedade urbana, que fugia da cidade empesteada. Os médicos aliados aos engenheiros formaram no que chamarei aqui de idealizadores da socionatureza urbana. Ou seja, o discurso técnico-científico reduziu os rios a tabelas de vazão e oferta de água, e implicou novas relações na socionatureza das quais o governo imperial foi o responsável pelas novas infraestruturas. Nesse cenário, grupos sociais excluídos dos processos de tomada de decisão sofreram as consequências sociais e ambientais decorrentes dessas transformações.

A narrativa do texto, ressaltando velhas e novas relações fluviais, será dividida em quatro partes. Inicio com o esclarecimento de alguns conceitos transdisciplinares utilizados, e depois sigo uma lógica em três temporalidades. A primeira, na década de 1840, quando se iniciaram as primeiras comissões fluviais para reconhecimento dos rios e as políticas de proteção florestal no entorno de rios e nascentes. As restrições e proibições complicaram o acesso às águas fluviais por carvoeiros, lavadeiras, lenhadores, escravos e empregados, enquanto novos sistemas de abastecimento eram elaborados. A segunda fase foi de amadurecimento das políticas de águas do governo imperial no final da década de 1850, após as primeiras desapropriações de terrenos de interesse para o abastecimento de água. Momento em que se iniciou o reflorestamento das serras cariocas, construíram-se estradas, instalaram-se quilômetros de encanamentos, e sistematizaram as comissões de engenheiros para buscarem outros mananciais nas proximidades. Por fim, a terceira etapa, a partir da década de 1870, significou a saturação dos sistemas de abastecimento mais próximos e a busca por rios maiores e mais longínquos, assim como em novas apropriações das matas e dos rios para gozo de poucos privilegiados nos hotéis e sanatórios.

Epistemologias afluentes: reflexões sobre novos vocabulários

A tradicional separação da natureza e sociedade vem sendo desconstruída, principalmente, após o surgimento de campos híbridos, resultados de diálogos cada vez mais intensos entre ciências naturais e humanas – como a Ecologia Política, História Ambiental e outros. Junto a isso um vocabulário igualmente híbrido vem surgindo para elaborar narrativas mais satisfatórias que expliquem as atividades humanas tendo em vista seu próprio ambiente e outras espécies. Espera-se que o leitor perceba a crítica anti-especista[2] ao ler uma história humana onde agentes não-humanos se fazem presentes e ativos.

Em termos gerais, agência é a manifestação da capacidade de agir de uma determinada entidade ou agente, que se insere numa premissa de causalidade, transformação. A tradicional visão de agência pressupõe que o agente tenha intencionalidade, razão. Essa interpretação teve sentido quando a nova história social da década de 1970 deu voz a personagens humanos pouco contemplados pela historiografia de sua época: mulheres, negros, colonizados, trabalhadores, etc. Para os não-humanos (vírus, rios, animais ou plantas) esse modelo restringe sua relação apenas como obstáculo, como resistência. Sem contemplar as causas e as consequências da existência de não-humanos na própria história humana. Além dessa proposta de agência limitar-se apenas à espécie humana, ela se complica na suposta intencionalidade humana: como se todos nossos atos e decisões não tivessem participação de nosso subconsciente, de nossas emoções. Sendo assim, se concentrarmos na ideia de causalidade e transformação, e não de

2 Proposto por Richard Ryder nos anos 1970, especismo é a premissa de que a espécie humana é superior a outras, e por isso deve subjugá-las e dominá-las. A proposta aqui é uma narrativa menos especista de modo a mostrar ao leitor uma pluralidade de agentes não-humanos em nossa história.

deliberação consciente, podemos ampliar a visão humano-centrada de agência para atores não-humanos. Esses agentes autorizam, permitem, influenciam, impedem e bloqueiam as intenções e atividades humanas ao longo da história. A semântica derivada desse pressuposto pode parecer estranha, mas servirá a um propósito: deslocar um pouco os humanos do centro da história. Um exemplo seria afirmar que os rios e suas estruturas permitiram que engenheiros pensassem uma política hídrica para abastecer a cidade do Rio de Janeiro. Os rios poderiam não ser propícios para tal, ou tampouco existirem, o que inviabilizaria tais planejamentos (Pearson, 2015).

Dito isso, nossos argumentos ganham força se usarmos um vocabulário mais específico. De modo a contemplar elementos sociais e naturais numa narrativa localizada no espaço, no ambiente, utilizaremos o conceito de socionatureza. Ao nos instrumentalizarmos com o termo, permitimos num mesmo texto a presença e atuação de processos biológicos, químicos e físicos associados a processos econômicos, políticos e culturais (Swyndedouw, 2001). Os atores de nossa história, como os rios cariocas, são vistos simultaneamente em suas condições sociais e naturais, um híbrido socionatural. No caso da história dos rios do maciço da Tijuca, desviados e canalizados em meados do século XIX, eles afetaram e foram afetados por aspectos culturais – como a representação de suas cascatas que mobilizaram citadinos em busca de ares mais salubres – e naturais – como a dinâmica do regime de suas águas entre anos úmidos e secos, que muitas vezes transformou sua estrutura original, ou transformada pelo governo. Sem fronteiras delineadas, é nessa hibridez que conhecimento e prática se situam nas relações de poder entre a cidade e os rios. Nesse viés, a conquista urbana da água ocorreu tanto por transformações materiais – desvios para captação, construção de estradas, etc. – quanto por simbólicas – ideias sobre a apropriação da água, conhecimentos técnico-científicos, etc. (Capilé, 2016).

Nesse contexto onde a agência e o ambiente se encontram numa conceitualização mais difusa, talvez possamos ganhar algo se analisarmos com mais atenção as relações dos elementos dessa socionatureza. Em um sentido puramente da disciplina da Ecologia, as relações entre as entidades vivas, comumente chamadas de relações ecológicas, estão divididas em harmônicas, onde ambos se beneficiam da relação, e desarmônicas, quando um se prejudica. Sendo os casos de predação, herbivoria, parasitismo, e afins definidos como desarmônicas, e simbiose e mutualismo e outras definidos como harmônicas. Não iremos aqui categorizar tais interações, ou tampouco acrescentar novos vocabulários como relações socioecológicas, ou socionaturais, mas vamos sim ampliar a ideia de relação para grupos sociais humanos e para entidades não-vivas dessa socionatureza urbana, como os rios. Dessa maneira, somam-se como exemplos de relação: mutualismo entre humanos e equinos urbanos no transporte público oitocentista, a predação (caça) de pequenos mamíferos por populações quilombolas residentes nas montanhas cariocas, ou o parasitismo de mosquitos transmissores de doenças tropicais na insalubre cidade do Rio de Janeiro. Notem que interpretar uma relação pode, por vezes, se complicar. Pois em um primeiro momento a relação pode parecer benéfica, ou ser interpretada de maneira míope como tal. Quando na realidade, a longo prazo, pode ser uma relação de conflito. Tais categorias não tem o intuito, neste texto, de cristalizar agentes num conceito pouco maleável. O que podemos fazer é compreender tanto as relações, quanto os próprios agentes, como elementos temporais de uma narrativa histórica. Assim, compreendê-los como se transformam no tempo e no espaço e observar suas ambivalências, contradições e complexidades – aspectos tão comuns aos indivíduos de nossa espécie. Nessas circunstâncias, a agência dos rios urbanos é interpretada e analisada a partir das diversas relações diretas e indiretas que estes possuem com a sociedade urbana.

No caso de grupos humanos, vemos que suas diversas formas culturais de apropriação da socionatureza podem ser analisadas a partir de suas relações com os rios urbanos e outros aspectos deste ambiente. Quando estas formas de apropriação estiverem comprometidas pela prática direta ou indireta de outros grupos sociais, constitui-se a base de entendimento de um conflito socioambiental[3]. Uma relação violenta de imposição sobre o ambiente ou sobre o próprio grupo em si. Por estar associado a um mesmo território, geralmente essa relação é acompanhada de cenários de escassez de recursos naturais e de resistência social (Acselrad, 2004). Em meio a isso, para esse texto observamos três atividades que ocorrem de maneira interativa: a ação transformadora que resulta na apropriação da socionatureza à força, através de procedimentos com grau crescente de conhecimento técnico-científicos; a legitimação dessa ação transformadora que ocorre através de discursos técnico-científicos; e a resistência à essa ação e suas consequências. No primeiro caso, de ação transformadora, temos majoritariamente a presença do Estado Imperial, transformando os rios cariocas e suas margens. O discurso tem sido proferido pelos idealizadores dessa socionatureza, os engenheiros e médicos. Por fim, como resistência, temos diversos outros atores socialmente excluídos dos processos de decisão que concernem seus próprios estilos de vida – que chamamos neste texto de grupos indesejados.

A figura do Estado neste texto remete a duas instâncias, uma nacional e a outra regional. A primeira é a nação, o Império, e sua centralização na corte do Rio de Janeiro. No que remete às transformações da parte alta da bacia dos rios cariocas, temos a Inspetoria

3 Poderíamos também chamar de conflito socionatural para um melhor entendimento deste texto. No entanto, já existe uma tradição no uso do termo conflito socioambiental na literatura.

Geral de Obras Públicas vinculada ao Ministério da Agricultura, Comércio e Obras Públicas. A segunda, mais limitada de recursos e no alcance de seus atos, é a municipalidade, em particular a Câmara Municipal com seus fiscais e engenheiros. Relembro que nesse momento oitocentista a Câmara exercia, além do papel de legisladora, a função executiva, de tomada de decisões.

Executar grandes modificações no tecido socionatural requer uma série de simplificações, que sejam legitimadas por um coletivo científico, para apropriar de uma realidade grande e complexa. Reduzir tal complexidade em categorias esquemáticas facilitou o surgimento de descrições sumárias, comparações e agregações. Ferramentas pertinentes para os interesses do Estado: apropriação, controle e manipulação. Assim os funcionários imperiais e municipais compreendiam a socionatureza de forma abstrata através de uma série de tipificações e esquemas - tabelas de vazão de rios, mapas fluviais, listas de terrenos a serem desapropriados - que os distanciavam da materialidade e complexidade dessa mesma socionatureza que buscavam conhecer. Desconsiderando, nesse processo, as atividades locais que contrariavam os interesses do governo e das elites: atividades religiosas, banhos e batismos, pesca e caça, e outras relações fluviais. Na seção do baixo curso dos rios, outras funcionalidades eram propostas oficialmente ou de maneira clandestina, como canalização para dar maior vazão ao escoamento, e o descarte de esgoto ilegal. Como veremos, a resistência às imposições estatais ocorrera tanto da população em geral, dos excluídos dos processos de tomadas de decisão, e também de elites locais.

O estadunidense de viés anarquista James Scott (1998) aponta que tais simplificações feitas pelo corpo técnico do Estado foram elaboradas para prover aos governantes uma visão esquemática do ambiente, uma que excluísse quem não tivesse autoridade. Para ele, "as simplificações do Estado podem ser consideradas parte de um projeto de legitimidade em andamento, que nunca se realizará completamente" (Scott, 1998, p. 80). Ou seja, a legitimação das atividades do Estado vem sendo embasada por uma política de simplificação, racionalização e padronização dos ecossistemas através da construção de conhecimento científico.

Ao longo do século XIX, o Estado cada vez mais legitimou suas ações nas ciências naturais. Um conhecimento sobre a socionatureza feito de maneira "míope", isto é, onde certos aspectos de sua complexidade foram desconsiderados da organização sistemática de uma realidade selecionada, idealizada. A idealização de um ambiente simplificado e apropriado, majoritariamente, pelo Estado se desenvolveu conforme as classes de engenheiros e de médicos que se organizaram e institucionalizaram. À medida que as cidades e suas economias cresciam em número e área, seus problemas também aumentaram em grau e complexidade. Estradas, ferrovias, edifícios maiores, novos materiais, novos planejamentos urbanos foram elaborados. Como um dos resultados, os rios foram simplificados como meros distribuidores de água para o metabolismo urbano.

Os grupos indesejados e outros grupos sociais não foram considerados como idealizadores da socionatureza, como foram os médicos e engenheiros. Estes últimos possuíam fortes interesses de classe, uma linguagem hegemônica pouco compreendida fora desses círculos sociais, e debatiam em veículos próprios os temas mais convenientes para a manutenção e crescimento de seu poder – urbanização, controle da socionatureza, políticas hídricas, epidemias, etc. Aos que não foram incluídos nesta categoria, faltaram um dos principais aspectos para serem considerados idealizadores da socionatureza: exercer um esforço coletivo[4] e deliberado para idealizar e resolver questões pertinentes ao ambiente social e natural.

---

4 Inserimos como exemplo de esforço coletivo a publicação de teses, livros e artigos em periódicos científicos; a organização de comissões para de-

Em paralelo, a medicina imperial sofria um reordenamento institucional para resolver os problemas das grandes epidemias veiculadas pela água. A partir das epidemias de febre amarela e de cólera do verão de 1849-1850, ambas as instâncias do Estado (imperial e municipal) estavam descontentes com a vagarosidade na resolução das mortes por parte da instituição médica responsável: a Academia Imperial de Medicina. Entre os incômodos da gestão municipal pela falta de informações médicas decisivas, a Câmara Municipal organizou a Junta Central de Higiene a partir de iniciativas elaboradas para as epidemias de 1850 (Edler, 2009). O braço médico do Estado se articulava com o conhecimento esquematizado dos engenheiros, legitimando suas idealizações em prol de suas maneiras de apropriar do território extraurbano. As práticas técnicas e os discursos dos grupos supracitados projetaram diferentes significados no ambiente fluvial, resultando na transformação da paisagem e na reordenação social do uso dos rios e suas dinâmicas de poder. A partir de 1850, a idealização da socionatureza, e sua consequente simplificação, estavam em grande parte nas mãos do poder do Estado.

Considerando a finitude do ambiente fluvial nas montanhas cariocas, vemos que os conflitos socioambientais se desenrolaram numa complicada trama de relações de poder entre o Estado, os idealizadores da socionatureza e de grupos sociais excluídos. Nos vale indagar quais usos sociais dos rios seriam adequados, justos em prol de um maior usufruto coletivo? Para irrigar os primeiros pés de café ou as pequenas hortas de chácaras e territórios quilombolas? Para saciar a sede

---

liberarem sobre assuntos específicos, como a captação de rios; o encontro frequente em instituições de classe como o Club de Engenharia ou a Academia Imperial de Medicina. Ou seja, os grupos indesejados embora também idealizassem a socionatureza, foram desconsiderados como tal devido aos critérios supracitados.

de poucos ou para distribuir pelos chafarizes da cidade? Para banhos de populações negras (escravos, empregados) ou de grupos brancos privilegiados nos hotéis e sanatórios?

"Descobrindo"[5] rios e florestas

Os conflitos socioambientais nas matas cariocas se intensificaram no início do século XIX. Por um lado, nobres imigrantes europeus fugiam das ondas napoleônicas e exerceram a agricultura nas encostas florestadas do maciço da Tijuca. As queimadas e os machados eram vistos como necessários para dar início ao plantio de cafeeiros (*Coffea arábica* L.). Por outro lado, a ocupação desse ambiente por populações negras ex-cativas decorreu de fugas dessas fazendas de café, e, principalmente, da proximidade do território urbano do Rio de Janeiro: uma das maiores populações cativas das Américas. As florestas permitiram a persistência da população negra nessas mesmas montanhas. O preconceito e o medo de insurgências e pequenos furtos mobilizou a perseguição e os ataques aos quilombolas por parte do governo (Abreu, 1992).

Em um primeiro momento, do final do século XVIII ao início do XIX, a proximidade dessa resistência negra na floresta significou boas possibilidades de sobrevivência. O labirinto arbóreo protegia seus residentes enquanto que alguns se mimetizavam na barafunda urbana de negros libertos e escravos de ganhos. A sobrevivência destes também era beneficiada nesse cenário, e os negros atuavam: em biscates, disfarçados de escravos de ganho, no centro urbano; em pequenos furtos de frutas e outros alimentos em vendas e chácaras nos subúrbios cariocas; ou na caça de aves e pequenos mamíferos no interior da floresta.

---

5 Uso descobrir tanto como entender, compreender, apropriar, quanto como deixar sem proteção, desmatar.

Com a expansão do território urbano e a nova dinâmica das elites de poder com a chegada da família real portuguesa em 1808, uma política de repressão foi sistematicamente montada para atuar no complexo florestal, através da criação da Intendência Geral de Polícia. As primeiras atribuições da Intendência iam além do simples policiamento, sendo responsáveis pela organização do abastecimento de água, coleta de lixo e esgoto, e outros serviços urbanos depois associados à Câmara Municipal em nosso recorte temporal. No entanto, foi nesse primeiro momento que houve uma forte sistematização do aparato de perseguição aos quilombos que se encontravam nas montanhas. A Câmara nomeava um capitão-do-mato em cada freguesia urbana para a captura de negros escravizados que buscavam liberdade e apoio nos quilombos vizinhos à cidade. Conforme se informavam da localidade e tamanho dessas resistências, os ataques eram orquestrados. Paulo Fernandes Viana (1758-1824), o primeiro Intendente da Polícia, chefiou incursões para eliminar grupos negros que residiam nas montanhas. Por vezes o cerco policial apenas conseguia recapturar alguns, como na invasão do Quilombo da Tijuca em 1811. Em outros eventos, houve o aprisionamento de mais de 200 indivíduos quilombolas, como em um ataque junto ao exército, em 1823 (Soares, 2007).

Após a abrupta diminuição das atividades quilombolas nas montanhas nas décadas de 1830 e 1840, foi a vez dos cafezeiros também saírem de cena. O modo de plantio da cafeicultura resultou no surgimento de uma praga que dizimou os pés-de-café. As técnicas de queimadas e de monocultura foram a causa de pouca proteção arbórea para as plantas acostumadas a crescerem à sombra, e da erosão das camadas mais férteis do solo. A produtividade cafeeira na região durante a década de 1840 era bem pouco expressiva. O fim do negro das sementes torradas e das peles dos quilombolas marcou o início de outras formas de ocupação e apropriação das matas cariocas. O governo imperial iniciou em 1844 uma política de desapropriação de terrenos próximos aos rios nas áreas mais altas. Uma nova política de abastecimento de água se desenvolvia enquanto a máquina estatal se aprimorava em reação a terríveis anos de seca. Ao mesmo tempo, outras elites aproveitavam o desmantelamento de antigas fazendas e se apropriavam da salubridade do alto curso dos rios para construir suas chácaras. As mesmas secas que atingiam a população em geral no território da antiga cidade foram sentidas de maneira diferente por aqueles que tinham mais dinheiro e mais poder, já que o clima mais ameno das florestas era profetizado pelos idealizadores da socionatureza como mais saudável (Pádua, 2004).

O contraste entre o antigo centro urbano e as florestas potencializou o interesse em ocupar as serras a partir do loteamento das fazendas de café já gastas. O clima ameno, a proximidade da nobreza estrangeira cafeeira, e o distanciamento dos nocivos miasmas[6] associados a doenças epidêmicas mobilizou o surgimento de chácaras, sendo, portanto, elementos-chave para entendermos a dinâmica territorial a partir da década de 1840. O amontoado urbano e seus descartes de lixo e esgoto representavam a insalubridade, enquanto que as matas, cascatas e mirantes de tirar o fôlego significavam ares mais saudáveis. Muitos dos novos proprietários mandavam derrubar as árvores de interesse madeireiro, e, principalmente, para elaborar o carvão vegetal. Toneladas de biomassa vegetal (lenha e carvão vegetal) foram direcionadas para os milhares de fornos urbanos que cozinhavam o alimento para o crescente número de bocas, ou os tijolos

6 Segundo as ideias médicas oitocentistas, os miasmas eram gases que emanavam de vegetais em decomposição, e principalmente de corpos de águas estagnadas, que causavam febres e outras doenças epidêmicas. No Rio de Janeiro, os maiores produtores de miasmas eram os manguezais e outras áreas alagadas por onde a cidade crescia de maneira esgueirada Chalhoub (1996).

para o maior número de casas, numa forte dependência energética. Da década de 1850 em diante, diminuíram drasticamente as menções a "matos virgens" ou a "muita madeira para carvão" nos classificados de vendas de propriedades nas serras cariocas (Abreu, 1992).

Sem acesso a terras ou empregos, os carvoeiros, em sua maioria ex-escravos, encontravam na produção de carvão o sustento suas famílias. O trabalho ocorria nas proximidades da mata derrubada, e consistia no empilhamento de toras de madeira em grandes estruturas revestidas de barro: o balão de carvão. O processo da queima requeria vigilância e manutenção no controle da ventilação e abastecimento do fogo, por volta de 72 horas. A presença de carvoarias distribuídas no maciço da Tijuca incomodava duplamente o governo imperial. Além do óbvio corte de inúmeras árvores e desestruturação das matas e dos rios de interesse para o abastecimento de água, acreditava-se que havia fugitivos e criminosos que se aproveitavam do isolamento das atividades carvoeiras (Oliveira & Fraga, 2012).

A perda da cobertura arbórea transformou a dinâmica florestal prejudicando diversas espécies e a complexidade de suas relações com a socionatureza. Podemos inferir que a dispersão de sementes, por exemplo, foi comprometida severamente devido a dois fatores: menor produção de sementes devido à morte de árvores, e a caça predatória de aves e pequenos mamíferos responsáveis pela dispersão de sementes. A polinização também teria sido prejudicada, já que milhares de espécimes de borboletas e mariposas foram coletadas para a produção de conhecimento científico elaborado por naturalistas viajantes. Assim como pela predação de colmeias para obtenção de mel. Ou seja, os mecanismos ecológicos que sustentavam a floresta possivelmente foram depredados de maneira a prejudicar a regeneração florestal e sua proteção. O empobrecimento desses ecossistemas adjacentes à cidade traduziu-se, diretamente e indiretamente, em implicações nos sistemas de abastecimento de água.

As políticas de manutenção das matas cariocas com a proibição do corte e das queimadas enfrentaram problemas de verbas e de pessoal. A partir da década de 1840, duas novas iniciativas foram elaboradas pelo governo imperial: a desapropriação de terrenos contíguos aos rios e o plantio sistemático de mudas arbóreas. Conforme o ministro dos Negócios do Império, Joaquim Marcelino de Brito, em 1845, o interesse no abastecimento de água para a cidade foi a principal motivação nesse momento. Ele estimou que as águas do sistema de abastecimento estavam reduzidas a um terço de seu volume original, e ressaltou a importância em desapropriar e reflorestar para restaurar a saúde dos rios. Esse cenário de seca e comprometimento do abastecimento de água ocorreu de maneira intensa nos anos de 1823, 1824, 1829, 1833 e 1843. A partir desse momento, os rios começaram a serem estudados de maneira mais sistemática pelo governo imperial. Uma consequência direta do risco ambiental de escassez hídrica e do crescente corpo técnico de engenheiros municipais e imperiais (Martins, 2015).

Em 1846, o relatório de um dos primeiros levantamentos dos rios em comissão chefiada pelo Conselheiro Francisco Cordeiro da Silva Torres apontou dois grandes problemas para o abastecimento: a falta de conhecimento do estado dos sistemas de distribuição e da potencialidade hídrica dos rios em abastecer a cidade; e o intenso desmatamento no entorno do sistema dos rios Carioca e Maracanã. Esse levantamento foi a primeira base para os trabalhos de expansão do sistema Maracanã em 7 quilômetros com 5.560 tubos de ferro, ligando a vertente norte da serra da Tijuca às caixas do Barro Vermelho, em São Cristóvão. Na vertente Sul, no mesmo ano, muitos mananciais do vale do Rio Cabeça foram direcionados para o abastecimento de Botafogo, bairro aristocrático que crescia ano após ano.

A sistematização do abastecimento de água decorreu da institucionalização das atividades dos engenheiros, em especial, a partir da criação da Inspeção Geral das Obras Públicas em 1840. Os engenheiros formados no Imperial Corpo de Engenheiros do Exército eram indicados para assumir os cargos de chefia, Inspetor, e o de Fiscal das Obras Públicas. Foi entre os anos de 1840 e 1860 que teve uma grande presença de engenheiros militares nas repartições públicas. Dinâmica que se tornou civil com o surgimento das escolas de engenharia civil na corte imperial: Escola Central (1858), depois Escola Politécnica (1874). Além de engenheiros, a instituição contava com guardas armados para combater o desmatamento, vigiar as matas e os encanamentos, fazer a manutenção dos sistemas de distribuição de água e prezar pela ordem nos chafarizes urbanos (Santa Ritta, 2009; Martins, 2015). A legislação municipal determinava que o corte das matas nas proximidades de nascentes e redes de distribuição deveria ser punido com oito dias de prisão mais uma multa de 30 mil réis.[7]

A especialização técnica dos engenheiros nas repartições públicas de interesse ao abastecimento de água significou uma modificação na linguagem dos relatórios e ofícios, como, por exemplo, o aumento de recursos que interpretam a socionatureza como mapas, tabelas, estatísticas, vazões, etc. Essa questão técnica (Bresciani, 1992) restringiu o conhecimento sobre os rios de uma maneira mais pragmática para os objetivos da Inspetoria de Obras Públicas. Os rios tornaram-se objeto de observação e laboratório para as políticas de abastecimento de água que transformavam o alto curso das bacias hídricas. Os cursos d'água eram idealizados conforme os interesses dos engenheiros em solucionar a questão hídrica urbana. O controle das Obras Públicas pelos engenheiros se consolidou com a criação da Comissão de Engenheiros em 1852 a partir do decreto 598 de 14 de

7 Posturas Municipais. Secção Primeira: Saúde Pública. Título VII: sobre diferentes objetos que corrompem a atmosfera, e prejudicam a saúde pública. p 12-14. §8º. Cf. Moraes Filho (1894).

setembro de 1850. Com a chegada dos engenheiros civis, e sua formação técnica cada vez mais abstrata, novas expressões de controle desenvolveram uma nova visão de uma socionatureza ideal.

A preocupação com o desmatamento e o abastecimento, e o alcance da especificidade técnica do corpo de engenheiros nas Obras Públicas afetaram os debates políticos na década de 1850. No âmbito municipal, diversos vereadores mencionavam a importância das desapropriações em áreas estratégicas para o fornecimento de água. No âmbito imperial, as questões debatidas nos círculos sociais políticos e científicos centralizaram-se em propostas oficiais na figura de Luiz Pedreira do Couto Ferraz, o barão do Bom Retiro. Sua participação na vida política – como conselheiro, senador, ministro do Império e amigo íntimo do Imperador Dom Pedro II – e nos círculos científicos – como membro da Sociedade Auxiliadora da Indústria Nacional (SAIN) e presidente do Imperial Instituto Fluminense de Agricultura (IIFA) – renderam a Bom Retiro uma posição destacada para novas iniciativas sobre a questão florestal. Como um grande nó em uma complexa rede, Couto Ferraz orbitou as principais decisões sobre o reflorestamento e a delimitação e desapropriação, enquanto fora Ministro do Império entre 1854 e 1856 (Heynemann, 1995).

Em 1855, Couto Ferraz indicou que foram plantadas mais de duas mil árvores em uma área de 15 hectares, e que mais de 90 contos de réis foram direcionados para a desapropriação de terras próximas a rios (Couto Ferraz, 1856). Embora tenha ressaltado a importância de mais desapropriações, os altos custos inviabilizaram a continuidade dessa estratégia na década de 1850. A saída de Couto Ferraz do ministério do Império e as requisições de investimentos em ferrovias para o escoamento da produção dos barões do café no Vale do Rio Paraíba do Sul significaram uma longa pausa nas políticas de desapropriação. No entanto, o reflorestamento seguiu seu rumo e se institucionalizou a partir da criação das diretrizes de plantio e conservação elaboradas em 1861[8] por Manoel Felizardo de Souza e Mello: ministro da Agricultura, conhecedor dos benefícios ecológicos das florestas para os rios e também frequentador dos círculos sociais do barão do Bom Retiro (Pádua, 2004).

A perseguição de grupos indesejados abriu espaço para a ocupação de outros grupos sociais nas montanhas. Enquanto carvoeiros, quilombolas, caçadores e cortadores de madeira eram expulsos da cena florestal, engenheiros adentravam os vales para conhecerem o potencial hídrico dos rios a saciar a sede urbana; ricos proprietários buscavam chácaras para escapar da insalubridade urbana; e um mar de novos escravos e funcionários foram recrutados para os donos da terra manterem os mesmos privilégios que tinham na cidade. Mesmo que algumas terras tenham sido desapropriadas pelo governo imperial, grande parte dos proprietários de chácaras mantiveram suas posses e seus costumes. O sistema urbano exerceu sua ação dominadora nas florestas cariocas através da tradução do espaço socionatural em conhecimento técnico. O direito ao usufruto dos recursos naturais - como a água, solo, etc. - transformou-se conforme as relações de poder se reconstruíam no ambiente socionatural.

A qualificação de um grupo como indesejado ou como desejado é polêmica e complexa. A utilidade tinha um papel forte, no entanto, o preconceito racial também. O exemplo dos carvoeiros ilustra a ambivalência por trás da ideia de grupos desejados e indesejados. Pois, ao mesmo tempo em que eram desejados pela população urbana que comprava o carvão para seus fornos domésticos. Eles eram também indesejados pelo poder público que buscava proteger as matas para o abastecimento de água da própria população urbana. Vemos então que a categoria "grupos indesejados" é fluida no tempo

8 Instruções provisórias para o plantio e conservação das florestas da Tijuca e Paineiras, inscrito na Portaria nº 577 de 11 de dezembro de 1861

e no espaço, podendo ser ao mesmo tempo ambivalente, contraditória, antagônica. Mais adiante veremos outro caso de ambivalência, a relação de um grupo de espécies inseridas no ecossistema urbano-florestal: os equinos (mulas, burros e cavalos). Como os carvoeiros, também eram desejados por uns – para exercer trabalho através de sua força animal – e indesejados por outros – devido ao pisoteamento nas encostas ou à defecação nas ruas da cidade.

O AMADURECIMENTO DAS POLÍTICAS DE ÁGUA E A "TECNIFICAÇÃO" DAS MONTANHAS E RIOS

O aumento da participação dos engenheiros nas decisões políticas municipais e imperiais gerou uma especialização técnica ainda não vivenciada. O crescimento urbano e os problemas derivados dele geraram novas demandas que foram incorporadas pelos idealizadores da socionatureza. A idealização de uma cidade tecnificada fomentou a transformação de paisagens extraurbanas de maneira a suprir especificidades da urbe. A socionatureza foi imaginada como um recurso urbano, onde o reflorestamento, a construção de estradas, e a otimização dos sistemas de abastecimento de água foram exemplos da atuação dos engenheiros nas montanhas cariocas. As novas paisagens suscitaram modificações nas antigas relações com a chegada de novas espécies no metabolismo urbano (cavalos, burros e mulas), e com a gentrificação do ambiente flúvio-florestal.

A construção de um conhecimento pragmático das florestas legitimou ainda mais o uso de linguajar técnico que simplificasse as rugosidades do ambiente biofísico. Mapas e tabelas impunham uma lógica instrumental à realidade florestal, desmembrando os processos e relações complexos. Tudo o que interferiria na eficiência do funcionamento voltado para a sociedade urbana era eliminado das representações. Como veremos, o principal filtro para reduzir a complexidade em escalas adequadas às transformações da paisagem florestal era o interesse do Estado. Em um primeiro momento, o principal interesse foi o fornecimento de água potável para a cidade. Porém, com as modificações estruturais, novos interesses foram colocados em xeque nas políticas públicas, como a criação de um projeto de silvicultura tropical experimental, o incentivo a usos dos rios para a saúde, a elitização das montanhas, dentre outros.

O manejo das montanhas, florestas e rios dependiam de um linguajar técnico associado a boa governabilidade. Até 1860, tais atribuições estavam a cargo do setor de Obras Públicas vinculada ao Ministério do Império, com a presença maciça de engenheiros militares em seu quadro de funcionários. A partir de 1860, o governo imperial se reestruturou, criando um super ministério com grandes atribuições, o Ministério da Agricultura, do Comércio e das Obras Públicas, agora fortemente marcado pela presença de engenheiros civis (Abreu, 1992). Essa inversão no quadro técnico dos funcionários públicos acompanhou o surgimento da engenharia civil no Brasil. As instituições de ensino engrossaram o caldo técnico civil do governo imperial, influenciando o modo de traduzir a socionatureza florestal. Vemos isso nas atividades de plantio de árvores, construção de estradas e, principalmente nas expedições fluviais. Atividades essas que até 1860 haviam sido exercidas de maneira pontual e com falhas, e que, com as novas políticas de água, passaram a construir o conhecimento sobre os rios de maneira sistemática e frequente.

Uma curiosidade dos trabalhos de reflorestamento foi a presença permanente dos administradores do setor Tijuca que residiram na mata. As atividades estavam voltadas para fortes tendências padronizantes, conforme a presença da cultura técnico-científica dos idealizadores da socionatureza. Na Tijuca, os esforços de Major Archer, primeiro administrador (1862-1874), e Gastão d'Escragnolle, segundo (1874-1888), somavam-se aos dos funcionários e escravos. O reflorestamento vizinho, no setor das Paineiras, foi chefiado por

Thomas Nogueira da Gama. O ambiente florestal e fluvial precisava ser reduzido, interpretado, traduzido, para atender aos interesses cartográficos de inclusão ou omissão de informações. O primeiro resultado foi um mapa da área das florestas publicado em 1866, abrangendo uma área de 2.945.000m^2 com aproximadamente 40.000 árvores já plantadas (Dantas, 1866). Na década de 1860, Archer seguia as instruções de 1861 que professava o plantio direto e em linhas retas, desconsiderando a topografia local. Ao observar altíssimas taxas de mortalidades de suas mudas, Archer propôs mudanças em 1869: plantar em linhas de curva, usar cestos de bambu como etapa intermediária e a coleta de árvores menores (plântulas) com menos danos no transplante. Essa apropriação crítica do conhecimento imposto, pelas Instruções de 1861, a partir de um conhecimento local, dele e de seus homens, levou a um novo conhecimento que circulou espacialmente, nas Paineiras, e temporalmente, na continuidade administrativa de Escragnolle (Archer, 1873). Após o mapa e outras medidas de sistematização das funções de plantio e manuseio das plântulas, o crescimento florestal ficou mais significativo com 45 mil árvores em 1871, 62 mil em 1873, e 68 mil em 1876.

A história do reflorestamento foi um processo socionatural, coletivo, marcado desde o início dos trabalhos por interesses de classe, que buscavam a dominação da socionatureza por uma elite imperial associada ao Estado. O surgimento da empreitada florestal foi visto com bons olhos e somou ao imaginário social de saudáveis áreas montanhosas já retratadas em aquarelas e óleos da geração de artistas do Primeiro Reinado. Esses motivos, somados a outros, foram incentivos para a construção de estradas que deram acesso ao alto curso carioca a partir da década de 1860. O ministro da agricultura em 1862, Manoel Felizardo de Souza e Mello, escreveu em seu relatório que foi de "maior vantagem" para os cidadãos "a construção de uma estrada de rodagem para os amenos, e salubres sítios da Tijuca" (MELLO, 1862, p. 43). Dando prosseguimento a análise das seções de Obras Públicas nos relatórios ministeriais da pasta de Agricultura, Comércio e Obras Públicas, vemos indicadores de como essa elite imperial se privilegiou dessa transformação viária da floresta de diversas maneiras, como: a pavimentação em terrenos particulares com dinheiro público, a partir de empreiteiros residentes nessas áreas; precariedade de transporte público[9], possibilitando o acesso às áreas saudáveis apenas por indivíduos abastados com carruagens; reordenamento da iluminação pública, através da remoção de combustores do centro urbano instalados nas novas estradas. Para além do centro urbano, vemos que a dinâmica de formação desses grupos privilegiados e a centralização e consolidação do poder imperial estiveram presentes também no processo de domesticação das florestas e reflorestamentos cariocas (HEYNEMANN, op. cit.).

A transfiguração da paisagem florestal, agora cortada por estradas com iluminação pública, resultou no surgimento de novas relações, e, consequentemente, de novos conflitos socioambientais. De maneira indireta aos cursos d'água teve o aumento populacional de equinos. Burros, cavalos e mulas, circulavam com maior frequência e facilidade nas recentes estradas macadamizadas. Uma superfície mais lisa e firme significou melhor transporte e maior escoamento das águas das chuvas, já que não mais se encontravam diretamente com o solo. O pisoteamento dos cascos desestabilizava as pedras das vias macadamizadas, que eram também levadas pelas forças das águas. Nos vales, os sedimentos soltos das terras erodidas – pelo desmatamento, pela construção das estradas e outras atividades antrópicas – somavam-se aos sedimentos da deterioração das estradas em direção aos leitos flu-

9 A primeira linha de bondes da Cia. de Ferro-Carril da Tijuca terminava no sopé das montanhas da Tijuca e teve uma breve duração, de 1859 a 1866. Cf. WEID (1994).

viais. Aumentando o ritmo do assoreamento dos rios e canais de oferta de água, e complicando a distribuição para os pontos de acesso à água. Os animais voltados para as atividades de carga não se limitaram às estradas, fornecendo também o transporte de materiais para a construção de caixas d'água, calhas e aquedutos, edifícios para a logística de reflorestamento e abastecimento. Toneladas de barro, areia, pedras, tubos e cal foram carregados nos lombos desses equinos.

Por necessidade ou praticidade, o material era carregado alguns quilômetros, do centro urbano para a serra, ou aproveitados localmente: escavando barro e areia das proximidades dos rios com a finalidade de aterrar outras áreas; extraindo pedras de diversos tamanhos para edificações. Tais pedras poderiam ser obtidas a partir da explosão de rochas maiores, que obstruíam ou não as obras. Na construção da Caixa d'água do Andarahy Grande "abriu-se e deu-se fogo em 1.258 minas, sendo a pedra resultante empregada nas obras [...]" (Coutinho, 1862, p. 5). E ao caminhar fora das vias pavimentadas, mais uma vez, o pisoteamento dos cascos transformava a paisagem. Ao longo das margens dos rios, compactando o solo e dificultando a absorção das chuvas. O resultado era o aumento do escoamento superficial, levando mais água e sedimentos ao leito do rio, e tornando-o severamente mais assoreado. Trocando em miúdos, a interdependência entre florestas e rios foi afetada pelo surgimento de novas relações derivadas do aumento populacional de equinos urbanos nas montanhas cariocas. O funcionamento urbano necessitava dessa força animal, e o território florestal nesse momento já era um desdobramento do território da cidade.

Conforme a floresta era queimada, cortada, pavimentada e pisoteada, os rios tinham seu leito cada vez mais preenchidos por sedimentos de areia e barro. A associação entre florestas e rios foi debatida nos círculos científicos do Império. O cenário de destruição das matas foi analisado em publicação de José Ribeiro de Castro, em defesa de Joaquim Antão Fernandes Leão, ministro da Agricultura e vice-presidente da Sociedade Auxiliadora da Indústria Nacional. O ministro havia sido acusado de ser responsável pela precariedade do abastecimento de água à cidade. Castro mencionou que a perda florestal significou a diminuição da vazão dos rios. A perspectiva era que as serras e suas árvores seriam "terrenos gerativos dessas águas", ressaltando outra vez mais a importância da desapropriação, a proteção das matas e seu replantio (Castro, 1869, p. 4).

O regime pluvial do Rio de Janeiro parece ter influenciado algumas decisões políticas. No verão de 1859-1860, uma forte seca foi registrada. No mês de janeiro teve uma pluviosidade 8 vezes menor do que a média registrada nos anos de 1850-1890 pelo Imperial Observatório do Rio de Janeiro. Quanto ao período de setembro a fevereiro, vemos que a média dessa temporada foi a metade em relação a totalidade da série do observatório[10]. As dificuldades provocadas por esta seca motivaram novas iniciativas para solucionar o abastecimento deficitário, através de novas comissões fluviais e novas captações de rios para os sistemas hídricos já elaborados. Entretanto, a estratégia mantinha-se semelhante à do momento anterior: a busca por pequenos mananciais nas proximidades da cidade, no maciço da Tijuca.

No início da década de 1860 a questão hídrica sistematizou-se. O debate no ministério da agricultura era em torno de três assuntos: se os rios mais próximos seriam suficientes para fornecer água à cidade; se haveria a necessidade de aumentar a quantidade de caixas d'água para maior armazenamento; e se as obras seriam realizadas pelo governo imperial ou particulares, através arrematação em praça pública.

10 A pluviosidade de janeiro de 1860 foi de 14mm, enquanto a média entre os janeiros de 1850 a 1890 foi de 121mm. Já a média de pluviosidade de setembro a fevereiro de 1859-1860 foi de 279mm, enquanto que os mesmos meses de 1850 a 1890 foi de 633mm. Cf. Cruls (1892).

Em 1861, Manuel Felizardo de Souza e Mello criou uma comissão para resolver essas questões. A comissão foi composta pelos engenheiros brasileiros, Pedro de Alcantara Bellegarde[11] e Antonio Maciel de Mello, e estrangeiros: William Ginty, Charles Neate e Henry Law. Através de cálculos de vazão dos rios, estimaram que "das serranias vizinhas" poderia "colher considerável volume de água" que abasteceria a cidade, inclusive, "em tempos secos"[12]. Apoiando, assim, a primeira estratégia de desapropriação, novos encanamentos e mais caixas d'água ao longo do maciço da Tijuca. Na década de 1860, outros rios foram encaminhados para os sistemas de encanamento: rio Taylor no alto da Boa Vista em 1861; rio Trapicheiro, córrego Soberbo e da Cascata, em 1863; rios Cachoeira, Joana e Macacos (próximo ao Jardim Botânico), em 1868; e muitos na década de 1870 (Abreu, 1992).

Embora a Comissão de Bellegarde tenha quantificado e idealizado os rios, somente anos mais tarde, na Comissão de Oliveira Bulhõesos dados coletados passavam a conter informações de distribuição, sazonalidade dos rios, prioridades na elaboração dos encanamentos, etc. Antonio Maria de Oliveira Bulhões, enquanto Inspetor Geral de Obras Públicas, realizou uma série de observações fluviais em janeiro e fevereiro de 1865, e apresentou seus resultados em relatório (Bulhões, 1866). Ele observou cada rio em diferentes dias, de maneira a tirar uma média e poder medir sua variação temporal. Das observações apurou dados sobre a quantidade de água que os rios forneciam no intervalo de 24 horas; a altura do recolhimento das águas sobre o nível do mar, de modo a facilitar o planejamento da distribuição; a capacidade dos açudes e caixas de recepção; e o estado das matas no entorno. E considerou três aspectos importantes para

11 Veio a ser ministro da agricultura em 1863, e projetou com seu tio, Conrado José Niemeyer, o sistema de abastecimento de Recife nos anos 1840.

12 MACOP 1861:40.

o abastecimento: fornecimento insuficiente de água; debilidade do sistema de distribuição; e situação das matas ciliares. Sobre a oferta de água, indicou que os rios próximos seriam insuficientes para uma cidade com grande crescimento como o Rio de Janeiro. A partir de suas propostas de captação e distribuição das águas, e a proteção das matas, estimava aumentar a captação fluvial no maciço da Tijuca de 36 para 85 milhões de litros por dia. Sobre a distribuição, Bulhões apontou que estava bastante comprometida, principalmente devido ao limitado tamanho dos depósitos de recepção e reserva, e também do mau estado dos encanamentos e obstruções. Dos 36 milhões de litros de água captados diariamente, o sistema de abastecimento só direcionava 20 milhões, devido à insuficiência do tamanho de açudes e caixas d'água, e 13 milhões eram perdidos ao longo da distribuição. Sobre as matas, ressaltou a importância da proteção e do reflorestamento (Bulhões, 1866).

Mesmo que as propostas de seu relatório não tivessem sido seguidas à risca, a gestão de Oliveira Bulhões marcou uma maior intensidade nas obras. Em 1866, os sistemas de captação dos rios Cascata Grande, Macacos e Branco e parte do Trapicheiros, foram concluídos. Em 1867, mais de 240 quilômetros de encanamentos estavam já instalados, duplicando o número de casas com água e triplicando a renda (Dantas, 1867).

A partir da década de 1870, uma reviravolta marcou as políticas de águas imperiais: a velha questão do limite de abastecimento dos pequenos rios do maciço da Tijuca. Todas as comissões e relatórios apontaram, em alguma medida, que os rios da Tijuca seriam insuficientes a longo prazo. Enquanto o governo imperial buscava por águas mais distante, na serra do Tinguá, os rios e as matas nas proximidades urbanas passaram a ter novos usos e ocupações. Hoteis, sanatórios e outros espaços, que associavam lazer e saúde, tornaram-se presentes nessas serras. Entre discursos de uso pragmático do ambiente florestal, em particular para abastecimento d'água, e de apropriação estética do sublime na natureza, como nas propagandas de hotéis, as áreas altas do maciço da Tijuca, mesmo sofrendo crescente desmatamento, tornaram-se cada vez mais frequentadas por grupos sociais privilegiados de dentro e fora do Brasil (Heynemann, 1995). A partir das modificações estruturais de estradas, encanamentos e sua manutenção, a floresta se urbanizava de forma desigual para os que usufruíam dela.

O fenômeno de interesse social pelas matas ocorreu principalmente devido ao intenso contraste entre as ideias de uma cidade quente, epidêmica, e uma floresta refrescante, sadia. O médico da Junta Central de Higiene, José Pereira Rego, relatou que no decênio de 1851-1860 houve o registro de 40 epidemias na cidade do Rio de Janeiro, com a perda de 92.935 vidas; enquanto que entre 1861-1870 houve 18 epidemias, e 88.643 mortos (Pereira Rego, 1872). As emanações nocivas dos pântanos, decomposição de animais, e inclusive da proximidade humana, foi o viés científico em torno do paradigma miasmático. A cidade representava a insalubridade, o descaso público, e a floresta vinha como uma esperança de ares "não-pestilentos" e de águas refrescantes (Chalhoub, 1996).

O ambiente biofísico da floresta, com seus riachos e cachoeiras, estava regado de "bons ares". A crença naquele modelo de medicina permitia aceitar que tal ambiente curasse diversos males além de promover um bem estar. Manoel de Souza e Mello escreveu 1862 que "a Tijuca pode ser considerada como o grande hospital de convalescença da capital do Império". Porém, era "impossível" para grande parte dos pacientes se deslocarem para lá, "enquanto as carruagens não puderem chegar ao alto da Boa Vista" (Mello, 1862, p. 43)

As transformações na floresta e na cidade ao longo da segunda metade do século XIX reposiciona o papel que a montanha tinha na corte imperial, em especial como local de cura e de lazer. Hotéis, sanatórios e casas de saúde surgiam em meio à sombra das copas de árvores frondosas. A construção de estradas melhorou o acesso dos pacientes e visitantes aos sanatórios e hotéis, assim como a mobilidade dos funcionários locais que não residiam no local de trabalho (Abreu, 1992). E quem poderia ter acesso aos milagrosos banhos nos rios e cachoeiras? Em tais locais reservados para cura e lazer o acesso se restringia a quem pagasse por tais serviços, ou convidados especiais que pudessem promover essas atividades econômicas. Do contrário, a exclusão de grupos indesejados se dava pela força bruta com, ou sem, o consentimento do governo imperial.

No hotel Bennett, próximo ao encanamento do Maracanã, as visitas em sua maioria eram feitas por estrangeiros, sendo grande parte adeptos da língua inglesa. Em sua hospedagem no hotel, o reverendo estadunidense Daniel Kidder comparou a ausência da incômoda fauna do centro urbano, onde "nenhum mosquito atrapalha nosso sono com seus gritos de guerra" tampouco as baratas "sobem pelos pés quando sentamos numa praça" (Kidder & Fletcher, 1857, p. 205). Em vez disso, Kidder deleitou-se com o coaxar dos sapos. Já o afrancesado hotel Villa Moreau, localizado a 100 metros de altitude, tinha piscinas e duchas diversas construídas em meio a floresta, além de mesas de sinuca e bilhar, áreas de caminhada, e uma culinária francesa (Almanak, 1885).

Os hotéis se beneficiaram da chegada do transporte público de bondes, na década de 1880. Villa Moreau possuía proximidade da linha que vinha do Largo de São Francisco de Paula, ponto final de muitas outras linhas de bonde, de 4 horas da manhã até meia-noite (em noites de teatro). Já o Hotel das Paineiras, também chamado de Hotel Corcovado, teve sua inauguração junto à estreia da Estrada de Ferro do Corcovado em outubro de 1884: a primeira ferrovia com fins exclusivamente turísticos. Em suas propagandas, assim como no Hotel Moreau, era recorrente a presença dos horários de chegada e partidas dos bondes e a duração da viagem.

Entre aterros para construções, desvios de riachos para duchas e cascatas, escavações para piscinas, esses estabelecimentos transformaram seu espaço num ícone representativo dos valores estéticos da natureza. Seja em jornais estrangeiros publicados no Rio de Janeiro ou em jornais brasileiros publicados em francês, as propagandas ressaltavam tanto os esforços sociais (quartos arejados com camas limpas, culinária francesa, acesso por bonde), quanto as vantagens do espaço biofísico (piscinas, cachoeiras, árvores). Veremos adiante como essa gentrificação florestal se deu a partir da saturação dos rios próximos e a busca por mananciais mais distantes.

Saturação dos rios próximos e a gentrificação da montanha

A direção da Inspetoria Geral de Obras Públicas, órgão responsável pelas iniciativas de fornecimento de água, tomou medidas mais proativas de reconhecimento da saturação dos rios do maciço após a gestão de Oliveira Bulhões. Antonio Augusto Monteiro de Barros assumiu em 1869 e criou uma comissão que tinha como membro o antigo diretor, Oliveira Bulhões, os irmãos Rebouças e outros engenheiros. A proposta era buscarem informações dos rios voltados para as vertentes do Andaraí e do Jacarepaguá. Porém, em seu relatório a comissão afirmava a necessidade de buscar rios maiores, como o rio d'Ouro. A comissão Rebouças foi continuada na gestão do Inspetor Jeronymo Rodrigues de Moraes Jardim (1873-1881), tendo mais rios distantes como objetos de estudo: Três Rios, Quitite, Papagaio, das Pedras, na Serra do Jacarepaguá; e os rios do maciço da Pedra Branca. A meta era manter uma média de 150 litros de água por habitante por dia. No entanto, para tal havia o inconveniente da construção de um túnel de 2 mil metros no duro maciço da Tijuca para captar as águas do rio Cascata. A solução mais viável era trazer as água do Tinguá, mensurados pela comissão: rio Iguassú (11 milhões de litros/dia); rio d'Ouro (19 milhões de litros/dia); rio Santo Antonio (13 milhões de litros/dia); rio São Pedro (70 milhões de litros/dia); num total de 113 milhões de litros diários. Quadruplicando os 36 milhões de litros diários calculados por Oliveira Bulhões poucos anos antes, para um total de 149 milhões de litros de água por dia (Jardim, 1874).

A reviravolta na estratégia das políticas hídricas da década de 1870 concretizou-se com o início das obras de captação e distribuição das águas do rio d'Ouro e Santo Antônio, na Serra do Tinguá, em 1876. Desse momento em diante, era cada vez menor o interesse em novas captações dos mananciais próximos, enquanto cresciam os planos e obras para captação dos da serra do Tinguá. As obras ficaram a cargo do empreiteiro e súdito inglês Antonio Gabrielli. Além das estruturas de captação e distribuição (encanamentos, caixas d'água, etc.), o empreiteiro foi responsável pela construção e manutenção de uma estrada de ferro (do Rio d'Ouro) para transporte e outras logísticas. O contrato assinado em 29 de fevereiro de 1876 entre o governo imperial e Gabrielli previa a instalação de dezenas de quilômetros de encanamentos, conectando o centro urbano às águas de Tinguá em 5 anos. Poucos meses depois do início das obras, Moraes Jardim seguiu viagem para Europa para estudar outras relações entre ecossistemas urbanos e seus sistemas de provimento de água. Lá ele conheceu os sistemas de abastecimento renovados de Londres, Paris e Viena, organizados, respectivamente, pelos engenheiros Charles Greaves, Eugène Belgrand e Antonio Gabrielli. Nas três cidades, os sistemas anteriores estavam limitados e obsoletos, condições também similares ao Rio de Janeiro. O maior diferencial era que as cidades europeias tinham a presença de um grande curso d'água. Enquanto que a capital imperial tropical iniciava o fim das buscas de miríades de rios. (Santa Ritta, 2009).

Em 1881, parte da obra foi finalizada, somando quase 40 milhões de litros de água por dia no reservatório do Pedregulho, em

Benfica. A cidade matava sua sede, enquanto outros mananciais do Tinguá somariam mais 14 milhões de litros/dia poucos anos depois. A chegada desses milhões de novos litros por dia resultou do investimento de 26 mil contos de réis desde 1876, quando Antonio Gabrielli assumiu a empreitada (Silva, 1888). Os interesses do governo imperial para rios longínquos e a resposta à crise hídrica da cidade geraram um vácuo nas atividades oficiais nas montanhas da Tijuca. Somado à construção de estradas da época anterior, a paisagem florestal veiculou-se cada vez mais com simbolismos edênicos e de salubridade, em vez do utilitarismo direto do abastecimento de água. Com grande parte dos grupos indesejados expulsos ou ainda perseguidos, a elite carioca podia circular com mais frequência pelas matas e cascatas.

Um exemplo didático, da relação de transportes e os novos usos da floresta, foi a construção do Hotel Paineiras, por vezes chamado de Hotel Corcovado. Como os outros hotéis mencionados, o Paineiras também apelava para horários e culinária estrangeira em suas propagandas. Sua inauguração, conjuntamente com a Estrada de Ferro do Corcovado em outubro de 1884, teve a participação do Imperador Dom Pedro II. A aproximação dos interesses privados e públicos ficou mais evidente no decreto da concessão que favoreceu os engenheiros Francisco Pereira Passos e João Teixeira Soares. Segundo o decreto nº 8372 de 07 de janeiro de 1882, o governo imperial concedeu terrenos do Estado para a ferrovia gratuitamente, isentou os direitos de importação de trilhos e máquinas, e deu o direito de desapropriar terrenos de particulares. A primeira ferrovia com fins exclusivamente de turismo e passeio subia por 3720 metros a uma altura de 670 metros acima do nível do mar, transportando 32.000 passageiros durante o ano de 1885 (Rodriguez, 2004).

O compromisso em manter a funcionalidade do alto curso para abastecimento de água esteve presente nos planejamentos das obras da ferrovia. Duas pontes e um viaduto foram construídos com pesadas estruturas metálicas, que garantiam a proteção dos mananciais e dos passageiros (Estrada de Ferro, 1884). Porém, o mesmo não pode ser dito sobre a edificação do hotel, que foi inaugurado sem ter elaborado o escoamento do esgoto que atingia os rios da Cabeça, no Jardim Botânico. O hotel efetuou os consertos necessários, não sem receber antes um puxão de orelha da Comissão Vaccínica-Sanitária (Comissão, 1884). A manutenção dos encanamentos, seja para abastecimento ou para esgoto, em áreas de encostas foi comprometida pela mobilidade deste solo em dias de fortes tormentas. Do ponto de vista da saúde pública, esses problemas se complicavam quando ambos os sistemas estavam próximos um do outro, como no caso do cano de esgoto do hotel arrebentado próximo as Águas Férreas em 1892.

O refrescante ambiente florestal, com suas cachoeiras e riachos, era também almejado com finalidade médica. Similar em muitos aspectos aos hotéis, os sanatórios se diferenciavam por serem edifícios elaborados para o tratamento adequado de seus pacientes. Em seu interior as salas estavam preparadas para tratamentos de eletrochoque, operações cirúrgicas, sangrias e outros tratamentos médicos. Embora o contraste dos rígidos tratamentos contrastasse com o paradisíaco exterior florestal, bons ares e bons médicos asseguravam a recuperação da saúde dos pacientes. O Sanatório da Gávea, criado no início da República brasileira, tinha dois andares com mais de 60 quartos. Acreditava-se que a proximidade com córregos da bacia do rio Rainha e a arborização proporcionavam uma purificação dos ares no interior do edifício (Sanatório, 1891).

Mesmo que não tenham deixado fontes escritas, podemos perceber o silenciamento dos trabalhadores florestais nas "sombras" de outras fontes. É possível especular que existia uma grande quantidade de pessoas empregadas nas matas cariocas: os pedreiros, ferreiros, carpinteiros das estradas e ferrovias; os guardas, e funcionários imperiais do reflorestamento e proteção das matas; as camareiras, cozinheiros, jardineiros e lavadeiras dos hotéis e sanatórios; os escravos, cocheiros e tantos outros nas chácaras; e, inclusive o motorneiro dos bondes. Tal silenciamento ocorre, portanto, em dois momentos. O primeiro, no momento histórico, onde a ocupação desigual das serras cariocas deixou um papel subalterno para eles e os registros pouco falam sobre sua existência. O segundo, no momento historiográfico, onde grande parte dos historiadores persiste em silenciá-los, devido, principalmente, à escassez de fontes. Como era de se esperar, os viajantes que visitaram as matas cariocas pouco abordavam sobre os trabalhadores humanos em seus relatos. O mesmo não se pode dizer de cachoeiras, sapos e flores, que abundavam em seus escritos e fascinavam o ávido leitor.

O reflorestamento das serras cariocas inseriu-se num complexo simbólico e material que estava por trás da noção de natureza que a elite imperial queria projetar para os ideais de nação brasileira. Num momento de consolidação de poder e de formação da classe senhorial, a expectativa era que a civilização domasse a floresta (Heynemann, 1995). Após Archer ser direcionado para o reflorestamento em terreno imperial em Petrópolis, em 1874, a Floresta da Tijuca passou a ser administrada pelo Barão d'Escragnolle. Descendente de nobres franceses exilados, Escragnolle se aproximou das matas, primeiramente por outro caminho: era próximo da família Taunay, proprietários de terras nos arredores da Cascatinha da Tijuca. Segundo Castro Maya, seu maior empenho não foi no reflorestamento propriamente dito, mas sim no embelezamento. Contando com o jardineiro francês Auguste Glaziou remodelou a floresta como um parque para passeio, com novas trilhas e novos acessos. Inspirado na tradição francesa de Claude Denecourt de construir uma paisagem florestal a partir da abertura de caminhos, criação de atrativos e até umedecer pedras para musgos (Schama, 1996), Escragnolle e Glaziou criaram atrativos através da criação de nomes e do preparo de trilhas e estruturas de segurança (corrimão, sacadas). Algumas existem até hoje, como: a gruta Paulo e Virgínia em homenagem ao romance de Bernardin de Saint Pierre; o mirante Excelsior, a partir de poema de Longfellow; a ponte Baronesa e a Cascata Gabriela, agraciando sua mulher e sua irmã; e outros atrativos (Castro Maya, 1967). Por vezes a sensibilidade estética superou a demanda pelo saber técnico florestal na direção de Escragnolle. Porém, vemos no trabalho de Escragnolle que a ciência também esteve presente, incorporando em muito os conhecimentos de cientistas franceses e alemães nas atividades de plantio e preparo de muda. O importante é que após as mudanças na política de abastecimento nos anos 1870, já não urgia tanto os trabalhos de plantio. Tornando-se a floresta, então, um símbolo imperial romântico que aproximava a cidade do ambiente florestal. Talvez por isso mesmo se deva seu ocaso nas primeiras décadas republicanas.

Considerações finais

A dinâmica de conflitos socioambientais nas montanhas cariocas do século XIX transformou-se conforme modificavam as relações entre a sociedade urbana e seus rios. No início do século, a chegada da família real e as mudanças políticas decorrentes significaram o aumento da perseguição da população negra que resistia nos quilombos nessas serras. Isso não significou que não existiram mais negros nas montanhas, mas sim que suas relações haviam sido fortemente modificadas de atividades de sobrevivência e subsistência para atividades como população escrava inserida numa cafeicultura escravista. A queda da produtividade cafeeira e o fim destes cultivos tampouco decorreram no fim de negros escravizados nessas serras. As relações anteriores de uso da socionatureza flúvio-florestal deram lugar às novas relações derivadas de um Estado que crescia em poder e capacidade técnica com um quadro de engenheiros próprio. A persistência de negros escravizados atuava na transformação do ambiente florestal para suprir a cidade de água, lenha e carvão. Com a saturação dos mananciais aproveitados para o abastecimento de água e a busca por rios maiores em outras montanhas, a floresta passou a ser reapropriada para novos usos urbanos: passeios e espaço de cura.

A agência não-humana pode ser analisada através das relações com a sociedade urbana registradas em relatórios e em tantos outros documentos. A partir dessa análise, pudemos dar mais textura às relações de conflito socioambiental que ocorreram. Por exemplo, as políticas hídricas excludentes do governo imperial fazem mais sentido se incorporarmos em nossa narrativa a sequência de eventos socionaturais que derivaram em menor oferta de água dos rios e em sua maior demanda pela cidade. A chegada da cafeicultura e dos costumes de queimada, seguido dos cortes para lenhas e carvão vegetal, afetaram a dinâmica de assoreamento dos rios urbanos e da distribuição de suas águas para bicas e chafarizes do centro urbano. As raízes das árvores já não seguravam mais o sedimento, que passou a ser carregado pelas chuvas para os rios e sistemas de abastecimento. A antiga socionatureza florestal que permitiu a cafeicultura oitocentista se transformou em um novo ambiente com redução significativa de sua área arbórea, que dificultou a apropriação de suas águas. Estes e tantos outros agentes não-humanos participaram ativamente dessa mesma história humana.

De maneira a considerar o papel de agentes não-humanos incorporamos o conceito socionatureza. A partir dele vimos que engenheiros puderam planejar um tipo específico de floresta que fornecesse serviço para uma cidade também imaginada. O amadurecimento das políticas estatais ocorreu conjuntamente ao aumento do corpo de engenheiros do Império e da cidade do Rio de Janeiro. Junto aos médicos, os engenheiros foram os idealizadores da socionatureza urbana, utilizando-se de um linguajar específico decodificado em ferramentas de interpretação deste espaço: mapas, tabelas, quadros, relatórios. A partir deste corpo técnico idealizador, o Estado passou a ser o principal modificador da socionatureza urbana e florestal, principalmente a partir das demandas de grupos socialmente privilegiados da cidade. Isso significou uma maior participação de médicos e engenheiros nas decisões políticas municipais e imperiais no longo processo de domesticação da socionatureza urbana.

Idealizar, planejar, pode ser interpretado como uma modalidade de imposição de uma nova apropriação da socionatureza por um grupo social específico. Ao restringir a prática de outros grupos sociais já existentes, o conflito se instala. A dominação da socionatureza traduzida em traços de mapas ou em números de tabelas foi novamente reinterpretada em obras que transformaram o ambiente florestal. Estradas, desvios de rios, reflorestamentos, instalação de iluminação pública foram as principais modificações materiais realizadas pelo Estado imperial. Com a dominação de populações indesejadas pelo trabalho, forçado ou assalariado, cada vez mais a floresta viu-se como uma área de interesse pelas elites. Chácaras, hotéis e sanatórios foram construídos por essas mãos indesejadas em meio a árvores e cascatas. Após a preocupação hídrica ser sanada pela captação de água de rios mais volumosos de outras montanhas, as florestas do maciço da Tijuca tornaram-se ainda mais elitizadas.

Referências bibliográficas

Abreu, Maurício de. A cidade, a montanha e a floresta. In: Abreu, Maurício de (org.). *Natureza e Sociedade no Rio de Janeiro*. Rio de Janeiro: Secretaria Municipal de Cultura, Turismo e Esportes, Departamento Geral de Documentação e Informação Cultural, Divisão de Editoração, 1992.

ACSELRAD, Henri (org.). *Conflitos ambientais no Brasil. Rio de Janeiro*. Rio de Janeiro: Relume Dumará/Fundação Heinrich Böll, 2004.

ALMANAK *administrativo, mercantil e industrial do Império do Brazil para 1885*. Rio de Janeiro: Laemmert & C., 1885.

ARCHER, Manoel Gomes. *Serviço Florestal da Tijuca. Anexo W do Relatório do Ministério da Agricultura, Comércio e Obras Públicas do ano de 1872*. Rio de Janeiro: Typographia Commercial, 1873.

BULHÕES, Antonio Maria de Oliveira. Considerações sobre o abastecimento d'águas da cidade do Rio de Janeiro. Memória apresentada à sua Ex. Sr. Ministro da Agricultura, Comércio e Obras Públicas. *Anexo P do Relatório do Ministério da Agricultura, do Comércio e das Obras Públicas de 1865*. Rio de Janeiro: Typographia Perserverança, 1866.

CASTRO MAYA, Raymundo Ottoni de. *A floresta da Tijuca*. Rio de Janeiro: Edições Bloch, 1967.

CASTRO, José Ribeiro. Relatório dos trabalhos da Sociedade Auxiliadora da Indústria Nacional desde 1 de maio de 1868 até 1 de abril de 1869. *Anexo F do Relatório do Ministério da Agricultura, Comércio e Obras Públicas para o ano de 1868*. Rio de Janeiro: Typographia do Diario do Rio de Janeiro, 1869.

CHALHOUB, Sidney. "Cortiços". In: CHALHOUB, Sidney. *Cidade Febril: cortiços e epidemias na Corte imperia*l. São Paulo, Cia da Letras, 1996.

COMISSÃO VACCÍNICO-SANITÁRIA. *Jornal do Commercio*, Rio de Janeiro, ano 63, nº 298, p. 2, 25 de outubro de 1884.

COUTO FERRAZ, Luiz Pedreira do. *Relatório do Ministério dos Negócios do Império*. Rio de Janeiro: Typographia Nacional, 1856.

CRULS, Luís. *O clima do Rio de Janeiro: segundo as observações meteorológicas feitas durante o período de 1851 a 1890*. Rio de Janeiro: H. Lombaerts & Comp., 1892.

DANTAS, Manoel Pinto de Souza. *Relatório do Ministério da Agricultura, do Comércio e Obras Públicas do ano de 1866*. Rio de Janeiro: Typographia Esperança, 1867.

EDLER, Flávio Coelho. "A natureza contra o hábito: a ciência médica no império". *Acervo*, Rio de Janeiro, v. 22, nº 1, p. 153-166, 2009.

ESTRADA DE FERRO do Corcovado. *Jornal do Commercio*, Rio de Janeiro, ano 64, nº 204, p. 2, 24 de julho de 1884.

FERREIRA, Luiz Otávio. "João Vicente Torres Homem: descrição da carreira médica no século XIX". *PHYSIS - Revista de Saúde Coletiva*, Rio de Janeiro, v. 4, nº 1, p. 57-77, 1994.

GALVÃO, Manoel da Cunha. *Relatório do Ministério da Agricultura, Comércio e Obras Públicas*. Rio de Janeiro: Typographia Paula Brito, 1863.

HEYNEMANN, Cláudia. *Floresta da Tijuca: Natureza e Civilização no Rio de Janeiro - século XIX*. Rio de Janeiro: Secretaria Municipal de Cultura, Departamento Geral de Comunicação e Informação Cultural, Divisão de Editoração, 1995.

JARDIM, Jeronymo Rodrigues de Moraes. Relatório dos trabalhos feitos pela Inspetoria Geral das Obras Públicas da Corte durante o anno de 1873. In: PEREIRA JR., José Fernandes da Costa. *Relatório do Ministério da Agricultura, Comércio e Obras Públicas para o ano de 1873*. Rio de Janeiro, Typographia americana, 1874.

KIDDER, D.P. & FLETCHER, J.C. *Brazil and the Brazilians: portrayed in historical perspective and different scketches*. Philadelphia: Deacon& Peterson, 1857.

MARGALEF, Ramón. *Perspectivas de la teoria ecológica*. Barcelona: Blume editorial, 1980.

MARTINS, Maria Fernanda Vieira. "A floresta e as águas do Rio: a Inspeção Geral de Obras Públicas e as intervenções urbanas para abastecimento e reflorestamento na primeira metade do século XIX". *Intellèctus*, Rio de Janeiro, v. 14, nº 2, p. 21-47, 2015.

MORAES FILHO, Alexandre José de Mello. *Código de Posturas: leis, decretos, editais e resoluções da Intendência Municipal do Districto Federal*. Rio de Janeiro: Papelaria e Typographia Mont'Alverne, 1894.

OLIVEIRA, R. R. & FRAGA, J. S. "Metabolismo social de uma floresta e de uma cidade: paisagem, carvoeiros e invisibilidade social no Rio de Janeiro dos séculos XIX e XX". *GeoPuc*, Rio de Janeiro, v. 4, p. 1-18, 2012.

PÁDUA, José Augusto. *Um sopro de destruição: pensamento político e crítica ambiental no Brasil escravista (1786-1888)*. Rio de Janeiro: Jorge Zahar Editor, 2004.

PEARSON, Chris. Beyond 'resistance': rethinking nonhuman agency for a 'more-than-human' world. *European Review of History*, Oxford, v. 22, nº 5, p. 709-725, 2015.

PEREIRA REGO, José. *Esboço histórico das epidemias que tem grassado na cidade do Rio de Janeiro desde 1830 a 1870*. Rio de Janeiro: Typographia Nacional, 1872.

RODRIGUEZ, Helio Suêvo. *A formação das estradas de ferro no Rio de Janeiro: o resgate da sua memória*. Rio de Janeiro: Memória do trem, 2004.

SANATÓRIO da Gávea. *Revista de Engenharia*, Rio de Janeiro, nº 259, p. 482, 14 de junho de 1891.

SANTA RITTA, José de. *A água do Rio: do Carioca ao Guandu: a história do abastecimento de água da cidade do Rio de Janeiro*. Rio de Janeiro: Synergia/LIGHT/Centro Cultural da SEAERJ, 2009.

SCHAMA, Simon. *Paisagem e memória*. São Paulo: Companhia das Letras, 1996.

Scott, James. *Seeing like a State:* How certain schemes to improve the human condition have failed. New Haven, CT: Yale University Press, 1998.

Silva, Rodrigo Augusto da. *Relatório do Ministério da Agricultura, Comércio, e das Obras Públicas para o ano de 1887*. Rio de Janeiro: Imprensa Nacional, 1888.

Soares, Luís Carlos. *O "povo de Cam" na capital do Brasil: a escravidão urbana no Rio de Janeiro do século XIX*. Rio de Janeiro: FAPERJ/7Letras, 2007.

Mello, Manoel Felizardo Souza e. *Relatório do Ministério da Agricultura, Comércio e Obras Públicas*. Rio de Janeiro: Typographia Universal de Laemmert, 1862.

Swyngedouw, Erik. "A cidade como um híbrido: natureza, sociedade e 'urbanização-cyborg'". In: Acselrad, Henri (org.). *A duração das cidades: sustentabilidade e risco nas políticas urbanas.* Rio de Janeiro: DP&A Editora, 2001.

Weid, Elisabeth. "O bonde como elemento da expansão urbana no Rio de Janeiro". *Siglo XIX*, Cidade do México, nº16, p. 78-103, 1994.

Worster, Donald. *Rivers of Empire: water, aridity, and the growth of the American West.* New York: Oxford: Oxford University Press, 1992.

Parte III

Água como Agente

5. Os altos rios Purus e Juruá na formação de fronteiras nacionais na região de Acre

André Vasques Vital
Hanna Sonkajärvi

O engenheiro e escritor Euclides da Cunha chefiou a delegação brasileira da Comissão Mista Brasileiro-Peruana de Reconhecimento do Alto Purus em 1905 e, em 1909, publicou o artigo "Um Rio Abandonado" na revista *Almanaque Brasileiro,* analisando as características do rio Purus. Nesse artigo, ele fez a seguinte observação:

> De fato, o que sobremaneira impressionou é o espetáculo da terra profundamente trabalhada pelo indefinido e incomensurável esforço dos formadores do rio. Chega, depois de trilhar o *cañón* coleante do Pucani, ao sopé das últimas vertentes; defronte a clivosa escarpa de uma corda insignificante de cerros deprimidos; vinga-lhe em três minutos a altura relativa de sessenta metros escassos – e não acredita que esteja na fronteira hidrográfica mais extraordinária do globo podendo ir de uma passada única do Amazonas ao vale do Ucayali.
>
> A altura em que se vê não lhe basta a despertar os horizontes, ou atalaiar as distâncias. É inapreciável. Não há [como] abrangê-la com a escala mais favorável dos mapas. E sem dúvida jamais compreenderia tão indeciso *divortium aqua-*

> *rum* a tão opulentas artérias, se ao buscar aqueles rincões, varando, ao arrepio das itaipavas, por dentro das calhas reprofundadas do Cujar, do Cavaljani e do Pucani, o observador se não habituasse a contemplar, longos dias, os mais enérgicos efeitos da dinâmica poderosa das águas que transmudaram a paragem outrora mais em relevo e dominante (Cunha, 2000, p. 131-144).

O que, na primeira vista, pode parecer uma simples descrição geográfica é também um conceito jurídico. *Divortium aquarum* é uma expressão latina que significa "divisória de águas" e descreve os limites entre duas ou mais bacias hidrográficas, utilizadas, em vários casos pelo direito internacional, para definir fronteiras entre países. Euclides da Cunha, no seu relato, estava descrevendo a área das nascentes dos principais rios que formam quatro das mais importantes bacias hidrográficas do rio Amazonas: Ucayali, Madre de Dios, Purus e Juruá.[1] No momento de sua chegada, as quatro bacias estavam interligadas, nessa área, por pequenas estradas (varadouros) e haviam se consolidado como lugar, estrada e fronteira aquosa co-produtora das disputas envolvendo brasileiros, peruanos, bolivianos e povos indígenas.

A região conhecida hoje como Acre era pertencente a Bolívia pelo Tratado de Ayacucho, assinado com o Brasil em 1867. Contudo, a migração e estabelecimento de brasileiros vindos dos estados do Nordeste do Brasil para a área, via rios Purus e Juruá, visando o estabelecimento de seringais, inaugurou na última década do século XIX uma questão de fronteiras envolvendo esse país, a Bolívia e o Peru. A partir de discursos da época, da bibliografia sobre a Questão do Acre e uma historiografia internacional sobre o conceito de fronteira, questionamos a interpretação dominante na história diplomática e

1 Sobre da Cunha e Amazonas, ver Hecht (2013).

em manuais do direito internacional que associam a Questão do Acre com o conceito de *uti possidetis* e às ações militares e diplomáticas dos Estados nacionais na virada do século XIX para o XX (por exemplo Bueno 2003; Bandeira, 2000; De Andrade & Limoeiro, 2003; Ricardo, 1954; Vera, 2008).

O Acre, a despeito do dispositivo *uti possidetis*, era entendido, a priori, como um espaço vazio marcado pela onipresença dos caminhos fluviais que definiam o ritmo do comércio, das migrações e dos possíveis fluxos de poder estatal a serem implementados na região. Em consequência, podemos nos perguntar: qual a importância dos conceitos do direito internacional como *uti possidetis* ou *terra/terrarium nullius* para o processo de definição do território do Acre e como pensar o papel dos Rios e das águas nesse contexto? A partir dessa questão, será possível mapear como os atores locais, associados com a geografia e os cursos d`água formadores dos altos rios Purus e Juruá impactaram na domínio e na formação das fronteiras entre o Brasil, Bolívia e Peru no território de Acre.

Anthony Pagden, em *The Cambridge History of Law in America*, estabelece diferenças entre vários conceitos de legitimação da expansão colonial e territorial. Segundo ele, fazem parte dessas ferramentas de legitimação: 1) a Conquista; 2) a Descoberta e 3) a Compra e a Concessão (Pagden, 2008, p. 1-31). Segundo Pagden, o conceito de Descoberta está ligado à noção de *terra nullius*. Trata-se de terras vagas, terras de ninguém. Entretanto, Pagden sublinha as inter-relações entre a questão da posse e da soberania, pois as terras consideradas como sendo de ninguém precisam ser efetivamente dominadas (Pagden, 2008, p. 22). Uma definição mais fina é proposta por Andrew Fitzmaurice (2012, p. 840-861). Ele observa que as noções dominantes são: 1) Descoberta, 2) Conquista; 3) Cessão e 4) Ocupação. Segundo ele, a realidade da conquista foi representada, durante a expansão colonial, com a linguagem pacífica da ocupação. Ocupação, no Direito Romano, é o princípio segundo o qual uma coisa que não pertencia a ninguém se tornou a propriedade da primeira pessoa que a encontrou (*Quod enim nullius est, id ratione naturali occupanti conceditur*). Os juristas medievais introduziram o termo Ocupação no direito civil e usavam a noção de 'res nullius' para referir-se a esse princípio. Para defender que os povos indígenas não ocupavam suas próprias terras, os juristas do direito internacional usaram uma argumentação que sublinhava a importância do cultivo da terra como prova de uma ocupação efetiva. Segundo Fitzmaurice, essa doutrina de Ocupação teve seu maior alcance no contexto da criação do direito internacional como disciplina no século XIX. Nesse contexto, a Ocupação foi usada como argumento que legitimava os impérios, mas também como argumento que protegia territórios já ocupados contra a anexação pelos poderes europeus (Fitzmaurice, 2012, p. 858).

No fim do século XIX, a linguagem jurídica da Ocupação tinha formado uma taxonomia que diferenciava *res nullius*, *territorium nullius* e *terra nullius*. O conceito de *territorium nullius* foi pela primeira vez usado no direito internacional no contexto da divisão da África nos anos 1880. Os juristas do *Institut de Droit Internacional*[2], após o congresso de Berlim (1884/5) que discutiu a divisão da África entre os estados imperialistas europeus, argumentaram que um povo que não estivesse sujeito a uma soberania territorial, fosse considerado *territorium nullius*, ou seja, aberto a anexação por quem primeiro quisesse anexá-lo. Fizmaurice nota que "*Territorium nullius* foi a racionalização em termos legais dos protetorados, uma ferramenta de reconhecimento da soberania e da propriedade de um território ocupado, além de, simultaneamente, colocar este território sob a tu-

2 Trata-se de um órgão internacional de juristas criado no contexto do *Scramble for Africa*, em 1873.

tela de uma soberania supostamente mais elevada" (Fitzmaurice, 2012, p. 858).[3] Em diferença a *territorium nullius*, a noção de *terra nullius* foi usada para caracterizar territórios, que não tinham sido ocupados por ninguém - ou seja, despovoados - e por isso podiam ser anexados pelo primeiro Estado interessado. Nesse sentido, falavam-se das regiões polares e da Austrália como *terra nullius*, pois considerava-se que os *inuitas* e *aboriginales* não contavam como pessoas. Fitzmaurice explica que nos anos 1930, os dois conceitos de *territorium* e de *terra nullius* tornaram-se sinônimos - nos discursos do direito internacional - sendo utilizado o termo *terra nullius*, associado com o significado do *territorium nullius* (território com povo, mas sem soberania territorial), (Fitzmaurice, 2012, p. 859).[4]

Entretanto, nos últimos anos, alguns historiadores tem questionado a importância do conceito da Descoberta na prática colonial dos séculos XVII e XVIII na definição das fronteiras nacionais. Autoras como Tamar Herzog e Lauren Benton argumentam, que o conceito de *res* (ou *terra nullius)* foi menos importante do que o conceito da Posse na conformação das fronteiras na Europa e na América Latina (Benton, 2012; Herzog, 2013). Benton sublinha a importância da reivindicação (*Claim*) na prática da procura, tomada e estabelecimento da Posse, pois várias combinações de atos e argumentos emergiram em contextos particulares. Atos como o estabelecimento do povoamento ou o exercício de autoridade jurídica reforçaram argumentos jurídicos

---

3 "Territorium nullius was the legal rationalization of protectorates, a mean of recognizing sovereignty and property in the territory being occupied and simulatneously subsuming it under a supposedly higher form of sovereignty", p. 858.

4 Benton nota que o conceito de *res nullius* foi entendido como uma ferramenta flexível: "a legal orientation and the combination, not always systematic, of a diverse set of practises", Benton (2012), p. 20.

de Conquista, Ocupação e Posse sem que necessariamente fossem coordenados pelo Estado (Benton, 2012, p. 35-36).

Além disso, a historiadora do direito Marta Lorente adverte sobre uma leitura anacrônica do próprio conceito de fronteira em relação aos limites territoriais latino-americanos dos séculos XIX e do início de século XIX. Segundo Lorente, as fronteiras dos Estados sul-americanos recém-nascidos não foram definidos em termos geográficos, mas segundo uma tradição do antigo regime: essa tradição consistia em enumerar territórios e vários tipos de entidades administrativas que caíam nos domínios de um determinado soberano (Lorente-Sariñena, 2016, p. 131-172). Por consequência, as fronteiras dos Estados da América Latina foram definidas por descrições geográficas imprecisas e controversas que foram sujeitas à contestações cotidianas no nível prático, político e jurídico. Se concordamos com Lorente, o princípio de *uti possidetis*, mobilizado para definir as fronteiras entre os Estados na América Latina após os processos de independência, foi de fato, assentado em um conceito bem mais impreciso e ambivalente do que as interpretações tradicionais na literatura do direito internacional e da história da diplomacia. Em tese, a delimitação territorial dos novos Estados pós-independência ocorreu à partir das fronteiras das antigas colônias espanholas no ano 1810. Esse princípio de *uti possidetis* (‘*uti posseditis, ita possideatis*’, quem possui, de fato, deve possuir de direito)[5] foi sancionado por vários tratados internacionais e reconhecido pelos Estados latino-americanos participantes no congresso de Lima em 1848. Entretanto, como explica Lorente, as próprias fronteiras de *virreinatos*, *capitanías generales*, *audiências*, ou bispados não foram claramente defini-

5 O *uti possidetis* dava posse da terra àqueles que a tivessem ocupado e povoado e foi o ponto fundamental do Tratado de Madri (1750).

das em termos geográficos, gerando diversos problemas posteriores (Lorente-Sariñena, 2016, p. 161).

Assim, a historiografia mais recente sublinha o papel das apropriações criativas das fronteiras no nível local que, às vezes, podiam reforçar e coincidir com os discursos Estatais, mas também podiam ter lugar independentemente de qualquer intenção de legitimar uma posse. Nesse sentido, o sociólogo Georg Simmel, já em 1908, analisou a fronteira como um fato sociológico que se forma em termos de espaço em oposição a um fato espacial que tivesse consequências sociais (Simmel, 1992, p. 697). A antropologia e a historiografia são ricas em exemplos que mostram como as fronteiras se formam em interações sociais entre indivíduos e grupos (Barth, 1981; Nugent, 2002; Sahlins, 1989; Windler, 2002). As fronteiras são vistas como zonas de contato, que num contexto de um Estado nada weberiano[6] possibilitam vários tipos de comportamento, apropriação e de transgressão.

Nesse sentido, argumenta-se no presente artigo que é possível fazer uma releitura da questão do Acre em relação à questão das fronteiras e da dominação. Não existia um Estado capaz de estabelecer fronteiras Estatais exatamente definidos e ainda menos controlar os territórios delimitados. O que existia, era um território que se formou, com as ações cotidianas e contestações que aconteceram no nível local e regional. Nesse artigo considera-se também que os rios não foram elementos passivos na construção dessa fronteira. Como será analisado, no caso do Acre, os corpos de água se constituem como o que Cecília Chen chama de "forças sócio-naturais" (Chen, 2013, p. 277). Os rios foram agentes partícipes na criação do conflito entre o Brasil, a Bolívia e o Peru, por materialmente congregar complexas redes de caminhos fluviais, populações humanas, não-

6 A definição clássica de Max Weber define o Estado como um detentor do monopólio da violência legitima.

-humanas, paisagens e interesses promotores das contingências que levariam à anexação do Acre como território brasileiro pelo Tratado de Petrópolis em 1903. Esse processo foi caracterizado pela multiplicidade dos atores e relações de forças que mudaram continuamente, culminando com a definição do Acre como uma unidade territorial e administrativa brasileira.

A bacias dos rios Purus, Juruá, Madre de Dios e Ucaiali na invasão brasileira, boliviana e peruana das "Tierras non Descubiertas"

Ao longo do século XIX a área hoje conhecida como Acre eram as *Tierras non Descubiertas* para a Bolívia; país, em tese, detentor do espaço em branco nos mapas e cuja fronteira havia sido debilmente estabelecida com o Brasil. O Tratado de Ayacucho ou Muñoz-Netto (1867) confirmou o que já estava estabelecido nos Tratados de Madri (1750) e Santo Ildefonso (1777), ambos não-reconhecidos pelo Império do Brasil mas que serviram de base para o novo tratado com a Bolívia para negociar a sua neutralidade na Guerra do Paraguai (1864-1870) (Bandeira, 2000). A esta altura, o tratado contrariava interesses de Lima, que protestou contra a negociação de terras supostamente peruanas entre Brasil e Bolívia. Os protestos peruanos eram ignorados por esses dois países (Cueto & Lerner, 2012, p. 51).

Mapa 01: Tríplice fronteira entre Brasil, Bolívia e Peru em 1842

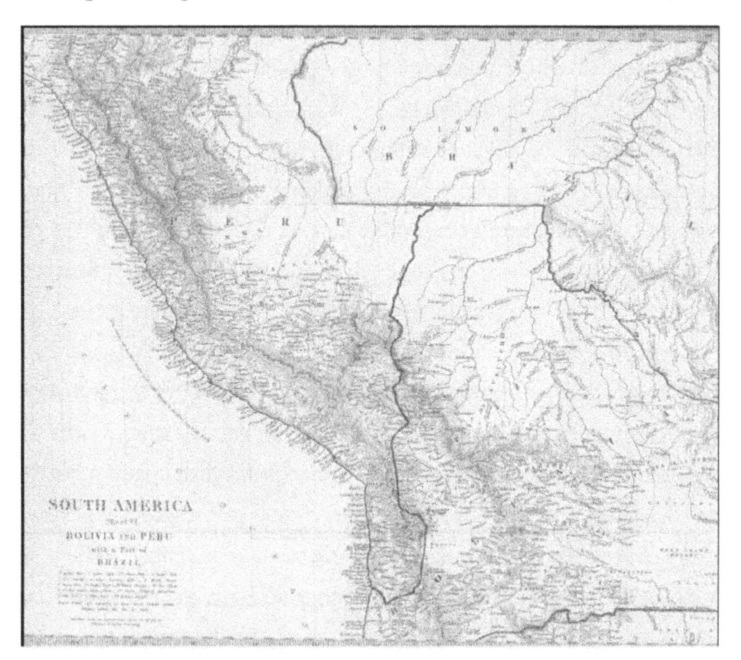

No detalhe, a tríplice fronteira entre o Brasil, Bolívia e Peru, antes da assinatura do Tratado de Ayacucho. Na região onde hoje é conhecida como Acre há um espaço em branco pelo desconhecimento total da área na ocasião.

Fonte: Society for the Diffusion of Useful Knowledge. *Bolívia and Peru with Part of Brazil by J. & C. Walker* (1842?). London: Chapman & Hall, 1844. p. 151. Disponível em <www.davidrumsey.com/> Acesso em: 15 dez. 2015.

Os bolivianos, no entanto, não migraram para as *Tierras non Descubiertas* e não foram incentivados pelo Estado. Sua população vivia nos altiplanos e o governo em La Paz tinha outras prioridades. A Bolívia foi sacudida por guerras e instabilidades políticas desde a sua independência em 1825. Vários presidentes governaram o país em poucos anos, até o presidente Andrés Santa Cruz unificar Bolívia e Peru, em uma confederação apoiada por elites peruanas do sul, transferindo a capital para Lima em 1836. A decisão desagradou os bolivianos e também as autoridades do Chile e da Argentina, levando a um conflito armado de amplitude regional que duraria até 1839, ano da dissolução da confederação (Wasserman, 2003, p. 177-214). Posteriormente a Bolívia continuaria sendo acossada nas fronteiras: perderia Puna de Atacama para a Argentina e a saída para o mar, anexada pelo Chile em 1884, após a Guerra do Pacífico (1879-1883). Segundo Cristián Vera, em 1898 o governo peruano propôs formalmente ao Chile e Argentina a invasão e divisão da Bolívia entre os três países, enquanto observadores, a serviço dos EUA na região, davam como certo o futuro desaparecimento do país (Vera, 2008).

Ainda assim, mesmo sem incentivos estatais e com as graves instabilidades políticas, o rio Beni começou a ser ocupado a partir das décadas de 1840 e 1850, por comerciantes interessados na extração da borracha. Em resposta à exploração da parte baixa do Beni, o governo boliviano criou o Departamento do Beni em 1842, visando incentivar a navegação nesse rio. Era questão de tempo para que os bolivianos chegassem à confluência do rio Beni com o Amaru-mayú (Branco, 1947, p. 217-218).

Amaru-mayú (rio serpente, para os Incas) foi alvo de inúmeras controvérsias ao longo dos séculos XVI, XVII e XVIII sobre seu nome e curso. Foi o padre Julian Bovo de Revello, em missão patrocinada pelo governo de Cuzco, no Peru, quem propôs o nome "Madre de Dios" para o Amaru-mayú, após suas expedições de reconhecimento terem fracassado. Somente entre 1860 e 1861, a dramática expedição de D. Faustino Maldonado, um empresário que vivia em Cuzco, conseguiu explorar todo o rio Madre de Dios, constatando que ele desaguava no Beni e fazia parte da bacia do rio Madeira. Longe de significar o início da navegação e exploração do rio Madre de Dios, a expedição de Maldonado lançou luz sobre a impossibilidade imputada ao rio pela dificuldade da ocupação boliviana e peruana de suas margens naquele momento. D. Faustino Maldonado morreu vítima dos trechos encachoeirados dos rios Madre de Dios e Madeira, junto com metade de sua expedição (Branco, 1947, p. 217-218).

Somente com a fundação do entreposto comercial de *Cachuela Esperanza* em 1882, pela firma *Suarez Hermanos*, na confluência dos rios Beni e Madre de Dios, houve renovação do ímpeto da iniciativa privada na exploração e estabelecimento de seringais nesses rios, culminando com a penetração do baixo e alto rio Tahuamano (rebatizado de rio Órton) e Manupiri (Tocantins, 1979b, p. 112). Esses rios fazem parte da bacia do rio Madeira e, por essa razão, havia dificuldade de penetração boliviana nas *Tierras non Descubiertas*. Isso porque os principais rios a cortar a região incógnita, como seriam constatados por expedições vindas do lado brasileiro da fronteira, faziam parte das bacias hidrográficas do Purus e Juruá, a exemplo do próprio rio Acre, fato desconhecido dos bolivianos até então.[7] Na última década do século XIX, ainda havia dúvidas sobre uma possível ligação do rio Madre de Dios com o Purus.[8] Somente em 1895 o seringalista Miguel Rocca, em associação com a *Suarez Hermanos*, chegou ao igarapé Bahia, no alto rio Acre, via rios Órton e Abunã, fundando um seringal. Nesse momento, o alto e baixo Acre já eram largamente dominados por se-

---

7 Em 28 de junho de 1886, o ministro boliviano D. Juan Francisco Velarde, em conferência na Sociedade de Geografia do Rio de Janeiro, imaginava as *Tierras non Descubiertas* cortadas pelos rios Órton e Abunã. Ele desconhecia, e provavelmente grande parte da sua platéia também, incluindo o próprio imperador D. Pedro II, a existência de seringalistas brasileiros explorando seringais na região e por essa razão, considerava que a área estava deserta e em breve seria pioneiramente explorada por seringueiros bolivianos. Ver Tocantins (1979a), p. 126-127.

8 Mais tarde, seria reconhecida que a controvérsia sobre a ligação entre o Purus e o rio Madre de Dios se dava pela proximidade física das nascentes de ambos os rios na área do *divortium aquarum*. Ver Branco (1947), p. 219.

ringalistas brasileiros, e o rio Abunã, via de chegada dos bolivianos, já era famoso pela resistência indígena e pela onipresença de doenças como a malária (Tocantins, 1979b, p. 113).

Na última década do século XIX, os rios Beni, Madre de Dios e seus afluentes pertenciam, de fato, a três empresas: *The Orton Rubber Company* (do seringalista Vacca Diez em sociedade com investidores britânicos), *Suarez Hermanos* (dos irmãos Francisco, Nicolás, Pedro, Rômulo e Gregório Suarez, com filiais no exterior, e em Belém do Pará, dedicadas à exportação de borracha) e a de Nicanor Gonzalo Salvatierra, 'senhor' de todo o baixo Madre de Dios. O Estado boliviano só chegou ao Madre de Dios em 1893, quando uma repartição pública para coleta de impostos foi instalada nesse rio (Tocantins, 1979b, p. 113). Porém, ainda estava longe do horizonte dos políticos de La Paz instalar qualquer órgão público nos rios Abunã e Aquiry (Acre).

As margens dos rios Beni, Madre de Dios, Orton e afluentes eram abundantes em *Hevea brasiliensis*, principal árvore da qual era extraída a borracha para suprir o mercado internacional. Mas eram péssimos aliados dos seringalistas bolivianos no que tange à comunicação com os rios pertencentes às *Tierras non Descubiertas*. De maneira complexa, levavam a um rio problemático para qualquer forasteiro humano que se considerava 'civilizado': o Abunã. O Abunã, em sua parte baixa, media em torno de 100 metros de largura e era somente navegável em 500, dos seus 800 km de extensão entre os meses de novembro e abril, período das cheias, desaguando no rio Madeira (Branco, 1947, p. 95). Era abundante em *Hevea* de boa qualidade, mas era fartamente habitado pelos povos indígenas Tahuamano, Pacauara e Cacharari. Os Pacauara, índios considerados antropófagos pelos colonizadores, exerciam vigorosa resistência à penetração de brasileiros e bolivianos.[9] Para piorar, as margens do

9 Os Tahuamano viviam no alto Abunã, os Pacauara dominavam o baixo Abunã e os Cacharari viviam entre o Abunã e o Iquiri. Além dessas nações,

Abunã ofereceram condições favoráveis para a propagação da malária, que chegou à região no trânsito de brasileiros infectados pelo *Plasmodium falciparum*, tornando esse rio célebre pela devastação causada pelas febres (Branco, 1947, p. 100-101). A resistência indígena e a malária dificultaram o trânsito e estabelecimento dos bolivianos (e também dos brasileiros). Essas condições consolidaram o isolamento do sistema hidrográfico Beni-Madre de Dios em relação ao sistema Acre-Purus.

Por outro lado, os brasileiros vindos do Pará e Amazonas tinham nos rios do extremo oeste das bacias do Purus e Juruá importantes aliados na locomoção para aquela área. Ambas as bacias eram as maiores formadoras dos rios Solimões e Amazonas. Em 1905, o general Belarmino Mendonça, membro da Comissão Mista Brasileiro-Peruana de Reconhecimento do Alto Juruá, estimou que esse rio, por exemplo, possuía, ao todo, cerca de 3.283 km de extensão. O baixo Juruá (da foz até a confluência com o rio Tarauacá) tinha cerca de 1.697 km de extensão, e sua largura entre as margens variava entre 352 metros (na foz) e 150 metros (no Tarauacá) e sua profundidade oscilava entre 20 e 12 metros no mês de maio, ou seja, no período de vazante. O médio Juruá ia até a confluência com o rio Breu (já nas *Tierras non Descubiertas*), tendo 1.277,5 quilômetros de extensão e largura que variava entre 310 e 90 metros (Mendonça, 1989, p. 3-10). Esses dados apontam que o Juruá era navegável até a foz do rio Breu por vapores de grande e médio porte nos períodos de cheia.

---

havia também um grupo Canamari, no alto Abunã, e Arara, também no alto Abunã. A maioria desses povos desapareceu por força das doenças ou do confronto com os bolivianos e brasileiros, Piccoli (1993), p. 73-123. Além da resistência indígena, das dificuldades de navegação e dos surtos de malária, o Abunã tornou-se refúgio de assassinos e criminosos entre 1900 e 1910, cujos codinomes "Casca Grossa", "Onça Preta", "Cascavel", "Terto" e outros, tornaram-se célebres, retardando o estabelecimento de seringais nessa região até meados da década de 1910, Branco (1947), p. 100-101.

A demanda na Europa e EUA por borracha era uma realidade no início do século XIX, embora em quantidades pequenas. Objetos manufaturados como apagadores, botas e outros eram responsáveis pela importação de borracha dos rios da bacia amazônica que, em 1827, chegava a 31 toneladas (Weinstein, 1993, p. 23). Mas o seu emprego na indústria foi crescentemente ampliado após 1839, com o aperfeiçoamento do processo de vulcanização por Charles Goodyear, tornando a borracha resistente às variações de temperatura, podendo, assim, ser empregada na produção de telhas, correias, rodas, mangueiras, e, em conjunto com o ferro e aço, para a fabricação de máquinas industriais, composições ferroviárias etc (Weinstein, 1993, p. 23; Dean, 1989, p. 32). É nesse momento que a atenção da Inglaterra e de outros países europeus, além dos EUA, aumentou consideravelmente em relação ao rio Amazonas que era o único caminho que levava à *Hevea* naquele período. Abrir o rio Amazonas à livre navegação significava integrar ao mercado internacional os seus gigantescos afluentes: Xingu, Tapajós, Solimões (com a bacia do Ucayali, no Peru), Negro, Purus, Juruá e Madeira (juntamente com o complexo Beni – Madre de Dios, na Bolívia), detentores únicos, até aquele momento, das árvores que jorravam a seringa de melhor qualidade.

A pressão dos EUA pela abertura da navegação do rio Amazonas e ameaça de uso da força surpreendeu o governo imperial brasileiro, já que a região não era, até aquele momento, prioridade da Corte. A fundação da Província Autônoma do Alto Amazonas em 1852, reafirmando a soberania brasileira levaria à intensificação das tensões. Contudo, sem chances de conseguir manter por muito tempo, o efetivo monopólio da navegação fluvial, o Império finalmente abriu o Amazonas à livre navegação em 1866 (Machado, 1997).

A abertura do rio Amazonas e o *boom* da economia da borracha levaram diversos aventureiros financiados pelo capital privado, de empresas de importação e exportação em Belém, a explorar e estabelecer propriedades seringalistas nos principais afluentes na bacia. Essas firmas, em sua maioria, eram de propriedade de brasileiros e portugueses, cuja fonte de renda estava no sistema de exportação da borracha e importação de suprimento para os seringais (incluindo armas, alimentos em conserva, e toda a sorte de equipamentos destinados aos seringueiros) (Weinstein, 1993, p. 94-95). A expansão dos seringais era fundamental para o aumento dos lucros e, por essa razão, quem tivesse disposição e homens, para adentrar os rios e estabelecer propriedades, recebia patrocínio.

A grande seca na região Nordeste do Brasil entre 1877 e 1879 foi fundamental no processo de invasão dos rios Purus e Juruá. A enorme quantidade de flagelados, que a seca produziu, facilitou a mobilização de mão-de-obra tanto para as iniciativas de abertura de novos seringais, quanto para suprir de trabalhadores esses mesmos seringais, expandindo o sistema que ficou conhecido como aviamento.[10] As casas de importação no exterior davam crédito adiantado para as casas exportadoras de Belém e Manaus, que, por sua vez, supriam os seringais no interior. Os seringalistas ou patrões concediam a crédito tudo o que o seringueiro precisava para trabalhar. A dívida do seringueiro com o seu patrão seria paga em borracha produzida. Por sua vez, o patrão pagava as casas exportadoras também com borracha e assim por dian-

10 O sistema de aviamento permeava toda a cadeia produtiva da borracha. Estima-se que as transações envolviam dinheiro apenas entre as casas exportadoras e importadoras, sendo que todas as relações comerciais que ocorriam nos seringais não envolviam papel moeda, apenas borracha. No Alto Juruá, por exemplo, Glimedes do Rego Barros, filho do Capitão Francisco Siqueira do Rego Barros, prefeito desse Departamento entre 1912 e 1915, observou que moedas como libras esterlinas e outras, eram desprezadas na região, sendo usadas para confecção de jóias, pulseiras, broches, fivelas, argolas e outros, Barros (1982).

te. Estima-se que mais de 25 mil pessoas migraram para o interior do Amazonas durante o período da grande estiagem. Até 1903, ano da anexação das *Tierras non Descubiertas* ao Brasil, estimava-se que cerca de 70 mil brasileiros viviam nessa área (Ranzi, 2008, p. 39).

Os incentivos das casas de exportação em Belém do Pará promoveram a ocupação e fundação de seringais nos rios Purus e Juruá, na segunda metade do século XIX. A ocupação foi mais intensa do que ocorreu no Beni e Madre de Dios. Em 1883, só o Purus, sem contar os seus afluentes, contava com 400 seringais, além do núcleo urbano de Lábrea (Branco, 1947, p. 121). Entretanto, havia firmas e seringalistas que dominavam enormes cursos fluviais e áreas, ou eram donos de seringais em todo ou quase todo o curso de um determinado rio, como no Juruena, afluente do rio Madeira, de propriedade da firma *Asensi & Co* (Vital, 2011, p. 62-63).

O Purus já era alvo de exploração de regatões ou coletores de drogas do sertão desde o século XVIII, e também de expedições de reconhecimento enviadas pela Província do Amazonas. Mas foi a chegada do maranhense Antônio Rodrigues Pereira Labre em 1871 que fomentou o início da migração efetiva no rio Purus em decorrência da economia da borracha. Tenente-coronel da Guarda Nacional, Labre chegou no Pará em 1869, onde conheceu o português Elias José Nunes da Silva, o Visconde de Santo Elias, dono de uma casa exportadora. Com visão empreendedora, Labre demonstrou interesse em explorar seringais no Purus e ganhou patrocínio de Santo Elias para a sua primeira viagem de reconhecimento do rio naquele mesmo ano. Retornou em 1871, já com pessoas dispostas a trabalhar na extração, e com mercadorias para fixar residência, fundando na foz do rio Ituxi o povoado de São Luiz de Lábrea (Branco, 1960, p. 44-45). Lábrea floresceu como entreposto comercial e foi transformada em município em 07 de março de 1886.

O coronel Labre realizou viagens de exploração dos afluentes do alto Purus e incentivou a ida de outros exploradores que desejavam fundar seringais. Chegou a proferir palestras na Sociedade de Geografia do Rio de Janeiro, mostrando os resultados de sua expedição de reconhecimento dos afluentes do Purus, buscando uma saída fluvial para o Beni e Madre de Dios, na Bolívia (Branco, 1947, p. 115). Essa expedição foi vencida pelo rio Abunã e os povos indígenas de suas margens que impediram a conclusão dos trabalhos (Branco, 1960, p. 46). Antônio Labre publicou também um livro, o *Rio Purus: Notícia* (1872), no qual analisa o regime de cheias e vazantes do Purus, o clima, os povos indígenas, as riquezas minerais vistas no rio Acre e a atividade extrativista (Labre, 1872).

Na década de 1890, já havia seringais brasileiros estabelecidos nos rios Iaco e Acre, que, em tese, estavam em área boliviana segundo o Tratado de Ayacucho. O governo do Amazonas cobrava impostos da borracha vinda desses cursos fluviais. O coronel Antônio Labre, inclusive, propôs na Sociedade de Geografia do Rio de Janeiro a construção de uma ampla rede de estradas a ligar os rios Purus, Madeira, Beni, Madre de Dios, Abunã e Órton, passando por dentro do território boliviano (Pereira, 2005). O objetivo declarado era fomentar relação comercial entre o Departamento do Beni e o Amazonas para a importação de gado, demonstrando também conhecimento das dificuldades de comunicação do rio Madre de Dios com o Purus e Juruá (Pereira, 2005). Era também um plano alternativo à construção da ferrovia Madeira-Mamoré, que tinha potencial de desviar a produção de borracha do sistema Beni para Belém do Pará, sem passar por Manaus.

O geógrafo Sergio Nunes Pereira observa a transgressão operada por Labre e pelo engenheiro Alexandre Haag, comissionado pelo estado do Amazonas. Ambos estudaram e propuseram um projeto que, na prática, violava a soberania boliviana. De acordo com Pereira, o plano de construção das estradas era parte de uma estratégia do governo amazonense para canalizar o escoamento da produção de borracha dos rios Beni e Madre de Dios, via rio Purus, para a cidade de Manaus (Pereira, 2005). Assim, os governos do Amazonas e Pará lutavam por expandir sua influência comercial em área boliviana, de acordo com os conhecimentos que tinham sobre a hidrografia da região.

Leandro Tocantins aponta que as elites políticas do estado do Amazonas tinham amplo conhecimento dos caminhos fluviais e da migração de brasileiros para as *Tierras non Descubiertas* no final do século XIX. Desde a década de 1850 o governo amazonense enviava expedições de reconhecimento aos altos rios Purus e Juruá, inicialmente para descobrir rotas para o rio Madeira e para o Beni e Madre de Dios. Foi o caso das expedições de João Rodrigues Cametá, no Purus (1852), e Romão José de Oliveira, no Juruá (1852), Manoel Urbano da Encarnação, no Purus (1861), João Martins da Silva Coutinho, também no Purus (1862), João da Cunha Corrêa, no Juruá (1854), todas visando à futura exploração das chamadas "drogas do sertão" (Tocantins, 1979, p. 94-97).

As grandes potências da época também estavam atentas às oportunidades estratégicas e econômicas da região, desde a segunda metade do século XIX. Em 1864, o geógrafo Willian Chandless chegava ao Purus e Juruá, enviado pela *Royal Geographical Society of London*, realizando um imenso trabalho de reconhecimento dos afluentes do Juruá e Purus (Ishii, 2011). Em 1868, um aventureiro norte-americano, Asrael D. Piper, requisitou ao governo em La Paz a concessão de terras no alto Purus para povoá-las. Viveu, posteriormente, alguns anos junto aos índios Apurinã e algumas pessoas que trouxe dos EUA (Branco, 1960, p. 41-44). Próximo a essa região, segundo Domingos Garcia, na margem direita do alto rio Madeira, no norte de Mato Grosso, desenvolveu-se a estratégia belga de ocupação e desenvolvimento de atividades econômicas nutrindo o sonho da criação de um 'Congo Belga' na América do Sul na última década do século XIX (Garcia, 2009).

As iniciativas por parte do governo do Amazonas, as controvérsias sobre a integração da área e as investidas estrangeiras não suscitaram ações governamentais efetivas na Corte Imperial e, depois, Capital Federal, de modo a demarcar em definitivo as fronteiras entre o Brasil e a Bolívia. Durante o período imperial, ocorreram duas iniciativas fracassadas de demarcação definitiva, de modo a confirmar os termos do Tratado de Ayacucho, liderada, primeiramente por Visconde de Maracaju (1870) e, posteriormente, pelo Barão de Parima (1878) (Tocantins, 1979a, p. 141). De acordo com Leandro Tocantins, o governo brasileiro só tomaria providências mais efetivas após sofrer pressão de La Paz em 1894, instituindo expedições bilaterais para a demarcação da fronteira entre os dois países. As principais são as de Gregório Thaumaturgo de Azevedo (1895), a de Augusto Cunha Gomes (1897) e Luiz Cruls (1901) (Vergara, 2010).

Sobre a morosidade do governo brasileiro em tomar providências em relação à área, é possível citar o discurso do então Visconde de Rio Branco no Senado do Império em 10 de outubro de 1877. Para Rio Branco, as propostas na Corte Imperial, e que envolviam o desenvolvimento de atividades econômicas na bacia do rio Amazonas, sua política e fronteiras, tinham uma "caveira de burro". Isso significa que todo empreendimento destinado a região estaria fadado ao esquecimento e ao fracasso. Trata-se de uma figura de linguagem apontando que "por mais que se chame atenção do Governo, por mais que se faça um ou outro ministério, afinal esses negócios caem no esquecimento e no abandono".[11]

11 O discurso de Rio Branco em 1877 foi reproduzido na conferência do Capitão de Mar e Guerra José Carlos de Carvalho na Associação Comercial do Rio de Janeiro em 1903, Carvalho (1903), p. 4.

Para Leandro Tocantins, a anexação do Acre ao Brasil era questão de tempo, pois o sistema hidrográfico das *Tierras non Descubiertas* era completamente isolado dos ramos orientais dos rios que atravessavam o território boliviano. Para ele, a área era uma "dependência geográfica do Brasil", parafraseando o Barão do Rio Branco (Tocantins, 1979a, p. 142). De fato, os bolivianos tiveram maior dificuldade em penetrar a área, pois os rios Beni e Madre de Dios eram parte da bacia do rio Madeira, não se comunicando com as bacias do Purus e Juruá. Contudo, não se trata de uma fatalidade geográfica. O caso peruano mostra que a força desses cursos fluviais, na ocupação da área, emergiu principalmente a partir das relações mantidas entre agentes da iniciativa privada, do Estado e das bacias hidrográficas.

Lima reconheceu precocemente a importância dos rios na integração política e econômica da bacia amazônica. A bacia do rio Ucayali já era conhecida e trafegada pelos Incas, que comercializavam e guerreavam com os povos da parte alta das bacias do Purus, Juruá e baixo Ucayali. Após a chegada dos colonizadores europeus a maioria das nações indígenas do Ucayali permaneceu, por algum tempo, livre de assédios externos. Chamada de "Província de Mainas", parte da região foi percorrida pelos jesuítas, mas a área deixou de ter a influência de Quito ou Lima após a expulsão da Companhia de Jesus em 1767, e, principalmente, depois das guerras de independência (Branco, 1947, p. 210-212).

Em fins da década de 1840, o governo peruano passou a se preocupar com a área devido a suposta possibilidade de expansão territorial do Império do Brasil via rio Solimões, e do interesse declarado dos governos do Equador e da Colômbia sobre a região do alto Solimões/Amazonas. Nesse sentido, o governo do presidente José Rufino Echenique (1851-1855) conseguiu assinar com o Brasil o Tratado de Comércio e Navegação (1851), que compartilhava o monopólio da navegação do rio Amazonas com o Império e confirmava o dispositivo *uti possidetis* para aquela região, afastando as pretensões equatorianas e colombianas (Granero & Barclay, 2002, p. 29-32).

Em 1853, Lima criou uma série de medidas para incentivar a colonização rumo aos rios Marañón e Amazonas, importando embarcações dos EUA para serem usadas na região, incentivando a migração nacional e estrangeira, além de auxiliar as atividades econômicas locais, especialmente nos povoados e portos de Loreto e Nauta. Também seria fundada a Governación de Loreto, dividindo a região em áreas administrativas guarnecidas por tropas do exército (Granero & Barclay, 2002, p. 32-33). Essa condição não impediu que o Equador assinasse, em 1857, um acordo com credores ingleses assegurando que terras a oeste dos rios Bobonaza e Pastaza seriam entregues como garantia de pagamento da sua divida externa, área que o governo peruano reclamava ser sua. O Peru declarou guerra ao Equador em 1859, sitiou o porto de Guayaquil em 1860, impondo a vitória e iniciando um longo ressentimento entre ambos os países (Granero & Barclay, 2002, p. 37).

Sob a ameaça de mais um conflito armado pela posse da região, Lima transformou a Governación de Loreto em Departamento Fluvial-Militar de Loreto com base em Iquitos em 1861, militarizou os rios com a aquisição de canhoneiras importadas da Inglaterra, instituiu a Comissão Hidrográfica do Amazonas e instalou uma Escola Naval em Iquitos. No início da década de 1870, período de intensificação da economia da borracha, o Estado peruano já tinha mapeado o Amazonas e o Ucayali, facilitando a atuação dos caucheiros. A crise econômica da década de 1870 e a Guerra do Pacífico (1879-1882) promoveram a diminuição da presença estatal em Loreto, mas, nessa altura, a região passava a ser fortemente dominada pelas casas comerciais de Iquitos e Belém do Pará a partir da exploração do caucho (Granero & Barclay, 2002, p. 38-42).

O rio Apuparu (que para a maioria das nações indígenas da área significava "Senhor das Chuvas") ou Ucayali (na língua Omagua: Aucayale "Rio dos Inimigos") era navegável quase até a sua nascente, por meio de canoas. Sua nascente é muito próxima dos afluentes dos rios Purus, Juruá e Madre de Dios, sendo possível transitar de uma bacia para a outra em algumas horas de caminhada por meio de varadouros no *divortium aquarum* (Branco, 1947, p. 208). A maioria desses varadouros foi construída por povos indígenas da região, já existiam no século XIX, e eram usados, principalmente, pelas populações de língua Pano (Branco, 1947, p. 212-213).

A bacia do Ucayali e do alto Madre de Dios eram abundantes em *Castilla elástica*[12], árvore da qual também poderia ser extraída a borracha para suprir o mercado internacional, segundo as observações de La Condamine em 1736 (Dean, 1989, p. 32). A *Castilla* possui diferenças significativas em relação à *Hevea* que foram decisivas na conformação de dinâmicas distintas de penetração e relação entre os exploradores e os rios. Na *Hevea brasiliensis*, o látex era encontrado na superfície do tronco, e, por essa razão, toda a manhã o seringueiro fazia cortes transversais rasos e instalava um pequeno recipiente para o látex escorrer pelas incisões e ser aparado pelo objeto, onde ficava depositado. Fazia isso em todas as árvores de sua estrada, e, mais tarde, voltava com um recipiente maior para esvaziar os potes (Dean, 1989, p. 32). Esse processo era menos agressivo à árvore e poderia ser repetido por vários anos, o que fomentou a delimitação de propriedades e características mais sedentárias na atividade seringalista.

Já o látex na *Castilla elastica* é encontrado em células isoladas nas partes mais profundas do tronco, sendo necessário fazer cortes

12 A *Castilla elástica* era abundante no vale do Ucayali e no alto Madre de Dios, estando presente em alta concentração no alto Purus e Juruá. Era mais rara nas áreas distantes das nascentes dos rios, Tocantins (1979b), p. 339.

muito profundos, provocando a morte das árvores. Assim, os caucheiros tinham duas opções: não derrubar a árvore e fazer os cortes profundos ou derrubá-la e fazer incisões totais na árvore para extrair o látex. Ambas as modalidades de extração do caucho aniquilavam rapidamente os cauchais, sendo necessária a busca por novas áreas, proporcionando um modo de vida intensamente itinerante (Granero & Barclay, 2002, p. 50-52). No final do século XIX, os peruanos adentraram o Purus e Juruá e também penetraram os rios da Colômbia e Equador, firmando alianças com alguns povos indígenas e escravizando ou massacrando brutalmente várias outras nações.

Quem emerge como proprietário principal de cauchais no Ucayali, na década de 1880, é Carlos Fermín Fitzcarrald. Nascido em 1862, filho de um marinheiro norte-americano com uma peruana, Fitzcarrald, em associação com uma firma brasileira, iniciou a exploração de cauchais no Ucayali em fins da década de 1870 (Pizarro, 2009, p. 107). Em 1888, ele já era reconhecido em Iquitos como o mais importante proprietário do Ucayali, aviando proprietários menores, os *tenientes*, para exploração dos cauchais. Com extrema violência e também persuasão, conseguiu mobilizar diversos povos indígenas. Vários líderes Ashaninka aliaram-se a Fitzcarrald, reconhecido por muitos deles como encarnação do Inca Juan Santos Atahualpa, promovendo a destruição de populações contrárias à atividade dos caucheiros (Iglesias, 2010, p. 69).

Em 1894 os subordinados de Fitzcarrald conseguiriam estabelecer comunicação, por meio de varadouro, entre o rio Mishagua, afluente do Ucayali, e o Madre de Dios, firmando sociedade com a *Suarez Hermanos* e com Antônio Vacca Diez. Em 1896, já dispondo de uma frota de embarcações estabelecida na região e uma luxuosa mansão no alto Ucayali, Fitzcarrald conseguiria junto ao Ministério da Guerra, em Lima, o direito exclusivo de navegação dos rios Ucayali, Urubamba, Manu e Madre de Dios (Pizarro, 2009, p. 108).

Segundo Ana Pizarro, a atividade econômica do "Rey Del Caucho" não se limitava ao látex. Geralmente nas correrias (guerra contra os índios que não se submetiam), capturava mulheres e crianças que eram vendidas por preços que variavam entre 200 e 400 soles cada uma (PIZARRO, 2009, p. 107). Fitzcarrald morreria em 1897, vítima de um naufrágio, mas seus *tenientes* continuariam o trabalho de busca por novos cauchais.

A entrada dos caucheiros nas bacias dos rios Purus e Juruá ocorreria graças ao *divortium aquarium*. Trata-se, como já mencionado, da área onde estão as nascentes dos principais rios de quatro bacias diferentes: Juruá, Purus Ucayali e Madre de Dios, uma verdadeira fronteira das águas. Área que, além de congregar trajetórias, corpos fluviais e interesses privados de grupos distintos, viria a se tornar foco da disputa política entre Brasil, Bolívia e Peru.

Mapa 02: Mapa da América do Sul, em destaque para a bacia do rio Amazonas e o Território do Acre

Fonte: *Carta Geográfica do Território do Acre* de João Alberto Masô (1907-1917)

O governo em Lima, tendo reconhecido a importância estratégica e político-econômica da área, ofereceu apoio militar para os caucheiros, visando ocupar militarmente também os rios Purus e Juruá. Seguindo a mesma tendência, o governo do Departamento de Loreto, em conjunto com as casas comerciais em Iquitos, ofereceu ajuda militar e financeira para a consolidação da presença peruana na região. O objetivo era explorar os cauchais no Purus e Juruá, garantir a ocupação peruana desses rios e a fundação de um governo local, conformando uma saída diplomática favorável de anexação do extremo oeste das bacias do Purus e Juruá (Iglesias, 2010, p. 69). Assim, diferente do que aconteceu no Brasil e na Bolívia, o governo central peruano teve papel mais relevante na ocupação dos caucheiros na área Purus-Juruá, consolidando a posição de Lima na disputa da área.

As tensões na conformação da fronteira Brasil-Bolívia-Peru

Na primeira metade da década de 1890, La Paz foi sacudida pela tentativa de golpe de estado contra o então presidente Aniceto Arce (1888-1892). Com o fracasso do golpe, várias lideranças do movimento foram condenadas ao exílio no rio Madre de Dios. Um dos exilados, o oficial do exército Juan Manuel Pando, passou a trabalhar para a *Suarez Hermanos.* Certo dia, Pando estava no povoado de Santo Antônio do Madeira, na margem direita do alto rio Madeira, no lado brasileiro da fronteira, quando encontrou um dos escritos do Coronel Labre, advogando sobre a necessidade da construção de uma estrada ligando a cidade de Lábrea ao baixo rio Beni. Surpreso com as coordenadas geográficas detalhadas contidas no folheto, até então desconhecidas para os bolivianos, Pando utilizou-se da obra e do patrocínio da *Suarez Hermanos* para percorrer o rio Acre em 1894, constatando o domínio dos brasileiros. Escreveu um detalhado relatório da situação e retornou a La Paz, sendo anistiado por "serviço de patriotismo", tornando-se, posteriormente, presidente da Bolívia entre 1899 e 1904 (Tocantins, 1979a, p. 143).

Por vários motivos, o último lugar no cosmos nacional onde os olhares do governo brasileiro estariam, naquele momento, era o extremo oeste da bacia amazônica. Em 15 de novembro de 1889, um golpe de estado mandava a família real para o exílio e nascia a República dos Estados Unidos do Brasil. De 1889 até 1895, o país mergulhou em uma intensa crise política e econômica, sendo que, na maior parte desse tempo, a União esteve sob comando do Mal. Floriano Peixoto (1891-1894), que tomou para o seu governo a incumbência de consolidar a República e silenciar as oposições formadas por monarquistas e, principalmente, federalistas.[13] Rebeliões, principalmente de caráter federalista, explodiram pelo país, e muitos dos aprisionados foram condenados ao desterro justamente no interior do Amazonas. No sul, houve a Revolução Federalista (1893-1895), na Capital Federal ocorreram a primeira e a segunda Revolta da Armada (1891 e 1893-1894) (Flores, 2006). Se não bastasse, ainda haveria a Guerra de Canudos (1896-1897), assolando o interior do estado da Bahia, que, na prática, contribuiu para abater o moral do exército que enfrentou diversos reveses nas batalhas. Nesse ínterim, o governo brasileiro foi surpreendido com as pressões exercidas pela chancelaria boliviana.

Não era prudente o governo brasileiro arriscar a possibilidade de um conflito diplomático, menos ainda um conflito armado. Na virada do século XIX para o XX, o Brasil sofria com uma grave crise econômica acompanhada da desvalorização da moeda e aumento do custo de vida (Flores, 2006). O regime federalista, com a política dos governadores, ainda dava seus primeiros passos que seriam consolidados na presidência de Campos Sales (1898-1902). De acordo com o historiador Frank McCann, em termos de aparato humano para um conflito militar, o efetivo do exército chegava a 10 ou 15 mil homens, formados por soldados, em sua maioria doentes e por oficiais mais preocupados em atuar no cenário político estadual e nacional (McCann, 2007, p. 115-126). Já Clodoaldo Bueno destaca que a marinha, após o turbulento período florianista, estava aniquilada e o Brasil figurava como a terceira força naval sul-americana atrás do Chile e da Argentina (Bueno, 2003, p. 193). Para Rui Barbosa, o Brasil já corria o

---

13 Os federalistas defendiam a Constituição de 1891 que garantia maior autonomia dos estados. Já o governo do presidente Floriano Peixoto foi marcado por intervenções nos estados e maior centralização política, modelo que era bastante defendido no exército, Flores (2006), p. 47-88.

risco de se transformar no "doente da América do Sul", "uma Turquia americana", dada à sua fraqueza bélica marítima frente aos vizinhos (Bueno, 2003, p. 193). Assim, inicialmente, o governo brasileiro deu todo o apoio possível a La Paz no que concerne a organizar alfândegas nos rios Acre, Purus, Iaco e Juruá independente de haver brasileiros na área. Assinou também um protocolo em 1895, se comprometendo a instituir, com aquele país, comissões de demarcação para confirmar o Tratado de Ayacucho (Tocantins, 1979a, p. 163).

O governo do Amazonas, procurando defender seus interesses, havia organizado uma intendência municipal cuja área de abrangência era formada pelos rios Acre, Iaco e Purus, chamada de "Floriano Peixoto" (Tocantins, 1979a, p. 169). Em dezembro de 1898, chegou à região a primeira delegação boliviana buscando estabelecer um governo, primeiramente no rio Acre, destituindo todas as autoridades brasileiras e instalando o posto aduaneiro de Puerto Alonso, passando a cobrar um imposto de 30% sobre a borracha transportada pelos rios Acre e Xapuri (McCann, 2007, p. 122). O imposto contrariou os proprietários seringalistas desses rios e causou prejuízos à arrecadação amazonense, de modo que os governadores José Cardoso Ramalho Júnior (1898-1900) e Silvério José Néri (1900-1904) passaram a incentivar e apoiar rebeliões no rio Acre, enquanto pressionavam os políticos na Capital Federal a agir contra a intervenção boliviana (Bandeira, 2000).

Embora existisse uma organização municipal, ela era débil e quem mandava de fato no rio eram os proprietários seringalistas, que, até aquele momento, apoiavam a administração amazonense. A nova autoridade boliviana, com apoio irrestrito do presidente brasileiro Campos Salles (1898-1902) e do seu chanceler Dionísio Cerqueira, baixou decretos, organizou o município à revelia das elites seringalistas e subestimou o poder dos senhores dos rios, conquistando rapidamente a antipatia. Os aproximadamente 50 bolivianos que desembarcaram para a organização municipal, o fizeram no mês de dezembro de 1898, período da cheia do rio Acre. Os seringalistas aguardaram até abril de 1899, início do período de vazante dos rios, momento em que a navegação fluvial era mais difícil e quando os surtos de malária se intensificavam para lançar a primeira ofensiva (Carvalho, 1904).

Vários proprietários seringalistas, dentre eles, Joaquim Victor da Silva, dono dos seringais Caquetá e Bom Destino, os mais ricos do rio Acre, entregaram a liderança da rebelião a José Carvalho, ex-funcionário da intendência de Floriano Peixoto. Efetuaram um cerco contra Puerto Alonso, expulsando as autoridades bolivianas sem um tiro. Violentos surtos de malária e beribéri, que assolavam os bolivianos em Puerto Alonso, contribuíram para a rápida rendição (Bulcão, 1940, p. 24). Concomitantemente a esses eventos, houve um grave acontecimento que alarmou o governo brasileiro: a canhoneira norte-americana *Wilmington* navegou, sem permissão, as águas do Amazonas e Solimões, indo até Iquitos, no Peru. A canhoneira supostamente buscava uma proposta boliviana de acordo com os EUA para apoio diplomático e militar contra qualquer pretensão territorial brasileira no rio Acre. Embora Bolívia e EUA tenham desmentido a existência do acordo, as tensões entre Brasil e Bolívia se consolidaram envolvendo também outros países da região (Bandeira, 2000).

O governo do Amazonas, antecipando possíveis consequências negativas da reorganização do município de Floriano Peixoto, apoiou Luiz Galvez Rodrigues de Árias, um aventureiro letrado, de origem espanhola, a declarar o Estado Independente do Acre, Purus e Iaco em julho de 1899. Embora o objetivo de Galvez fosse a anexação do novo país ao Brasil, o governo brasileiro apressou-se em unir forças com a Bolívia por meio das embarcações do tipo "aviso de guerra"[14] para depor Galvez como forma de assegurar o Tratado

---

14 Aviso de guerra é uma embarcação pequena ou média, de grande velocidade, que, por suas características, é dotada de pouco armamento.

de Ayacucho e negociar diretamente com a Bolívia a resolução do problema. A anexação do Acre era completamente descartada pelo governo brasileiro, mas crescia o apoio da imprensa e da opinião pública a sua incorporação, aumentando a impopularidade do presidente Campos Sales (Bandeira, 2000).

Em novembro de 1900, o governo do Amazonas e alguns proprietários do rio Iaco, notadamente Avelino de Medeiros Chaves (seringal Guanabara) e Arnaldo Machado (seringal Porangaba), apoiaram um grupo de intelectuais, dentre eles, João Barreto de Menezes, filho de Tobias Barreto, a montar uma expedição para lutar contra o governo boliviano no rio Acre. A "Expedição dos Poetas" como ficou conhecida, era composta por aproximadamente 100 homens, em sua maioria bacharéis animados com o que classificavam de "patriotismo" da população do rio Acre. Levavam consigo 20 homens da força policial do Amazonas, duas metralhadoras e um canhão. O advogado Laudelino Benigno, o médico Epaminondas Jacome e Deoclesiano Coelho de Souza, que posteriormente se converteriam em importantes nomes na política do Território Federal do Acre, participaram dessa expedição. Embora a ofensiva tenha angariado apoio do proprietário Joaquim Victor da Silva, ela foi derrotada pelas forças bolivianas em poucos dias (Ribeiro, 2008. p. 86-94).

Mesmo que o governo brasileiro negasse qualquer interesse em anexar o Acre, o estrago diplomático provocado pela resistência local, apoiada pelo estado do Amazonas, foi grande. Diante da resistência seringalista em aceitar um governo boliviano no Acre, Santiago do Chile ofereceu apoio de sua marinha de guerra para fazer valer os direitos da Bolívia sobre a região.[15] Na prática, o governo chileno sinalizava disposição em adentrar o rio Amazonas com sua vitoriosa esquadra

15 O Chile na época contava com uma esquadra de trinta embarcações de guerra, com, pelo menos, dois encouraçados de geração recente. O Brasil contava com dezessete embarcações, Garcia (2003).

da Guerra do Pacífico, com ou sem permissão brasileira. A resolução era fruto das insatisfações do Chile, parceiro histórico do Império do Brasil, à política externa adotada nos primeiros anos da República, valorizando a aproximação com a Argentina e apoiando medidas que causavam embaraços jurídicos ao Chile na completa definição de fronteiras pós-Guerra do Pacífico (Vera, 2008). A ajuda chilena tinha o seguinte preço: a Bolívia deveria reconhecer formalmente que Arica, a única saída da Bolívia para o mar, estava perdida para sempre.

Mas o pior ainda estava por vir. O governo em La Paz, reconhecendo sua fragilidade em manter o controle sobre a área em litígio, e declinando da ajuda chilena, arrendou a região para um consórcio chamado *Bolivian Syndicate*, formado pelas empresas *Cary & Withridge*, *United States Rubber Company* e *Export Lumber*, envolvendo capital inglês, norte-americano e alemão em 11 de junho de 1901 (Bandeira, 2000). Este consórcio era uma *chartered company*, similar àquelas que operavam na Ásia e na África no início do processo de colonização daqueles continentes no século XIX e teria amplos poderes para administrar o Acre, cujo território não possuía divisas bem definidas, segundo o direito internacional (Bueno, 2003, p. 310). O estabelecimento deste consórcio poderia levar, no médio e longo prazo, à perda da soberania brasileira nos rios da bacia amazônica, e demonstrava que o Brasil não era de todo imune às pretensões imperialistas das grandes potências da época.

Na Capital Federal, os protestos se avolumaram frente aos riscos representados pelo *Bolivian Syndicate*, e o governo brasileiro começou a cogitar a hipótese de compra da área em litígio e sua anexação para impedir o arrendamento. Nesse momento, a chancelaria brasileira iniciou várias negociações com a Bolívia, as companhias envolvidas no consórcio, os EUA, a Inglaterra e a Alemanha. Essas negociações foram lideradas, inicialmente, por Olinto Magalhães e concluídas pelo Barão do Rio Branco (Bandeira, 2000).

Em setembro de 1902, frente à grande vazante do rio Acre e, a um devastador surto de malária, que atingia os seringais e, especialmente, aos bolivianos em Puerto Alonso, os seringalistas dos rios Acre e Xapuri uniram forças, delegando a liderança de seus homens a Plácido de Castro. O agrimensor José Plácido de Castro, natural do Rio Grande do Sul, havia chegado naquele ano ao Acre e trabalhava no seringal Vitória, de propriedade do Coronel José Galdino de Assis Marinho. Teria ele demonstrado interesse em ajudar na luta contra o governo boliviano, e José Galdino convocou reunião com os proprietários locais no seringal Caquetá, de propriedade de Joaquim Victor da Silva para costurar as alianças para o novo levante. Ficou definido que o objetivo da rebelião seria expulsar o governo boliviano, decretar o Estado Independente do Acre e estender os seus limites até o rio Madre de Dios (Ribeiro, 2008).

Em pouco tempo as forças comandadas por Plácido de Castro (em torno de 1400 homens) expulsaram as tropas bolivianas e o conflito estendeu-se para além do igarapé Bahia, já em área dominada pela firma *Suarez Hermanos*. O Estado Independente do Acre foi novamente proclamado, com a confecção de hino e bandeira nacional. Contudo, Castro sinalizou a disposição do Estado independente em ser anexado ao Brasil. Por outro lado, as incursões bem sucedidas pelas forças de Plácido de Castro no rio Órton, rumo ao Madre de Dios, foram um sinal de que o estabelecimento de um Estado arrendado seria custoso, em termos financeiros, para o *Bolivian Syndicate*. A tensão entre Brasil e Bolívia, na virada de 1902 para 1903, atingiu o auge com a mobilização de tropas brasileiras e do exército boliviano, sob a liderança pessoal do presidente Juan Manoel Pando, para conter o avanço das forças de Castro. No entanto, o desastre boliviano nos combates favoreceu a diplomacia brasileira, pois La Paz reconheceu as dificuldades de vencer as elites do rio Acre e Xapuri (Bandeira, 2000).

Sob o comando do Barão do Rio Branco, o Brasil conseguiu afastar a possibilidade de guerra com a Bolívia e as pretensões do consórcio firmando um acordo em fevereiro de 1903 com o *Bolívian Syndicate* através do pagamento de indenizações no valor de 114 mil libras esterlinas pela suspensão do contrato. Posteriormente o Brasil comprou o território em litígio com a Bolívia por 2 milhões de libras esterlinas, encerrando a contenda por meio da assinatura do Tratado de Petrópolis em 17 de novembro de 1903 (Bandeira, 2000). Imediatamente, o extremo oeste das bacias dos rios Purus e Juruá foi ocupado por forças militares brasileiras, frustrando o avanço de Plácido de Castro por dentro do território boliviano. Como a contenda entre Brasil e Bolívia ocorreu devido às rebeliões no rio Acre, a área englobando até mesmo o rio Juruá, passou a ser conhecida oficialmente pelo governo brasileiro como "Território do Acre".

Entretanto, a Questão do Acre não estava encerrada e passaria a adquirir contornos mais graves depois da assinatura do Tratado de Petrópolis. O Peru não reconheceu o tratado por considerar que a área Juruá-Purus era sua. Lima subiu o tom com La Paz sobre a delimitação de fronteiras na região do lago Titicaca, enquanto apoiava militarmente a expansão dos caucheiros nos rios Juruá, Purus e Putumayo, no Equador. Em 1903, Lima conseguiu firmar aliança defensiva com Buenos Aires de modo a confrontarem o Brasil e o Chile. O apetite territorial do governo argentino, no entanto, dirigia-se tanto para a região da Patagônia, na fronteira com o Chile, quanto para a região de Santa Cruz de La Sierra na Bolívia (Vera, 2008).

No rio Iaco, pouco foi sentida a ocupação boliviana dos rios Acre e Xapuri, a não ser pela pressão exercida contra as nações indígenas que viviam na margem direita do alto Iaco, alvos de violentas correrias[16] promovidas por bolivianos vindos do interior. Tampouco parecia haver simpatia pela administração amazonense, embora alguns proprietários locais tenham apoiado a Expedição dos Poetas. A cobrança de impostos sobre a borracha em postos aduaneiros estaduais era vista como prática de extorsão que não se convertia em benefício para os proprietários, sendo impopular, ao menos no Iaco e alto Purus (Bulcão, 1940, p. 19).

Os proprietários do rio Iaco e alto Purus tinham outras preocupações em sua própria área de atuação. Alguns proprietários, como apontamos, envolveram-se na Expedição dos Poetas. Durante a revolta liderada por Plácido de Castro, alguns proprietários iacoaras contribuíram aviando mercadorias e relevando a dívida de alguns fregueses (seringueiros) que, estabelecidos no interior da margem direita do Iaco e mais próximos ao rio Acre, abandonaram seus postos para lutar contra os bolivianos (Bueno, 1940, p. 19). Contudo, desde 1899, o alto Purus e o Iaco eram percorridos por caucheiros peruanos vindos do *divortium aquarum* e liderados por Leopoldo Collazos e, depois, por Carlos Scharff, sendo guarnecidos por centenas de índios Ashaninka, Piro e Amahuaca do rio Ucayali.

A relação entre seringalistas e caucheiros, embora permeada por desconfianças, era positiva no início. Como não havia interesse dos seringalistas em explorar cauchais, os caucheiros entravam e saíam dos seringais sem serem importunados, desde que não provocassem estragos nos varadouros. A extrema violência praticada pelos peruanos contra as nações indígenas também era bem vinda pois poupava trabalho aos seringalistas. Em alguns casos, peruanos e brasileiros uniam-se em correrias (Iglesias, 2010, p. 73-91). O problema é que os barões do caucho aviavam diversas mercadorias com

16 Correria é o nome dado às expedições contra povos indígenas no Acre, nesse período.

proprietários locais e, valendo-se de sua força de combate e do apoio velado do governo peruano, não quitavam as dívidas.

No seringal Oriente, de propriedade da viúva conhecida como "Dona Aurora", na confluência dos rios Purus e Chandless, Carlos Scharff fez inúmeras dívidas, provocando os primeiros confrontos armados (Bulcão, 1940, p. 42). Com a ajuda de forças militares enviadas pelas autoridades de Iquitos, Scharff estabeleceu-se em Oriente em 1903, avançando e dominando seringais no Purus, enquanto era instalado um posto aduaneiro do governo peruano. Seringalistas do alto (rio) Purus se uniram e conseguiram derrotar as forças de Scharff. No entanto, no início de 1904, Scharff retornaria com um contingente maior de soldados, índios e caucheiros, promovendo um violento massacre contra brasileiros no Purus. Os seringais Sobral, Funil e Cruzeiro foram os mais atingidos: matanças, estupros e torturas foram cometidos contra seringalistas e seringueiros. Essa ofensiva teve repercussão na Capital Federal, sendo noticiada pelo *Jornal do Commercio* e *O Paiz*. Em abril de 1904, os seringalistas do Purus e Iaco expulsariam novamente as forças peruanas do rio Purus (Bulcão, 1940, p. 42; Tocantins, 1979b, p. 360-361; Iglesias, 2010, p. 69).

Durante a contenda com a Bolívia o governo peruano esforçou-se para que o Brasil resolvesse a Questão do Acre em uma negociação envolvendo os três países. O Barão do Rio Branco rejeitou as investidas diplomáticas de Lima que, em resposta, autorizou a ocupação militar dos rios Purus e Juruá em fins de 1902, dando prosseguimento à política de expansão peruana. Diante do avanço militar de Lima sobre as partes altas do sistema Purus-Juruá, o presidente Rodrigues Alves (1902-1906) ordenou a mobilização de um efetivo superior a 500 homens para a área conflagrada e bloqueou a subida de vapores pelo Amazonas com destino ao Departamento de Loreto. A apreensão de dois vapores ingleses carregados de armas e munição com destino a Iquitos elevou mais as tensões entre Brasil e Peru (Bandeira, 2000).

Charge 01: O "Modus Vivendi" com o Peru

Fonte: O MALHO. O "modus vivendi" com o Perú. Rio de Janeiro, 23 de julho de 1904. p. 4. Acervo FBN.

A guerra parecia inevitável nos primeiros meses de 1904 e ganhou dimensão continental. O Congresso peruano autorizou um empréstimo para a compra de armamentos e encomendou canhões da empresa alemã Krupp. Na Europa circulavam informações de que Lima autorizou a ocupação, via Juruá e Purus, de várias cidades amazonenses, incluindo Manaus, enquanto uma ampla mobilização militar era decretada e batalhas ocorriam entre seringueiros e caucheiros no Juruá. Já o ministro da guerra, marechal Francisco de Paula Argollo, foi instado a mobilizar um contingente de tropas do exército para o Amazonas com condições suficientes para invadir e dominar o rio Ucayali, única via de comunicação entre Lima e a área em litígio (BANDEIRA, 2000).

No *front* diplomático, o governo peruano clamou pela ajuda militar dos EUA. O chanceler Javier Prado y Ugarteche declarou que o Peru poderia se submeter a protetorado dos EUA em troca dessa ajuda. Por outro lado, o ministro da guerra brasileiro conseguiu firmar uma aliança militar secreta com o Equador, que também tinha problemas de fronteira com o Peru (Bandeira, 2000). Já a chancelaria sob comando do Barão do Rio Branco, velho conhecido da chancelaria chilena no tempo do Império, conseguiu dissolver as desconfianças de Santiago que passou a vislumbrar a possibilidade de aliança militar Chile-Brasil em caso de guerra contra o Peru e a Argentina devido a questões de fronteira na região da Patagônia (Vera, 2008).

O governo dos EUA, no entanto, se negou a participar da contenda entre Brasil e Peru, devido à modificação de sua política externa para a América Latina, frustrando assim, os planos do governo peruano em confrontar o Brasil.[17] A intimidação gerada pela mobilização de tropas brasileiras também fez com que Lima buscasse diminuir as tensões assinando o *modus vivendi* com o Brasil em 12 de julho de 1904. Em novembro de 1904 ocorreu a Batalha do Rio Amônia, no alto Juruá, na qual tropas brasileiras venceram as tropas peruanas estacionadas nesse rio, o que reforçou a posição brasileira. Contudo, somente em 08 de setembro de 1909, durante uma nova intensificação das questões de fronteira envolvendo Bolívia e Peru, o Brasil assinou um tratado secreto com Lima que colocava fim à

17 O período de intervenções e formação de protetorados na América Latina chegou ao fim, especialmente após o bloqueio marítimo de países europeus à Venezuela em 1902. Havia receio de que a Doutrina Monroe fosse desrespeitada devido à política dos EUA de intervenção direta na região, o que representava uma contradição à própria doutrina. Conformou-se a ideia no Congresso Americano de que era possível garantir o domínio sobre a América Latina de outras formas, mantendo a independência política dos países, ao mesmo tempo garantindo a supremacia e precedência dos EUA sobre a região. Essa mudança de orientação política teria sido fundamental para o sucesso brasileiro na Questão do Acre, Garcia (2009), p. 205-211.

Questão do Acre. As fronteiras foram definidas, mas de modo algum isso significou o fim da atividade dos caucheiros peruanos, especialmente no Juruá que permaneceu intensamente ativa até meados da década de 1910 (Iglesias, 2010, p. 72).

Considerações finais

Ao longo desse texto foram mapeados vários elementos e argumentos que apontam que os atores históricos locais reconstruíram, com os argumentos deles, um discurso que permitiria aos Estados concorrentes pretender alguma dominação sobre o território. Assim, foram, por exemplo, feitos planos de estabelecerem colônias ou construir estradas. Os próprios Estados podiam tentar, como foi o caso de Peru, instalar controles efetivos de fronteiras e ocupar o território com exército e levantar tributos como fez o Brasil, por meio do estado do Amazonas. Por outro lado, as pessoas e os grupos de interesse locais podiam transpassar e instrumentalizar as fronteiras, estabelecendo formas de cooperação além da fronteira, constituído milícias e tropas privadas, ocupando terras e praticando comércio – lícita ou ilícita.

Nesse cenário, afirmar que existia uma intenção clara, da parte dos Estados, de construir uma argumentação baseada em Descoberta e em Dominação seria sobre-interpretar as fontes históricas e aderir à uma argumentação posterior criada pelos juristas e pela história diplomática tradicional. De fato, o Estado mais preocupado com uma dominação efetiva da região foi o Peru que tentou tomar posse do território pela presença militar durável em aliança com os caucheiros, que tinham no rio Ucayali um forte aliado na comunicação material com aquela área. A Bolívia, detentora da área desde o Tratado de Ayacucho, recorreu a seu direito de *uti possidetis* sem, entretanto, ter a capacidade de efetivar a sua pretensão com uma presença institucional no território. Uma ocupação da efetiva da região foi impossível devido aos rios Beni e Madre de Dios serem pertencentes à bacia do rio Madeira, não havendo comunicação material com as bacias do Purus e Juruá, que conformavam a área em litígio.

Quando o governo boliviano buscou forjar uma presença institucional na área, a mesma já se encontrava ocupada por brasileiros que consolidaram seu domínio por meio da economia da borracha. Entretanto, o Estado do Brasil deixou, por muito tempo, as elites seringalistas e os grupos de interesse locais tomarem posse efetiva do território sem se interessar no domínio efetivo. De fato, o Estado brasileiro ignorou por muito tempo a entrada de brasileiros e a consequente expansão da economia da borracha rumo aos altos rios Purus e Juruá, área pertencente à Bolívia. Ignorava-se também as facilidades de comunicação entre as cidades de Belém e Manaus com a região, por meio a navegação fluvial. Assim, a atividade de seringalistas, caucheiros, da oligarquia do estado do Amazonas e das empresas exportadoras de Belém do Pará, em aliança com os cursos de água consolidou um processo que deixaria a Bolívia em posição de desvantagem na disputa internacional que emergiu durante a Questão do Acre.

Assim, o Acre se apresenta como uma região onde as fronteiras territoriais se formaram por "baixo", nas relações entre atores locais, e em correspondência com fatores naturais, como a questão da acessibilidade de determinadas terras à partir da disposição hidrográfica. Desse modo, a Questão do Acre emergiu principalmente devido a relações que entrecruzam diferentes processos sociais e materiais em âmbito local, regional e nacional. Esses processos, em conjunto, ajudaram na conformação dos interesses nacionais entre 1894 e 1903. A construção das fronteiras entre Brasil, Bolívia e Peru, assim, não pode ser entendida como resultado das formulações explícitas no âmbito diplomático dos Estados e tampouco por determinantes geográficos. O Acre aparece como uma "zona de contato", dentro do qual os rios e os Estados foram partícipes de processos situados e contingentes, que congregaram diversos outros agentes, na promoção do estabelecimento da atual fronteira noroeste do Brasil.

Referências Bibliográficas

Bandeira, Luiz Alberto Moniz. "O Barão de Rothschild e a Questão do Acre". *Revista Brasileira de Política Internacional*, Rio de Janeiro, v. 43, nº 2, p. 150-169, 2000.

Barros, Glimedes Rego. *A presença do capitão Rego Barros no Alto Juruá (1912-1915)*. Brasília: Senado Federal, 1982.

Barth, Fredrik. "Ethnic Groups and Boundaries [1969]". In: Barth, Fredrik. *Process and Form in Social Life*. Selected Essays of Fredrik Barth, v. 1. London/Boston/Henley: Routledge & Kegan Paul, 1981, p. 168-276.

Benton, Lauren. "Possessing Empire. Iberian Claims and Interpolity Law". In: Belmessous, Saliha (org.). *Native Claims. Indigenous Law against Empire 1500-1920*. Oxford: Oxford University Press, 2012, p. 19-40.

Branco, José Moreira Brandão Castello. *Descobrimento das Terras da Região Acreana*. Rio de Janeiro: Imprensa Nacional, 1960.

Branco, José Moreira Brandão Castello. "Caminhos do Acre". *Revista do Instituto Histórico e Geográfico Brasileiro*, Rio de Janeiro, v. 196, julho-setembro, p. 74-225, 1947.

Bueno, Clodoaldo. *Política Externa da Primeira República: os anos de apogeu - 1902 a 1918*. São Paulo: Paz e Terra, 2003.

Bulção, Soares. "Subsídio para a História do Departamento do Alto Purus". *Revista do Instituto Histórico, Geográfico e Antropológico do Ceará*, Fortaleza, [s.n.]. 1940.

Carvalho, José. *A Primeira Insurreição Acreana (documentada)*. Pará-Belém: Typ. De Gillet & Comp., 1904.

Carvalho, José Carlos de. *O Acre: Limites do Brasil com a Bolívia*. Rio de Janeiro: Typographia Leuzinger, 1903.

CHEN, Cecília. "Mapping waters: thinking with watery place". In: CHEN, Cecilia & MACLEOD, Janine & NEIMANIS, Astrida (orgs.). *Thinking with Water*. Montreal: McGill-Queen's University Press, 2013, p. 274-298.

CUETO, Marcos & LERNER, Adrián. *Indiferencias, tensiones y hechizos: médio siglo de relaciones diplomáticas entre Perú y Brasil, 1889-1945*. Lima: Embajada de Brasil em Perú, IEP, 2012.

CUNHA, Euclides da. "Rios em Abandono". In: CUNHA, Euclides da. *Um Paraíso Perdido: Reunião de Ensaios Amazônicos*. Coleção Brasil 500 Anos. Brasília: Senado Federal/ Conselho Editorial, 2000.

DEAN, Warren. *A Luta pela Borracha no Brasil: Um Estudo de História Ecológica*. São Paulo: Novel, 1989.

ANDRADE, José H. Fischel de & LIMOEIRO, Danilo. "Rui Barbosa e a política externa brasileira: considerações sobre a Questão Acreana e o Tratado de Petrópolis (1903)". *Revista Brasileira de Política Internacional*, Brasília, v. 46, nº 1, 2003, p. 94-117, 2003.

FITZMAURICE, Andrew. "Discovery, Conquest and Occupation of Territory". In: FASSBENDER, Bardo & PETERS, Anne (orgs.). *The Oxford Handbook of the History of International Law*. Oxford: Oxford University Press, 2012, p. 840-861.

FLORES, Elio Chaves. "A Consolidação da República: rebeliões de ordem e progresso". In: FERREIRA, Jorge & DELGADO, Lucilia de Almeida Neves (orgs.). *O Brasil Republicano*. V. 1: *O Tempo do Liberalismo Excludente: da Proclamação da República à Revolução de 1930*. 2 ed. Rio de Janeiro: Civilização Brasileira, 2006, p. 47-88.

GARCIA, Domingos Sávio da Cunha. *Território e Negócios na "Era dos Impérios": os belgas na fronteira oeste do Brasil*. Brasília: Fundação Alexandre de Gusmão, 2009.

GARCIA, Eugenio Vargas. "A Diplomacia dos Armamentos em Santiago: o Brasil e a Conferência Pan-Americana de 1923". *Revista Brasileira de História*, São Paulo, v. 23, nº 46, p. 173-200, 2003.

GRANERO, Fernando Santos & BARCLAY, Frederica. *La Frontera Domesticada: História Económica y Social de Loreto, 1850-2000*. Lima: Fondo Editorial de La Pontificia Universidad Católica Del Peru, 2002.

HECHT, Susanna B. *The Scramble for the Amazon and the Lost Paradise of Euclides da Cunha*. Chicago: The University of Chicago Press, 2013.

HERZOG, Tamar. Colonial Law and "Native Customs": Indigenous Land Rights in Colonial Spanish America. *The Americas*, Cambridge, v. 69, nº 3, p. 303-321, 2013.

IGLESIAS, Marcelo Piedrafita. *Os Kaxinawá de Felizardo: Correrias, Trabalho e Civilização no Alto Juruá*. Brasília: Paralelo 15, 2010.

ISHII, Raquel Alves. *Viagens do "homem que virou rio": narrativas, traduções e percursos de William Chandless, pelas Amazônias, no século XIX*. Dissertação (mestrado em Linguagens e Identidade) - CELA - UFAC, Rio Branco, 2011.

LABRE, Antônio Rodrigues Pereira. *Rio Purus: Notícia*. Maranhão: Typ do Paíz/ Imp. M.R.V. Pires, 1872.

LORENTE-SARIÑENA, Marta. "Uti possidetis, ita domini eritis. International Law and the Historiography of the Territor". In: MECCARELLI, Massimo & SASTRE, María Julia Solla (orgs.). *Spatial and Temporal Dimensions for Legal History. Research Experiences and Itinaries*. Frankfurt am Main: Max Planck Institute for European Legal History, 2016, p. 131-172.

MCCANN, Frank D. *Soldados da Pátria: história do exército brasileiro, 1889-1937*. Trad. Laura Teixeira Motta. São Paulo: Companhia das Letras, 2007.

Machado, Lia Osório. "O Controle Intermitente do Território Amazônico". *Revista Território*, Rio de Janeiro, v. 1, nº 2, p. 19-32, 1997.

Mendonça, Gen. Belarmino. *Reconhecimento do Rio Juruá (1905)*. Rio Branco/Belo Horizonte: Fundação Cultural do Estado do Acre/ Editora Itatiaia Limitada, 1989.

Nugent, Paul. *Smugglers, Secessionists & Loyal Citizens on the Ghana-Togo Frontier. The Lie of the Borderland Since 1914*. Athens, OH: Ohio University Press/James Currey, 2002.

Pagden, Anthony. "Law, Colonization, Legitimation, and the European Background". In: Grossberg, Michael & Tomlins, Christopher (orgs.). *The Cambridge History of Law in America*. V. 1: *Early America (1580-1815)*. Cambridge: Cambridge Univ. Press, 2008, p. 1-31.

Pereira, Sergio Nunes. "Navegação Fluvial e Vias Auxiliares: Uma Controvérsia Geográfica no Brasil no Final do Século XIX". *Anais do X Encontro de Geógrafos da América Latina*, São Paulo, p. 11.640-11.664, 2005.

Piccoli, Jaco Cesar. *Sociedades Tribais e a Expansão da Economia da Borracha na Área Juruá-Purus*. Tese (doutorado em Ciências Sociais) - PPGCS - PUCSP, São Paulo, 1993.

Pizarro, Ana. *Amazonía: El Rio Tiene Voces*. Santiago: Fondo de Cultura Económica, 2009.

Ranzi, Cleusa Maria Damo. *Raízes do Acre*. 3 ed. Rio Branco: EDUFAC, 2008.

Ribeiro, Napoleão. *O Acre e os seus heróis: contribuição para a história do Brasil*. 7. ed. Brasília: Senado Federal, 2008.

Ricardo, Cassiano. *O Tratado de Petrópolis*. V. 1 e 2. Rio de Janeiro: Ministério das Relações Exteriores, 1954.

SAHLINS, Peter. *Boundaries. The Making of France and Spain in the Pyrenees*. Berkeley, CA: University of California Press, 1989.

SIMMEL, Georg. Der Raum und die räumlichen Ordnungen. In: RAMMSTEDT, Otthein (org.). *Georg Simmel. Soziologie. Untersuchungen über die Formen der Vergesellschaftung*. Gesamtausgabe, v. 11. Frankfurt am Main: Suhrkamp, 1992 (1. ed. 1908).

TOCANTINS, Leandro. *Formação Histórica do Acre*. V. 1. Rio de Janeiro: Civilização Brasileira, 1979a.

TOCANTINS, Leandro. *Formação Histórica do Acre*. V. 2. Rio de Janeiro: Civilização Brasileira, 1979b.

VERA, Cristián Garay. "El Acre y los 'Assuntos Del Pacífico': Bolívia, Brasil, Chile e Estados Unidos, 1898-1909". *História*, Santiago, v. 42, nº 2, p. 341-369, 2008.

VERGARA, Moema de Rezende. "Ciência, Fronteiras e Nação: Comissões Brasileiras na Demarcação dos Limites Territoriais entre Brasil e Bolívia, 1895-1901". *Boletim do Museu Paraense Emilio Goeldi*, Belém, v. 5, nº 2, p. 345-361, 2010.

VITAL, André Vasques. *Comissão Rondon, política e saúde na Amazônia: a trajetória de Joaquim Augusto Tanajura no Alto Madeira (1909-1919)*. Dissertação (mestrado em História das Ciências e da Saúde) - PPGHCS - Casa de Oswaldo Cruz/ FIOCRUZ, Rio de Janeiro, 2011.

WASSERMAN, Claudia. "A Formação do Estado Nacional na América Latina: As Emancipações Políticas e o Intricado Ordenamento dos Novos Países". In: WASSERMAN, Claudia (org.). *História da América Latina: cinco séculos*. 3. ed. Porto Alegre: Editora da UFRGS, 2003, p. 177-214.

WEINSTEIN, Bárbara. *A borracha na Amazônia: expansão e decadência, 1950-1920*. São Paulo: Edusp, 1993.

WINDLER, Christian. *Grenzen* vor Ort. *Rechtsgeschichte*, v. 1, p. 122-145, 2002.

6. Margens, cacimbas e criadouros: corpos de água e o *Anopheles gambiae* no Brasil

Gabriel Lopes

Esse texto pretende abordar algumas características histórico--espaciais do entrelaçamento dos corpos de água com a chegada, descoberta, alastramento e erradicação do mosquito africano *Anopheles gambiae*, que chegou ao Brasil em 1930 e foi considerado erradicado em 1940 por uma ação cooperativa entre o governo brasileiro e a Fundação Rockefeller. A hetereogeneidade dos corpos aquosos está presente na trajetória do mosquito e é destacada na medida em que a chegada do mosquito e seu alastramento dependeu tanto do incremento de transportes transcontinentais, como navios rápidos e hidroaviões, quanto da sua adaptação às cacimbas e aproveitamento da água nos modos de vida da população. O caminho desse mosquito se fez no Brasil a partir da sua relação de dependência com os ritmos das chuvas, uma vez que tem como hábito a procriação em poças rasas e expostas ao sol. Com o início do programa destinado a exterminar o *Anopheles gambiae* em 1939, o Serviço de Malária do Nordeste, estabeleceu uma série de regulações rígidas sobre o uso da água, cacimbas e áreas infestadas. O controle dos corpos aquosos passou a ser o controle dos lugares de procriação desse mosquito, redefinindo os espaços. Nesse artigo pretendo mostrar como a trajetória singular do "feroz mosquito africano" no Brasil levou a reconsiderações políticas e científicas dos corpos aquosos que se entrelaçam em sua trajetória em um sentido local e transcontinental em uma perspectiva histórica, bem como apontar a importância de se compreender a coexistência entre vetores, águas e modos de vida das populações em uma perspectiva que considere um processo histórico ampliado.

A chegada e alastramento do mosquito africano *Anopheles gambiae* no Brasil em 1930, até seu extermínio em 1940, pode ser observada de diversas maneiras. Os relatos da população vítima da maior epidemia de malária já documentada no continente americano provocada por esse mosquito organizados em uma narrativa (Silva, 2012), bem como as abordagens centradas em relatórios dos agentes e cientistas, tanto brasileiros, quanto americanos, que se empenharam no combate a esse perigoso vetor (Anaya, 2016), possuem em comum um espaço de coexistência entre os modos de vida da população atingida e os hábitos desse vetor no Novo Mundo. Um viés histórico voltado para uma história das ciências, mais especificamente a entomologia médica, ou mesmo relatos orientados para a percepção e sensibilidade cotidiana, mais próximo de uma história das doenças, têm em comum o inegável caráter espacializante que é marcado pelos corpos de água em suas diversas conformações. A movimentação do *Anopheles gambiae*, o "feroz mosquito africano" como mencionado no discurso de Afrânio Peixoto (1941, p. 1227), ou o "gambiá" como descrito no cordel de Joca Menezes atravessa espaços que são mediados pelo ritmo das chuvas, balizados por rios, águas salobras, cacimbas, potes e poças.

As abordagens sobre os criadouros do *A. gambiae* no Brasil, compõem cenários de descobertas científicas, negligências sobre seu alastramento e necessidade de vigilância das coleções de água a partir de controversos métodos de controle larval que levaram ao seu extermínio no Brasil. O objetivo da presente abordagem histórica, é analisar brevemente as principais fases da passagem do *Anopheles gambiae* no Brasil, considerando alguns problemas sobre sua chegada, alastramento e extermínio. Como eixo principal será destacado como as coleções de água servem de base para o ritmo do seu alastramento, bem como o estabelecimento regulamentações sanitárias sobre os criadouros em potencial e medidas de combate às larvas como principal forma de enfrentamento desse mosquito.

Randall Packard, em *The Making of a Tropical Disease: A Short History of Malaria*, indica a chegada do *A. gambiae* como: "um vetor altamente eficiente de malária que acidentalmente foi transportado ao Novo Mundo vindo do Oeste Africano por navio em 1931" (Packard, 2007, p. 91). A análise de Packard, de maneira geral, destaca as altas taxas de mortalidade dessa ocorrência nos estados do Rio Grande do Norte e no Ceará, bem como a importância da sazonalidade específica das chuvas e secas no aumento dos casos, fator que, relacionado à grande pobreza e movimento de migração de meeiros infectados com os parasitas da malária (de regiões costeiras para o Vale do Baixo Jaguaribe), contribuiu em grande medida para a disseminação e grande mortalidade dessa epidemia ao final da década de 1930 (Packard, 2007, p. 95-97).

Não é possível entender o alastramento do *A. gambiae* e seu potencial como transmissor da malária sem observar o ritmo das chuvas, ocupação dos espaços, da terra, criação de animais e agricultura nos anos de 1930 na região atingida pela inédita epidemia de malária trazida por esse mosquito. É importante também observar que, em grande medida, a abrangência da operação contra o *A. gambiae* e a capacidade da mesma em operar sobre uma grande extensão territorial, grandes corpos de água em diferentes sazonalidades tem como antecedente a infraestrutura e recursos humanos do Serviço Cooperativo de Febre Amarela promovido pela Divisão Sanitária Internacional da Fundação Rockefeller em parceria com o governo brasileiro.

O trabalho do historiador Jaime Benchimol, faz um importante destaque sob perspectiva política e científica ao definir que a relação entre a Fundação Rockefeller e o governo brasileiro em uma via de mão dupla. Benchimol alerta para o fato de que "muitos autores veem essa filantropia como mera fachada a esconder os verdadeiros objetivos da instituição" para "expandir sua supremacia política e ideológica no âmbito do imperialismo mundial" (Benchimol, 2001, p. 112). Tal perspectiva desconsidera toda uma sorte de articulações necessárias entre o governo e as instituições brasileiras, atribuindo aos mesmos uma posição demasiada passiva das "maquiavélicas ações do imperialismo ianque" (Benchimol, 2001, p. 112). Estas declarações parecem responder às afirmações que colocam a Fundação como agente da imposição de uma supremacia cultural norte-americana, "deslocando a hegemonia cultural francesa no Brasil em favor do *american way of life* e de sua cultura de massa, levando de roldão centros de pesquisa e universidades, que se alinharam aos novos modelos importados" (Bulcão, 2007, p. 481).

A Fundação Rockefeller em seu programa de erradicação da Febre Amarela é uma instituição que "simboliza, mais do que qualquer outra, a singular potência da filantropia empresarial norte-americana" (Benchimol, 2001, 113). As ações da Fundação no Brasil, se dão a partir diversos contratempos e instabilidades, mas também marcam inovações locais no âmbito da saúde pública. É no Governo Vargas que a campanha contra a febre amarela se reestrutura e que as ações da Fundação ganham mais força e estabilidade (Benchimol, 2001, p. 13-14).

Esse novo período, tanto da história política do Brasil, quanto da Fundação Rockefeller no combate à malária, é delineado por Benchimol como uma convergência de forças, uma vez que "a Revolução de 1930, por sua vez, criou um quadro político mais propício ao controle verticalizado dos mosquitos e das populações humanas" (Benchimol, 2001, p. 125).

No *Annual Report* da Fundação Rockefeller de 1930, ano em que se deflagrou a Revolução que levou Getúlio Vargas à presidência, na seção referente às atividades da Divisão Sanitária Internacional (DIS), responsável pelas campanhas de erradicação, são feitas considerações sobre as novas diretrizes da pesquisa de saúde em campo. Segundo o referido trecho, o estudo de doenças, que ocorria em hospitais, clínicas e escolas médicas em sua maioria nos centros urbanos de considerável densidade populacional, deveria se voltar para a pesquisa de campo em áreas rurais e em espaços mais dinâmicos. A ideia consistia em ampliar a cobertura de pesquisa para doenças que ocorriam tanto no campo quanto nas cidades (febre amarela, tuberculose e resfriado comum). O documento resume dois eixos principais de abordagem: um preocupado com a pesquisa de campo propriamente dita, e outro que forneça ajuda para o estabelecimento de "organizações de saúde eficientes e bem planejadas, com o suporte de autoridades governamentais e que funcionem com a cooperação ativa da população". O auxílio fornecido para a fomentação de instituições de saúde locais deveria se apresentar como "uma demonstração de saúde em uma área representativa e cuidadosamente escolhida [...] um modelo para as áreas adjacentes" (The Rockefeller Foundation, 1930, p. 30) – afirmando que postura de *efeito de demonstração* anteriormente citada deveria ser articulada à pesquisa de campo, evidenciando, dessa maneira o caráter político-científico das suas práticas.

A estrutura física e organizacional fruto da cooperação entre a Fundação Rockefeller e o governo brasileiro não foi homogeneamente distribuída pelo território nacional. É notório, como aponta Lina Rodrigues de Faria em *A Fundação Rockefeller e os serviços de saúde em São Paulo (1920-1930): perspectivas históricas*, que o São Paulo, em especial, foi um estado privilegiado nesse processo na medida em que a Fundação Rockefeller buscou empregar no Brasil sua perspectiva de "efeito de demonstração" que "significava que estados mais progressistas na saúde teriam de servir como modelo ou exemplo para as regiões mais atrasadas" (Faria, 2002, p. 562). Por outro lado, apesar da desigualdade gerada pela proposta de efeito de demonstração é importante observar que essa ênfase não se restringiu a São Paulo. Outros estados, como o Rio de Janeiro e Bahia também foram beneficiados:

> A atuação da Fundação Rockefeller no Brasil não seguiu um caminho de mão única. Não prevaleceu, entre os brasileiros, a mera importação de ciência e dos padrões profissionais norte-americanos. Pelo contrário, os interesses científicos e políticos da Fundação Rockefeller tiveram que estabelecer concessões claras aos interesses nacionais, sobretudo porque, ao aqui chegar, teve de se confrontar com um país dotado de boa tradição de pesquisa biomédica em centros de investigação do porte de Manguinhos e do Butantan. Ela teve de fazer desses cientistas seus parceiros na definição de objetivos e de planos de ação. E ainda mais, teve de se defrontar com um país em efervescência política, fruto de ideologias nacionalistas (Faria, 2002, p. 586).

De maneira geral, os estudos centrados na relação entre o regime de Vargas e a Fundação Rockefeller são bem abrangentes, porém, o tema da febre amarela é mais discutido e pesquisado nessa relação, ficando o estudo da malária, e mais ainda do caso específico do *A. gambiae* um tanto quanto difuso na literatura.

Erney Plessman Camargo em *Malária, maleita, paludismo*, abrange o problema da malária em um breve histórico que destaca os revezes do combate a essa doença ao redor do mundo apontando as características da doença globalmente ao longo dos séculos. Por fim, destaca a história da malária no Brasil enfatizando a chegada do *A. gambiae* como "uma epidemia absolutamente inesperada e, até então, única no mundo, que teve o adicional papel de influenciar todo o programa da OMS, para o controle de malária", enfatizando que essa história apresenta alguns "ensinamentos fundamentais para o controle da malária" com a erradicação do *Anopheles gambiae* em 1940 (Camargo, 2003, p. 28).

Em *To Cast Out Disease*, John Farley aborda a história da *International Health Division* da Fundação Rockefeller, que abrange um percurso histórico que vai de sua fundação em 1913 até a sua dissolução em 1951, que: deixou "um legado de ideias e métodos que foram transferidos para a WHO [World Health Organization], articularmente para o *Global Malaria Eradication Program*" (Farley, 2004, p. 285)

Na primeira parte desse texto será analisada as descobertas sobre a origem do *A. gambiae*, formas de alastramento, transporte e adaptação às coleções de água na capital do Rio Grande do Norte. Posteriormente, serão observados alguns condicionantes ligados ao seu alastramento silencioso, um período de seis anos que foi provocado por negligências relativas ao comportamento do mosquito africano no novo território, ampliando a área de reprodução deste mosquito para o interior do estado do Rio Grande do Norte e do Ceará, somado ao ritmo das secas no período de 1932 a1938, o método de combate às larvas do mosquito proposto pelo Serviço de Malária do Nordeste, que considerava especialmente a fiscalização dos corpos de água propícios para a reprodução do mesmo e experimentação de diferentes técnicas para controle larval. Por último, serão analisados alguns aspectos da coexistência da população atingida com o mosquito invasor, e as tensões relacionadas ao controle dos corpos de água na fiscalização dos focos reprodutivos do vetor.

Essa trajetória busca marcar de que maneira os corpos de água entraram em destaque a partir de regulamentações, técnicas de combate larval, transporte e proliferação deste mosquito, a maneira pela qual a vida da população foi afetada, a partir da presença desse invasor, bem como a operação de combate ao mosquito influenciou e dirigiu o manejo desses corpos aquosos. A coexistência entre seres humanos, parasitas, e em especial os mosquitos, é atravessada pela conformação da água como lugares de reprodução. O caso do *A. gambiae* ajuda a mostrar como a história da saúde atravessa diretamente uma história de coexistência entre organismos na qual a água é um elemento fundamental, que demarca os limites e possibilidades da importação, e alastramento do mosquito e das doenças a partir de elementos específicos como o modo de vida e uso do espaço pelas populações atingidas, bem como os hábitos e preferências deste mosquito.

Para desenvolver os elementos propostos nesse texto, será necessário remeter a alguns conceitos importantes, a própria ideia de coleções de água e de espaços devem ser considerados a partir de problemas históricos fundamentais que envolvem a história das ciências e da saúde. O alastramento, as águas e a coexistência da população com um novo elemento, um mosquito que mobilizou autoridades de saúde, cientistas, populações e novas estratégias de combate arriscadas e inéditas nas proporções vistas ao final dos anos de 1930, deve ser feita considerando alguns aspectos teóricos e historiográficos que veremos a seguir de maneira geral, mas que serão desenvolvidos ao longo das seções anteriormente descritas.

O desafio de dialogar com disciplinas para além da história, ressaltando aspectos híbridos da própria história das ciências será privilegiado, porém, é importante destacar de antemão que a breve apresentação de discussões teóricas e conceituais será resumida devido ao espaço e natureza desse texto. Apesar da brevidade necessária na exploração de aspectos mais teóricos e interlocução multidisciplinar, boa parte da pesquisa geral e novas ideais desenvolvidas nesse texto são frutos de trabalhos desenvolvidos anteriormente que serão mencionados nas páginas que seguem caso o leitor tenha interesse por perseguir alguns temas de caráter mais histórico ou conceitual multidisciplinar presente nas discussões.

Um dos principais aspectos destacados na trajetória do *A. gambiae* pelo Brasil, da sua chegada em 1930 até seu extermínio em 1940, é o ineditismo da identificação e registro de uma espécie de mosquito africana no Brasil, bem como o perigo que isso representou para uma região periférica e fora do foco das ações de saúde pública nacionais em parceria com a Fundação Rockefeller, que no momento da chegada do *A. gambiae* estava atribulada com os altos e baixos do Serviço Cooperativo de Febre Amarela (SCFA). Ao desenvolver seu percurso no Brasil, de 1930 a 1940, o *A. gambiae* mobilizou redefinições, conflitos e controvérsias a respeito dos corpos de água que possibilitaram as condições e limites do seu alastramento.

As margens do vale do *gambiae*

A chegada do *Anopheles gambiae* no Brasil foi um acontecimento disputado, durante anos houve dúvida sobre o meio de transporte que possibilitou o seu translado de Dacar, a capital do Senegal para o Brasil, mais especificamente para Natal, a capital do Rio Grande do Norte. De qualquer forma as duas principais hipóteses envolviam transportes que na época faziam a travessia do Oceano Atlântico, os *avisos* (navios rápidos) e os hidroaviões, utilizavam o Rio Potengi que abriga o porto de Natal como primeiro destino no Brasil. Foi próximo ao Rio Potengi que o *Anopheles gambiae* foi encontrado pela primeira vez. O encontro das águas do mar com o Potengi, somado às chuvas de 1930, marcaram os condicionantes de chegada e adaptação deste mosquito em seus primeiros anos no Brasil.

A ocorrência de chuvas e o consequente acúmulo de águas paradas já era identificado como um antecedente para doenças e epidemias, mesmo antes do mosquito ser considerado um importante elemento (vetor) da malária. As febres palustres já eram documentadas desde os primeiros Relatórios dos Presidentes de Província e em relatórios de salubridade da Inspetoria de Hygiene do Rio Grande do Norte. A malária, antes do estabelecimento dos mosquitos como vetores, era mais conhecida pelos nomes de paludismo, impaludismo, febre palustre ou febre terçã, a ideia da prevalência dos "maus ares" se ligava diretamente aos odores provenientes dos pântanos (ROSEN, 1993, p. 8). A designação dos males causados pelos miasmas (matéria pútrida dispersa nos ares) era ampla, e segundo o dicionário de Medicina Popular do doutor Pedro Luiz Chernoviz, poderia significar febres de ocorrência intermitente (maleitas) ou contínuas (CHERNOVIZ, 1890, p. 1087).

Foi em um alagado próximo ao Rio Potengi, aproximadamente a um quilômetro do porto de Natal, que o entomólogo da Divisão Sanitária Internacional da Fundação Rockefeller Raymond C. Shannon, encontrou um criadouro do *Anopheles gambiae* pela primeira vez, uma espécie inédita no Novo Mundo. Shannon estava de passagem pela capital do Rio Grande do Norte, e estava realizando uma prospecção relacionada à mosquitos que transmitem a febre amarela. De início ele foi surpreendido pelas larvas encontradas, pois não as conseguiu identificar prontamente. Em seus relatos, Shannon suspeitava que poderia estar lidando até mesmo com uma espécie "nova para a ciência" (SHANNON, 1942, p. 2).

Shannon em seu artigo "*Anopheles gambiae* no Brasil", publicado em 1932, fez o primeiro estudo mais consistente sobre o comportamento desse mosquito em seus primeiros meses no Brasil. Esse estudo, prioritariamente, procura entender o comportamento do *A. gambiae* no novo território, em especial buscando antecipar a movimentação do mesmo em potenciais criadouros. Esse estudo foi recebido para publicação pelo *American Journal of Hygiene* exatamente 14 meses após a descoberta do mosquito estrangeiro próximo ao "*Potengy River*", e conta com 30 páginas que incluem mapas da região de infestação e desenhos entomológicos relacionados.

Ao esclarecer sobre a hipótese da chegada de tal espécie no Brasil. Shannon considerou a possibilidade da mesma ter sido trazida pelos rápidos navios franceses a vapor que faziam a viagem de Dacar para Natal em cerca 4 dias, também conhecidos como *avisos*. Shannon também não descartou a possibilidade de ter sido trazida de hidroavião, já que Natal se tornou um importante ponto de chegada de aviões vindos da costa oeste africana (Shannon, 1932, p. 634). Alguns anos depois, a partir de estudos realizados pelo pesquisador brasileiro César Pinto, a hipótese sobre a chegada do *A. gambiae* pelos avisos se fortaleceu (Pinto, 1939).

Na introdução do artigo Shannon deixou claro que o "*Anopheles gambiae* é tido como um dos mais importantes transmissores de malária no cinturão tropical de malária na África" e que "até 1930 o mesmo era conhecido apenas nesse continente e na Arábia do Sul", sendo, portanto, esse o primeiro caso registrado de uma espécie de *Anopheles* de uma dada região a ser introduzida em uma outra fauna, especialmente por esse fator, que "seu comportamento é uma matéria de especial interesse" (Shannon, 1932, p. 634). É importante destacar, que durante o período de um ano (até a data de envio do artigo em questão), Shannon acompanhou o desenvolvimento dos casos de malária em Natal, podendo fazer importantes conjecturas sobre o comportamento e distribuição do *A. gambiae*.[1]

1 Com ajuda de membros da Fundação Rockefeller que ajudaram nas inspeções e forneceram dados complementares, dentre os citados no artigo de 1932 estão: Fred Lowe Soper, chefe do SFA desde 1930; Wilbur A. Sawyer, diretor dos laboratórios da Divisão Sanitária da Fundação Rockefeller; Nelson C. Davis, diretor do Laboratório do Serviço Cooperativo de Febre Amarela na Bahia. O médico brasileiro Souza Pinto, que assumiria a diretoria de saúde do Rio Grande do Norte ainda em 1931 em ação emergencial contra o *A. gambiae*. Souza Pinto também trabalhou na coleta e ajudou a complementar com dados posteriores à pesquisa de Shannon (1932), p. 644.

Após ter identificado a espécie encontrada como um *A. gambiae*, no Laboratório de Febre Amarela, localizado em Salvador, Shannon avisou às autoridades locais e escreveu uma nota científica sobre sua descoberta. Mesmo que o município de Natal já fosse uma zona endêmica de malária, nos meses de abril, maio e junho de 1930, ocorreu, segundo o relatório de Shannon uma epidemia de malária sem precedentes. Essa "epidemia notável" demonstrou ser evidência suficiente para indicar que o *A. gambiae* não tenha chegado antes de 1930 (Shannon, 1932, p. 636).

É importante observar, a partir dos primeiros estudos sobre o mosquito importado do Senegal, que esta espécie é peculiar em relação ao seu comportamento diante dos corpos de água e ritmo das chuvas. A questão das estações chuvosas na proliferação do *A. gambiae* não foi não apenas apontado na literatura sobre o continente africano, como nos exemplos de Khartoum (Sudão) e Stanleyville (Congo Belga), como também foi observado empiricamente no Brasil no início dos anos de 1930.

Ressaltando as complexidades de tal estudo comparado, Shannon indica que diversos fatores devem ser levados em conta para compreender a formação e permanência do meio necessário à reprodução de tal espécie, entre eles são destacados a permanência dos reservatórios de chuva, a frequência e quantidade de chuva. E esses condicionantes são influenciados por fatores secundários como a textura do solo, cobertura vegetal e taxa de evaporação. Fatores considerados como produtos da ocupação humana do espaço, como extensão da captação, irrigação e uso da água, que poderiam variar de região para região. No caso do *A. gambiae*, as poças de água às margens do Rio Potengi, somados aos alagados resultantes das estações chuvosas, proporcionaram um lugar favorável para a fixação dos primeiros focos de reprodução.

Para verificar a área de expansão do *A. gambiae*, e sua possível proliferação por outras regiões do Brasil, Shannon realizou viagens de prospecção por diversas vilas e cidades, localizando-as em um mapa desenhado por ele mesmo. Shannon demarcou em seu mapa diversas cidades do estado do Ceará a Bahia. Entre as localidades investigadas, o *A. gambiae* foi noticiado apenas em Natal. Mapeando locais de reprodução dessa espécie na capital do Rio Grande do Norte, o pesquisador faz importantes notas sobre o comportamento reprodutivo, definindo a zona de reprodução do mosquito recém adaptado em duas áreas de Natal, o "Goitezera *valley*" e a seção que acompanha as linhas do trem, ambas as zonas estão próximas ao Rio Potengi. A primeira área é representada pela região das lagoas de Manoel Phellippe e a Lagoa Seca, a segunda segue flanqueando o Rio Potengi juntamente à linha do trem. O ponto mais distante mapeado por Shannon (Lagoa Manoel Phelippe), até o Rio Potengi, é cobre uma distância um pouco maior que três quilômetros, esses pontos são ligados pelo riacho Goitezera, que sai das lagoas Manoel Phelippe e Lagoa Seca, até desaguar no Potengi.

Ao fazer os primeiros registros sobre o mapeamento das larvas do *A. gambiae* próximo ao Rio Potengi, no Vale Goitezera, por não saber o nome do mesmo, registrou a área como *Vale do Gambiae* (Anaya, 2016, p. 59), Shannon aponta que as larvas do *A. gambiae* dependem de chuvas constantes, para manter o processo de procriação contínua, uma vez que seus ovos não possuem a resistência semelhante a dos mosquitos do gênero *Aedes* (que podem passar por períodos mais longos de seca). Também, o hábito da fêmea *A. gambiae* em colocar seus ovos em águas rasas expostas ao sol, reforça a necessidade de chuvas constantes, devido ao grande volume de evaporação das regiões mais quentes (Shannon, 1932)

A pesquisa realizada por Shannon se deu em dezembro de 1930, e como a temporada de chuvas vai de agosto a março ou abril, foram consideradas as implicações do período seco em seu estudo. Por outro lado, as chuvas de 1931 levaram o *A. gambiae* a ser encontrado em São Bento, cerca de 180 quilômetros de Natal e também em áreas que compreendem esse raio, mostrando que em chuvas prolongadas sua propagação foi surpreendente (Shannon, 1932, p. 644).

Ao tentar fazer uma análise dos possíveis desdobramentos da chegada do *A. gambiae* no novo território, Shannon também aponta os perigos do mesmo ganhar áreas de reprodução permanente em regiões mais úmidas (Maranhão e Pará); o risco que o desmatamento pode causar, uma vez que a reprodução ocorre especialmente em águas expostas ao sol, e a possibilidade de expansão através de veículos marítimos, aéreos e terrestres (Shannon, 1932, p. 659).

Apesar do interesse inicial e aplicação de Shannon em perseguir essa espécie, a prioridade da Fundação Rockefeller estava no Serviço de Febre Amarela. Também se tratou de um período de instabilidade política no Rio Grande do Norte, com a sucessiva mudança de interventores, o que atrasou e impediu algumas medidas emergenciais (Anaya, 2016, p. 157).

Foi apenas com o fim das chuvas e início do verão que há uma redução na proliferação do *A. gambiae*. A ação rápida apenas tornou-se possível devido ao encontro de Shannon com o *A. gambiae*, o que permitiu certa antecipação frente aos efeitos da epidemia. O início da estação seca também foi fundamental para arrefecer os alarmantes casos de malária em Natal. É importante salientar, que mesmo sendo uma espécie bem adaptada à aridez, a propagação do *A. gambiae* sofreu limitações devido à falta de chuvas e a consequente ausência de porções de água para a sua reprodução. Ainda assim, o número de infectados foi alarmante.

A partir do mapeamento dos focos, o trajeto desse perigoso vetor da malária pôde ser refeito pelos especialistas: seu deslocamento pelas residências e lugares alagados se ramificou em poucos meses, ocupando "as imediações da estrada de ferro e os canais próximos à foz do Potengi e daí, foi subindo Natal adentro" (Camargo, 2003, p. 28). Posteriormente, ao final de 1930 e início de 1931 a situação se tornaria ainda mais precária.

No início da epidemia, Fred Soper, da Fundação Rockefeller, conjecturou planos ousados para a contenção e possível erradicação do *A. gambiae*. Pretendia alagar o lamaçal no qual o *A. gambiae* se reproduzia, próximo ao Rio Potengi com água salgada (Soper, 1966, p. 471). Porém colocar em prática essa solução mostrou-se um desafio árduo e frustrante.

Os planos de Soper para terem efeito, deveriam se articular às expectativas do governo do estado do Rio Grande do Norte sobre a epidemia e estarem alinhados com os objetivos da Fundação Rockefeller no Brasil - em tempos em que a Fundação estava centrada no combate à febre amarela. O *A. gambiae* é um acontecimento inesperado que não apenas reverberou nas políticas locais, mas atravessou o Brasil em um período de transição política que resultou em novos acordos internacionais relativos à epidemiologia e saúde pública. Um plano consistente para lidar com o *A. gambiae* ainda demoraria a ser executado. Apesar dos contratempos e das ocupações no SFA, Fred Soper, após certa insistência e arranjos no interior da Fundação, decidiu aceitar uma proposta de ação contra o *A. gambiae* através de um programa emergencial. Em contrapartida o Governo Federal deveria apontar um malariologista como "Diretor do Serviço de Saúde do Estado" com um orçamento federal especial e exclusivo, para cuidar da malária no Rio Grande do Norte ao final desse período de abordagem emergencial, ainda no ano de 1931.

No início de março de 1931, o SFA iniciou a aplicação de verde-paris nas áreas infestadas com o *A. gambiae*. O verde-paris, ou "*Paris Green*" como descrito nos relatórios da Fundação Rockefeller, foi um composto utilizado no século XIX como forma e pigmento, que foi abolido devido a sua ação tóxica. O uso do verde-paris (acetoarsenito de cobre), passou por variações de acordo com a extensão do corpo de água e testes de toxicidade contra as larvas de mosquitos. Muitas vezes era misturado ao querosene e aplicado nas áreas de reprodução dos mosquitos para matar as larvas, mas também foi misturado junto com terra e pó. O acetoarsenito de cobre, não possui odor e se mistura lentamente com a água (Pimentel, 2006, p. 1143)

Com as medidas emergenciais e o uso do verde-paris a malária recuou e o número de *A. gambiae* encontrados nas casas também caiu drasticamente. A ação emergencial se manteve até o dia treze de outubro, quando Souza Pinto assumiu a Diretoria de Saúde do Estado, efetivando o acordo feito com a Fundação Rockefeller, um dia após o término do programa emergencial. O *A. gambiae* foi erradicado em Natal. A aplicação de verde-paris por parte da Diretoria de Saúde do Estado se deu até meados de abril de 1932, com o término dos recursos destinados ao orçamento. As abordagens realizadas com verde-paris foram bem-sucedidas ao ponto de eliminar a existência do *A. gambiae* em Natal. Porém o mosquito já havia escapado para o interior do estado do Rio Grande do Norte ainda em 1931. Segundo as notas de Soper, "o gambiae não estava mais limitado ao seu ponto de entrada inicial. Nos meses seguintes uma dúzia de lugares entre Natal e São Bento foram encontrados com infestações" (Soper, 1966, p. 472).

A eliminação do *A. gambiae* em Natal, por outro lado, causou um perigoso arrefecimento na batalha contra o mosquito, e possivelmente contribuiu para um alastramento silencioso que durou de 1932 a 1937. O mosquito invasor, sem a visibilidade dos casos de malária na capital do Rio Grande do Norte, rumou furtivamente para norte, subiu os rios Apodí e Assú e atravessou a chapada do Apodí e no curso do Rio Jaguaribe ganhando terreno no interior do estado do Ceará.

O alastramento do *A. gambiae* se ampliou, e as poças, cacimbas e rios do interior do Ceará e Rio Grande do Norte tornam-se criadouros privilegiados com o retorno das chuvas. Em 1938 explodiu uma epidemia sem precedentes, que levou à criação do Serviço de Obras contra a Malária (SOCM) e, posteriormente, o Serviço de Malária do Nordeste (SMNE), que conseguiu eliminar o mosquito (Anaya, 2016). Com o SMNE, há a necessidade de controle dos criadouros e, consequentemente, os espaços como as cacimbas e o uso da água passam pela vigilância dos governos no combate contra o *A. gambiae*. Experimentos foram realizados com verde-paris, um veneno que nunca fora utilizado em tamanha extensão.

Verde-paris, poças e Cacimbas

Após cinco anos de infiltração silenciosa, o *A. gambiae* encontrou regiões favoráveis para a sua proliferação. Se movimentou para regiões com melhores provisões de água no Rio Grande do Norte e atravessou a fronteira para o estado do Ceará. Apesar de não causar impacto imediato no ano de 1937, o mosquito ganha terreno no vale do Rio Jaguaribe. A instalação segura do mosquito margeando o Jaguaribe, somado ao período de chuvas de 1938, proporcionou uma epidemia devastadora. Outro fator complicador era que a população do Ceará era praticamente virgem em relação à malária, isto é, apresentavam uma imunidade quase nula e uma resistência muito baixa ao *P. falciparum*. Em vários povoados ao longo do Jaguaribe, "o número de casos rondou a casa dos 80 a 90% da população [...] Dizem as crônicas e jornais da época que todas as famílias do vale do Jaguaribe vestiram luto em 1939" (Camargo, 2003, p. 28).

A pesquisa de Raymond Shannon e Gastão Cesar de Andrade (Shannon & Andrade, 1938) apresentou um excelente mapeamento do alastramento do *A. gambiae* após o alastramento silencioso, com notável abrangência geográfica, incluindo até mesmo a prospecção de uma área para além dos limites da zona de infestação, como no estudo realizado em São Luiz (estado do Maranhão). Muito embora as condições favoráveis de procriação para o *A. gambiae* tenham sido encontradas nessa região (coleções de águas rasas e iluminadas pelo sol), não foi registrada presença dessa espécie.

Na epidemia de 1938 o *A. gambiae* ocupava uma área ainda não mapeada com precisão, uma provável extensão triangular que corresponderia a cerca de quinhentos quilômetros. Para Fred Soper, diante de tal situação, tornou-se indispensável um maior esforço internacional coletivo para lidar com a nova epidemia. O mesmo ressalta a importância da estrutura do Serviço de Febre Amarela na constituição do Serviço de Malária do Nordeste:

> Então, sob a pressão das circunstâncias, sem saber exatamente como o trabalho deveria ser feito, a Fundação Rockefeller e o Ministério da Saúde do Brasil deram-se as mãos para combater o *Anopheles gambiae*; o Serviço de Malária do Nordeste [...] a estrutura administrativa do MSNE foi criado pela transferência de pessoal e equipamentos chave, diretamente do SCFA (Soper, 1966, p. 472-473)

Considerando os elementos da ocupação humana, ligada aos modos de vida da população, a presença das cacimbas se destacou como um elemento chave para o alastramento do *A. gambiae*. O relatório de Shannon e Andrade descreve as cacimbas da seguinte maneira: "escavações, geralmente rasas, mas em algumas instâncias com mais de dois metros de profundidade [...] para assegurar acesso à água abaixo do solo". Em alguns distritos, as cacimbas foram única fonte de água disponível para uso tanto doméstico, quanto para o trabalho no campo (Shannon & Andrade, 1938, p. 643).

A pesquisa realizada por Shannon e Andrade também indicou que após a sua expansão rumo ao norte e oeste, a nova área ocupada pelo *A. gambiae* se limitou ao Rio Jaguaribe e aos seus afluentes no estado do Ceará. O relatório aponta que, em especial, os principais locais de reprodução do *A. gambiae* foram criados pelo homem, a partir dos poços rasos ou cacimbas que eram escavados nos leitos dos rios, bem como as valas de irrigação.

As cacimbas tomaram o centro do combate ao *A. gambiae* na medida em que deveriam ser fiscalizadas pelos guardas do Serviço de Malária do Nordeste. Essa operação, como descreve o trabalho de Gláubia Silva, foi pautado por uma vigilância rigorosa e decretos sobre o uso e manutenção das cacimbas. O uso da água com a presença do mosquito africano após o alastramento silencioso passou a ser balizado por uma perspectiva de vigilância sanitária.

Como aponta Silva, o prefeito da cidade de Limoeiro, ainda na atuação do Serviço de Obras Contra a Malária, a partir de decreto ao final de 1938, regulou o uso das cacimbas de forma rigorosa. As pessoas que recusassem proteger as cacimbas contra os mosquitos poderiam ser punidas com uma multa de cinquenta contos ou serem detidos por 24 horas (Silva, 2012, p. 169).

Em 1939 com o Serviço de Malária do Nordeste, liderado pela Fundação Rockefeller, a vigilância sobre as cacimbas tornou-se ainda mais rigorosa. Em Aracatí um dos municípios mais atingidos, prefeito Mario Lima, a partir das suas atribuições legais, assina um decreto em 28 de setembro regulamentando o uso das cacimbas segundo as normas profiláticas do Serviço Federal de Saúde. A regulamentação das cacimbas já era generalizada no Vale do Jaguaribe e a partir do decreto assinado por Lima é possível extrair um maior detalhamento dos artigos.

O decreto define em seu primeiro artigo, assim como no referente à Limoeiro, a multa de cinquenta contos se as cacimbas de água potável não forem protegidas "com caixão hermeticamente tampado e a prova de mosquitos". O segundo artigo proíbe a exposição das cacimbas destinadas à irrigação ou "cacimbas destinadas às aguações das plantas", também sob pena de cinquenta mil reis. Porém, era permitido que os proprietários utilizem as águas contanto que realizem a proteção devida. O terceiro artigo obriga os donos a deixarem suas propriedades com acesso livre para a fiscalização, deixando suas porteiras e cercas com passagem para a fiscalização dos guardas, que poderia se dar a qualquer momento (Prefeitura Municipal de Aracati... 1939).

Uma maior eficiência do uso do verde-paris veio apenas com a importante contribuição de Marshall Barber, que trabalhou para o Serviço de Saúde Pública dos EUA, tendo sido eleito presidente da Sociedade Americana de Medicina Tropical em 1940. Barber desenvolveu uma técnica de uso do verde paris, que aumentou o aproveitamento desse composto nas coleções de água que eram alvo de focos do *A. gambiae*. A técnica desenvolvida por Barber, dispensava o uso de um borrifador. Como aponta Soper, a partir da técnica de Barber que misturava o pó do verde paris com terra, areia ou até mesmo cascalho houve um ganho em eficiência. Os procedimentos do Serviço de Malária do Nordeste, após a consultoria de Barber, simplificou o transporte, armazenamento e aplicação do verde-paris. O inspetor, poderia se deslocar de maneira mais leve e rápida: munido apenas de um balde vazio, uma quantidade concentrada de verde paris, colher de medida e uma rede para dormir. Uma maior eficiência na distribuição e aplicação do verde-paris foi um elemento fundamental no combate ao *A. gambiae* (Soper, 1966, p. 473).

Mesmo com uma certa padronização no uso do verde-paris, as técnicas de aplicação poderiam variar, dependendo também do terreno. As formas de ataque às larvas do mosquito também variavam conforme o tipo do terreno, localização e época do ano. Para mostrar as formas geralmente utilizadas, e como elas eram moduladas conforme o terreno e corpos de água, é importante fazer uma citação extensa descrevendo as abordagens:

> DRENAGEM: revelou-se em geral de pouca utilidade na campanha contra o gambiae e se considerou desenecessário drenar pântanos.
>
> INUNDAÇÃO (COM ÁGUA DO MAR): só foi usada no curso inferior do rio Potengi, em Natal, na área de infestação original do gambiae.
>
> ATERRAMENTO: foi usado para a eliminação de pequenas coleções de água que podiam ser tampadas com facilidade com terra próxima. Constantemente se formavam novos poços, novos pontos de água e, depois das enchentes da estação das chuvas, novos poços marginais, de modo que o número daqueles a serem tampados era sempre grande.
>
> ATERRAMENTO DE MARGENS E RETIFICAÇÃO: foram usados algumas vezes pra tornar todas as partes dos poços e correntes d'agua acessíveis aos peixes, mas não se tentou a distribuição oficial destes.
>
> ÓLEO: foi usado como larvicida de emergência durante os três ou quatro primeiros meses de trabalho, já que estava à mão e alguns dos trabalhadores estavam familiarizados com o seu uso.
>
> APLICAÇÃO DO VERDE-PARIS EM TODOS OS FOCOS: foi praticamente a única medida empregada após os primeiros meses. O método de aplicação variava segundo a estação do ano: método molhado – uma mistura de água e uma emulsão padrão de querosene e verde-paris (Barber, Rice e Mandekos, 1936), usado durante as chuvas, quando era fácil

> conseguir água; método úmido – a emulsão padrão já mencionada e seixos umedecidos, areia molhada ou mesmo terra (Griffitts, 1927; Barber, Rice & Mandekos, 1936), usado no período de transição entre as estações seca e chuvosa; método seco - areia seca, ou terra seca, usado durante a estação seca, quando praticamente não se conseguia encontrar água (Soper & Wilson, 2011, p. 187).

Por outro lado, o uso do verde paris foi bastante controverso, dada a toxicidade do seu manejo. A atuação do Serviço de Malária do Nordeste passou por um grande experimentalismo, especialmente com os métodos de inseticidas e controle das larvas. O uso do verde-paris em uma escala nunca antes vista também fez o uso do óleo como larvicida cair em desuso após 1939, porém devido ao grande volume empregado causou problemas de intoxicação e foi utilizado como "agente letal para dois suicídios" (Soper & Wilson, 2011, p. 193). O uso da substância foi modulado ao longo da campanha, e devido a ocorrência de intoxicação dos funcionários que manuseavam esse composto, as formas de aplicação foram revistas. Como aponta o relatório, tratava-se de uma substância perigosa, sendo as manifestações mais claras da intoxicação as seguintes: "dermatite acneiforme nos antebraços e mãos, vesículas no lábio superior e nas asas do nariz, úlceras no escroto, por vezes com infecções piogênicas secundárias, e sangramento pelo nariz", ainda segundo o relatório do SMNE, houve um cuidado no treinamento para evitar a intoxicação, a orientação para que fossem tomados "banhos frequentes" e manter as "unhas limpas" de resíduos do verde-paris. As "rajadas de vento nos leitos dos rios" constituíam um desafio na aplicação. Porém, com a prática e o uso os casos parecem ter sido controlados, tanto pela prática quanto pela rotatividade, uma vez que "os que exibiam reações severas e persistentes eram transferidos do serviço larvário para algum outro ramo do Serviço" (Soper & Wilson, 2011, p. 192).

A queixa de contaminação de animais (gado, cabras, ovelhas, galinhas) e da população também foi denunciada pelas autoridades municipais. Segundo o relatório do SMNE, as mortes de animais se deviam à ocorrência de brucelose, especialmente abortos nos animais de criação (Soper & Wilson, 2011, p. 193).

As águas, o *gambiae* e o *gambiá*

Na pesquisa realizada por Gláubia Silva (2012) a partir de entrevistas com moradores de áreas atingidas pelo *A. gambiae* no Ceará é possível observar os sentidos atribuídos tanto aos corpos de água (cacimbas, potes, rios) quanto ao mosquito invasor e a atuação da Fundação Rockefeller que em cooperação como o governo brasileiro buscou a erradicação do mesmo.

Na produção de suas fontes, Silva apresenta diversos depoimentos, mostrando como a dinâmica dos funcionários do Serviço de Malária do Nordeste nas suas atividades de tratar os criadouros reais e em potencial contra a ameaça do mosquito, modificou o cotidiano dos moradores. Em um dos relatos frutos das entrevistas realizadas por Silva, o Sr. Luiz Gonzaga de França relata que era necessário ser cuidadoso para retirar a água das cacimbas, e que mesmo que fosse um sacrifício era necessário para evitar a proliferação do mosquito e mais mortes. (Silva, 2012, p. 170)

O *A. gambiae* se adaptou muito bem aos modos de vida da população do interior do estado do Ceará e do Rio Grande do Norte. Assim, pelos relatos dos moradores que viviam da agricultura de subsistência, o hábito de cavar poços para a extração de água, bem como os sulcos de irrigação parecem ter sido uma predileção para um mosquito que coloca seus ovos em águas rasas e expostas ao sol. O risco de confronto com a população local era constante, e foi muitas vezes inevitável para o controle das larvas no ritmo pretendido. Medidas enérgicas de controle dos espaços em que poderiam existir criadouros em potencial foram adotados. Como aponta Silva (2012, p. 172) as regiões em que se encontravam as árvores de carnaúba eram alvo de atenção e de administração do verde-paris, o que possivelmente contribuiu para o acirramento dos conflitos, uma vez que a cera de carnaúba era uma das principais fontes de riqueza nos tempos da infestação do *A. gambiae* na região.

O Serviço de Malária do Nordeste passou por desafios para convencer a população de sua eficiência. Em algumas localidades houve resistências ao trabalho dos guardas, um trabalho que deveria ser constante, e portanto, era necessário livre acesso dos mesmos às áreas consideradas criadouros. Silva aponta que houve um diálogo entre os responsáveis para facilitar o trabalho de campo do SMNE. Não era raro que os agentes do serviço fossem intimidados, até mesmo com ameaças de assassinato. Foi necessário em muitos casos, que se "pedisse ao bispo a aos padres locais que cooperassem no trabalho educacional de convencer os resistentes em aceitar a presença dos membros do SMNE, tanto nos espaços de domínio público, como privado [...]" (Silva, 2012, p. 177)

Dentre os malariologistas brasileiros engajados, o médico brasileiro Leônidas Deane, registrou algumas importantes impressões sobre a sua experiência com o trabalho de campo, e afirmou que se tratava de uma das atribuições mais árduas. Deane permaneceu durante um ano trabalhando na delimitação e demarcação de possíveis áreas de expansão do *A. gambiae*. O mesmo relata que ao início da epidemia teve que seguir noventa quilômetros margeando um rio. Durante um mês, investigou cada poça suspeita diariamente, acompanhado por guardas também a serviço da Fundação que o acompanhavam. Trabalhava do amanhecer ao anoitecer, caminhando ou andando em um jumento, com toda a carga. Dormiam todos em redes armadas em alpendres ou depósitos e muitas vezes em ambientes infestados: "se usávamos uma rede local, era muito possível que no dia seguinte estivéssemos infestados de percevejos, lá havia muito percevejo. Era esse o trabalho de verificação da área de exposição do *gambiae*." (Britto, 1994, p. 164-165)

Apesar das dificuldades e trabalho árduo requerido aos brasileiros envolvidos, a remuneração e a organização mantida pela Fundação Rockefeller era, segundo Deane, bastante elevada para os padrões locais:

> Todos os funcionários tinham que se barbear diariamente. Não se podia começar o serviço sem ter feito a barba. O serviço fornecia dois uniformes; eles tinham que ser lavados, tinham que estar limpos, os sapatos engraxados, os botões no lugar. Os salários eram muito altos. Basta dizer que um guarda-chefe ganhava mais do que o prefeito da cidade de Aracati, que era a sede do serviço. Então, todo mundo queria ser guarda do Serviço de Malária do Nordeste e não queria perder o emprego (Britto, 1994, p. 163).

Apesar da disciplina dos guardas e funcionários do SMNE e esforço para a aproximação junto à população por parte das autoridades locais, nem sempre o trabalho de prospecção e profilaxia contra o mosquito era visto com bons olhos. A tese de doutorado de Silva contém relatos que mostram a dificuldade de tais relações, na medida em que os guardas recebiam a alcunha de "quebradores de potes". Os potes como indica Silva, "eram considerados um dos principais bens de uma casa. Neles, armazenava-se a água que servia não apenas para o banho, mas também para beber e conzinhar", a historiadora enfatiza os dois lados da presença dos guardas na visão dos moradores, guardas como "salvadores dos perigos da malária" mas também como "invasores perigosos" (Silva, 2012, p. 185).

É importante considerar, que a população local tinha sua própria concepção da malária, uma doença já endêmica na região em uma forma atenuada. Porém a ideia do *gambiá*, como ela se apresenta em alguns documentos que falam do cotidiano em meio à chocante epidemia de malária ocorrida no estado do Ceará a partir de 1938, parece ter marcado de sobremaneira como um perigoso protagonista, que carrega uma malária mortal. O *gambiá*, inclusive, foi personagem de um cordel escrito por Joca Menezes. O cordel "O debate do gambiá com a medicina no Nordeste Brasileiro" aponta não apenas o perigo dos males trazidos pelo mosquito, mas também ajuda a expressar as difíceis condições de vida da população atingida:

> Do que serve Roquefeler/ Dispunir tanto dinheiro/ Prá combater a malária/ No Nordeste Brasileiro/ Não sabe que o pobre passa/ Por tamanho desespero [...] Os nossos governos têm/ Socorrido os malarentos/ Com guardas chefes e médicos/ Guardas e medicamentos/ Porém o mais necessário/ É a falta de alimento/ Depois que nosso governo/ Lançou mão desta campanha/ Suspendeu a mortandade/ Causada por mosca estranha/ Daqui por diante ela/ Ou foge, ou morre, ou apanha.[2]

Raymond C. Shannon, o pesquisador que encontrou o mosquito pela primeira vez em Natal (e nas Américas), acompanhou, assim como Fred Soper, a luta contra o mesmo por mais de dez anos. Aqui, serão apresentados alguns tópicos relacionados por Shannon que permitiram a eliminação do *A. gambiae*. Primeiro fator mencionado por Shannon, as condições topográficas e climáticas desfavoráveis. Apesar do mapa feito por Shannon ter definido uma área

---

2 Menezes, Joca. *A Malária: o debate do gambiá com a medicina do Nordeste Brasileiro*. Rockefeller Foundation Records, International Health Board/ Division Records. Routine Reports- Brazil - Malaria. Caixa 113, RG 5 Série 3. Rockefeller Foundation Archives, RAC, S.d., p.12-13.

de cinquenta mil milhas quadradas, a "distribuição real do mosquito era extremamente fragmentada, basicamente restrita aos vales dos rios" (Shannon, 1942, p. 4) também, sua expansão era dificultada devido às serras que isolam tais vales, o que impediu sua migração para outras regiões.

O segundo fator na visão de Shannon foi a existência prévia de uma organização capaz de eliminar o mosquito, pois o Serviço de Febre Amarela já se encontrava em plena atividade e forneceu uma estrutura fundamental para o trabalho do Serviço de Malária do Nordeste. Shannon também se refere à qualidade do corpo de médicos, inspetores e pessoal de campo envolvido no trabalho:

> Dr. D. Bruce Wilson, um canadense que trabalhou para a Fundação Rockefeller na América Tropical por quase 20 anos, estava encarregado do trabalho com o programa de controle ao gambiae. Ele tinha em sua organização 20 médicos brasileiros, cinco inspetores sanitários de primeira classe (cada um "vale seu peso em ouro" em um trabalho como esse). E aproximadamente 2000 homens. Um laboratório estava estabelecido no coração da zona do A. *gambiae* [Aracati] com o objetivo de diagnosticar amostras de sangue, identificar larvas anophelinas e adultos, estudando a biologia do gambiae e fazendo experimentos com medidas de controle (Shannon, 1942, p. 5).

O terceiro fator apontado por Shannon refere-se a características biológicas do próprio *A. gambiae* e sua relativa facilidade de controle em comparação ao *stegomyia* (*Aedes*). Entre as características vulneráveis do *A. gambiae* estão: maior fragilidade dos ovos em relação a intempéries, a reprodução se dá em águas expostas ao sol, portanto em um terreno mais aberto e desprotegido no qual é mais fácil de ser identificado. Outro fator importante destacado por Shannon é que o mosquito *A. gambiae* adulto tem uma forte natureza doméstica tanto quanto o *stegomyia*, porém dorme durante o dia dentro das casas, dessa maneira é mais fácil destruí-lo do que o *stegomiya* que tem o hábito de vôo diurno.

Como penúltimo elemento destacado por Shannon está a importância de duas armas muito poderosas contra o *A. gambiae*. Mais especificamente o verde paris para matar as larvas e a borrifação de veneno: "um time de 2 ou 3 homens poderiam dedetizar até 30 casas por dia. Em uma ocasião 3000 *gambiae* adultos foram mortos em um único aposento". Shannon destaca que foi a rápida destruição dos adultos que permitiu quebrar o ritmo de expansão da epidemia de malária. É importante agora transcrever as palavras de Shannon sobre o quinto e último fator:

> O quinto e talvez mais importante fator foi *a falha do gambiae em escapar do nordeste do Brasil para as regiões mais úmidas do Brasil.* Todos automóveis, trens, barcos e navios deixando a zona infestada eram dedetizados e examinados em busca do gambiae. Eles foram encontrados em 20 ocasiões, principalmente em carros e navios. Durante o curso da campanha ocorreram surtos menores do gambiae em novas áreas. É muito provável que a espécie tenha alcançado esses locais transportadas por carro ou barco. Felizmente todos os focos não eram distantes da áreas antigas.

Um dos grandes receios da Fundação Rockefeller era de que o mosquito chegasse à América do Norte via Canal do Panamá. É importante perceber que o quinto e mais importante fator apontado por Shannon para a vitória sobre o *A. gambiae* foi o fato de o mosquito ter ficado, de certa maneira, restrito à região de infestação original e não ter conseguido, devido à vigilância da Fundação Rockefeller, alcançar as regiões mais úmidas.

Discussão e considerações finais

De maneira curiosa, o tempo presente parece sugerir, e até mesmo tornar urgente em alguns temas das ciências humanas, uma reflexão mais detida sobre a questão da história transnacional, uma vez que, após a ideia de globalização ter se popularizado ao final do século XX, as atenções se voltam, no século XXI, cada vez mais para as questões científicas que estabelecem uma forte relação entre as atividades humanas e o espaço para além dos limites da história política tradicional. A própria abordagem transnacional obriga, como afirma Dominique Pestre, a observar uma maior complexidade de escalas "desde o mais micro (agência humana) ao mais macro (forças sistêmicas) [...] macro-forças como geografia ou sistemas ecológicos moldam a trajetória de grupos, regiões e pessoas" (Pestre, 2012, p. 429) essa abordagem pelo viés da importância do espaço (geografia e ecossistemas) como elemento de distinção e diferenciação é particularmente pertinente para o caso da Divisão Sanitária Internacional da Fundação Rockefeller, que buscou a partir de um efeito de demonstração combater doenças em diversos continentes com condições geográficas, climáticas e sócio-econômicas distintas. Por outro lado, é pertinente ampliar os elementos citados por Pestre, pois "o mais micro" não se trata, para o caso da pesquisa pretendida, da agência propriamente humana, o recorte pretendido também ajuda a mostrar a força do *A. gambiae* como um elemento (micro) fundamental que ajuda a deslocar os (macro) interesses da Fundação Rockefeller. Dessa forma, é importante compreender aspectos ecossistêmicos e evolutivos desta espécie, as relações com os modos de vida da população e os corpos de água.

A. gambiae, compartilha uma estreita história evolutiva com os seres humanos, e tal *co-constituição*, para usar aqui o vocabulário de Haraway (1998), foi fundamental para a lenta adaptação do mosquito ao mundo humano. Neste lento processo, a própria paisagem antrópica característica da sedentarização forneceu abrigo para o mosquito. Conclusões provisórias indicam que tal adaptação ocorreu nos últimos dez mil anos, e provavelmente até antes disso. A relação desse mosquito com a espécie humana resultou em variações que podem ser consideradas como "subespécies". As mesmas parecem ser o resultado de constantes adaptações aos diversos modos de vida desenvolvidos pelas culturas humanas ao longo da história. Os humanos não apenas "agraciaram o *Anopheles gambiae* ao criarem populações densas, mas também criaram habitats perfeitos para os mesmos [...] A paisagem [antrópica] é um mosaico de focos reprodutivos para o *A. gambiae*" (Besansky, 2005, p. 18). No século XX, este mosquito faz uma travessia transcontinental, devido ao incremento da velocidade e das novas rotas. Enfatiza-se que tal processo é histórico marcado por uma rica *constituição mútua*.[3]

Nesse sentido, uma abordagem que se inspire na literatura das *etnografias das multiespécies* considerando as tensões espacializantes entre corpos de água, parasitas e populações, pode iluminar o caso do *A. gambiae* e demais mosquitos trasmissores de doenças, na medida em que os mesmos dependem para a sua reprodução tanto os corpos de água quanto da coexistência com seres humanos. Esta abordagem ainda é um ramo em definição que surgiu na confluência de três eixos transdisciplinares: estudos ambientais, estudos da ciência e tecnologia e estudos dos animais. A nova perspectiva, portanto, abandona a ideia de entendimento dos animais meramente como su-

3 Tomando aqui o sentido de "tornar-se com" expresso por Haraway (2008), p. 165, ao tomar a expressão de "intra-ação" de Barad (2007), p. 178, para definir a constituição mútua e intra-ativa entre as espécies. A "co-evolução é a regra e não a exceção", Haraway (2008), p. 220.

portes e repositórios das representações humanas,[4] tendo sido muitas vezes reduzidos ao seu aspectos simbólicos (Candea, 2010).

A nova abordagem, cujo alicerce teórico é o distinto trabalho de Haraway (2008), *When species meet*, carrega consigo um nova perspectiva materialista, ou mesmo composicionista, como qualifica Bruno Latour (2010), pois situa materialmente a riqueza das uma relações multi-espécies para além de uma série de simplificações idealistas, sem, por outro lado, cair em um materialismo reducionista (Stengers, 2011). Partindo (mas indo além) de sujeitos etnobiológicos clássicos, como plantas úteis e animais carismáticos, o avanço se dá, na abordagem de organismos pouco estudados, entre eles insetos, fungos e micróbios nas suas implicações antropológicas (Kirksey & Helmreich, 2010, p. 566). É a partir de tal perspectiva inovadora que são inclusos estudos sobre historicidade da co-evolução de seres humanos com espécies companheiras (Haraway, 2008). Seja *Anopheles gambiae* ou *gambiá* esse atuante histórico na sua relação com os corpos de água mobilizou ações e redefiniu fronteiras.

Uma advertência de Marc Bloch sobre o ofício do historiador, em sua *Apologia da História*, deve ser encarada sem reservas: se "a incompreensão do presente nasce fatalmente da ignorância do passado [...] talvez não seja menos vão esgotar-se em compreender o passado

---

4 Pensando essa redução das coisas aos seus signos com Karen Barad: "Foi garantido muito poder à linguagem. A virada linguística, a virada semiótica, a virada interpretativa, a virada cultural: parece que, ultimamente, a cada virada, cada 'coisa' - até a materialidade – se tornou uma questão de linguagem ou algum tipo de representação cultural". Barad continua sua colocação em uma articulação de difícil tradução, porém divertida pelo seu trocadilho, afirmando que a matéria parece não importar nas humanidades: "Language matters. Discourse matters. Culture matters. There is an importante sense in which the only thing that does not seem to matter anymore is matter", Barad (2003), p. 801.

se nada se sabe sobre do presente" (BLOCH, 2002, p. 65). O raciocínio de Bloch pode ser alinhado com a proposta de Michel Serres, na medida em que é importante considerar nas nossas narrativas, os "saberes contemporâneos que contribuem para modelar nosso mundo" (SERRES, 2007, p. 177), em uma história que é permanentemente provocada e refeita por questões transversais.

Busquei apresentar nesse texto uma trajetória histórica transnacional relacionada ao problema do *Anopheles gambiae* no Brasil tomando como eixo os corpos de água e os problemas relacionados aos ritmos das chuvas, visibilidade das doenças e as complicações, avanços e recuos que levaram ao Serviço de Malária do Nordeste que exterminou esse mosquito da área atingida em 1940. A partir dos documentos históricos discutidos, procurei apresentar como as questões de saúde pública de uma região repleta de precariedades e negligenciada tornaram-se ainda mais visíveis com a chegada de um perigoso transmissor da malária vindo do continente africano. Se por um lado, o ritmo das chuvas o fez visível, por outro, o período das secas permitiu que o mesmo se alastrasse silenciosamente. A furtividade do *A. gambiae* foi produzida por um contexto político conturbado, que facilitou a invisibilidade do mesmo. As águas, seja em um contexto transnacional, ou local, participaram inescapavelmente da trajetória deste mosquito.

Os corpos de água são redefinidos pela presença do *Anopheles gambiae*, disputados e reorganizados. As cacimbas e rios, dependendo da condição dos mesmos, e da sazonalidade das chuvas poderam ser tanto a barreira quanto a passagem do invasor. Se a história da saúde aponta para uma importância cada vez maior do espaço a partir da ideia de coexistência, é importante observar os processos históricos que colocam a água como elemento fundamental de disputa. A água como espaço que fornece condições e possibilidades tanto para a promoção de saúde, como para a proliferação de doenças, deve ser pensada de maneira situada, não como um meio neutro sem significado, mas sim sempre relacionado a elementos que unem ciência e política, sociedade e natureza, tempos e espaços.

A passagem do *A. gambiae* pelo Brasil antecipa em grande maneira ansiedades do tempo presente, os corpos de água como fronteiras, mas também como zonas de contato, emergência e reemergência de doenças e novas escalas que devem ser consideradas.

Referências Bibliográficas

Anaya, Gabriel Lopes. *Anopheles gambiae: do invasor silencioso ao "feroz mosquito africano" no Brasil (1930-1940).* Tese (doutorado em História das Ciências e da Saúde) - PPGHCS - Casa de Oswaldo Cruz/FIOCRUZ, Rio de Janeiro, 2016.

Barad, Karen. *Meeting the Universe Halfway: quantum physics and the entanglement of mater and meaning.* Durham, NC/London: Duke University Press, 2007.

Benchimol, Jaime Larry (coord). *Febre Amarela: a doença e a vacina, uma história inacabada.* Rio de Janeiro. Editora Fiocruz, 2001.

Besansky, Nora. "Extra! Extra! Man bites mosquito". *Pathways*: Department of Biological Sciences at the University of Notre Dame, nº 6, winter, p. 16-19, 2005.

Bloch, Marc. *Apologia da História, ou o ofício do historiador.* Rio de Janeiro: Jorge Zahar Editor, 2002.

Britto, Nara et al. "Leônidas Deane: aventuras na pesquisa". *História, Ciências Saúde - Manguinhos*, Rio de Janeiro, v. 1, nº 1, Oct. 1994, p. 161.

Bulção, Lúcia Grando & El-kareh, Almir Chaiban & Sayd, Jane Dutra. "Ciência e ensino médico no Brasil (1930-1950)". *História, Ciências, Saúde - Manguinhos*, Rio de Janeiro, v.14, nº 2, p. 469-487, 2007.

CAMARGO, Erney Plessmann. "Malária, maleita, paludismo". *Ciência e Cultura*, São Paulo, v. 55, nº 1, 2003.

CHERNOVIZ, Pedro Luiz Napoleão. *Diccionário de Medicina Popular e das sciencias accessarios para uso das famílias*. Paris: A. Roger & F. Chernoviz, 1890.

FARIA, Lina Rodrigues de. "A Fundação Rockefeller e os serviços de saúde em São Paulo (1920-30): perspectivas históricas". *História, Ciências, Saúde – Manguinhos*, v. 9, nº 3, p. 561-590, 2002.

FARLEY, John. *To Cast Out Disease: A History of the International Health Division of the Rockefeller Foundation (1913-1951)*. New York, Oxford University Press, 2004.

FONSECA, Cristina M. Oliveira Fonseca. *Saúde no Governo Vargas (1930-1945): dualidade institucional de um bem público*. Rio de Janeiro: Editora FIOCRUZ, 2007.

HARAWAY, Donna. *When species meet*. Minneapolis, MN/London: University of Minnesota Press, 2008.

KIRKSEY, Eben S. & HELMREICH, Stefan. "The Emergence of The Multiespecies Ethnography". *Cultural Anthropology*, Washington, DC, v. 25, nº 4, p. 545-576, 2010.

LATOUR, Bruno. An Attempt at a "Compositionist Manifesto". *New Literary History*, Baltimore, MD, v. 41, p. 471-490, 2010.

MENEZES, Joca. *A Malária – O debate do gambiá com a medicina do Nordeste Brasileiro*. Rockefeller Foundation Records, International Health Board/ Division Records. Routine Reports – Brazil – Malaria. (Caixa 113, RG 5 Série 3. Rockefeller Foundation Archives, RAC, S.d., 282 p.).

PACKARD, Randall. *The making of a tropical disease: a short history of malaria*. Baltimore, MD: The Johns Hopkins University Press, 2007.

PESTRE, Dominique. "Debates in transnational and science studies: a defence and illustration of the virtues of intellectual tolerance". *The British Journal for the History of Science*, Cambridge, v. 45, nº 3, p. 425-442, 2012.

PEIXOTO, Afranio. "A Evolução Científica e Médica no Brasil de hoje". *Boletín de la Oficina Sanitaria Panamericana* (OSP), v. 20, nº 12, p. 1225-1229, 1941.

PIMENTEL, Luiz Cláudio Ferreira et al. "O inacreditável emprego de produtos químicos perigosos no passado". *Química Nova*, São Paulo, p. 1138-1149, v. 29, nº 5, 2006.

ROSEN, George. *A History of Public Health, Expanded Edition*, Baltimore, MD: The Johns Hopkins University Press, 1993 [1958].

SERRES, Michel. *Júlio Verne: a ciência e o homem contemporâneo*. Rio de Janeiro: Bertrand Brasil, 2007.

SHANNON, R.C. "Brief History of Anopheles Gambiae in Brazil". *Caribbean Medical Journal*, Port of Spain, v. 4, nº 4, p. 1-7, 1942.

SHANNON, R.C. e G.C. de Andrade. "Dry season observations on the African mosquito, Anopheles gambiae, in Brazil in 1938". *American Journal of Tropical Medicine*, v. 20, nº 5, p. 641-668, 1940.

SHANNON, Raymond C. "Anopheles gambiae in Brazil". *The American Journal of Hygiene*, v. 15, nº 3, p. 634-663, maio, 1932.

SILVA, Gláubia Cristiane Arruda. *Epidemia de malária no Ceará: Enredos de vidas, mortes e sentidos políticos (1937-1942)*. Tese (doutorado em História) - CFCH - UFPE, Recife 2012. Disponíbel em: https://repositorio.ufpe.br/bitstream/123456789/19128/1/2012-Tese-GlaubiaArrudaSilva.pdf. Accesso em: 10 out. 2018.

SOPER, Fred L. & WILSON, Bruce D. *Anopheles gambiae no Brasil: 1930-1940*. Rio de Janeiro: Editora Fiocruz, 2011.

SOPER, Fred Lowe. "Paris Green in the eradication of Anopheles Gambiae: Brazil, 1940, Egypt, 1945", *Mosquito News*, v. 26, n.4, p. 470-476, 1966.

STENGERS, Isabelle. "Wondering about materialism". In. BRYANT, Levi & SRNICEK, Nick & HARMAN, Graham (orgs.). *The Speculative Turn: Continental Materialism and Realism*. Melbourne: re.press, 2011, p. 368-380.

THE ROCKEFELLER FOUNDATION. *Annual Report*. New York: The Rockefeller Foundation, 1930.

Agradecimentos

Ao longo dos três anos de gestação desse livro, diversas pessoas, grupos e instituições estiveram presentes, contribuindo para o presente resultado. Nada mais justo lembrá-las nesse momento. Gostaríamos de agradecer à Prof. Dra. Lúcia Maria Bastos Pereira das Neves e ao Programa de Pós-graduação em História da Universidade do Estado do Rio de Janeiro (UERJ) por ter acolhido a oficina, "Água, Alimentação, Meio Ambiente. Diálogos entre História, História do Direito e Direitos Humanos", em agosto de 2015. Na época da greve nas universidades federais, os colegas da UERJ não hesitaram em resgatar o evento – demostrando, mais uma vez, a importância e a qualidade do trabalho conduzido no quotidiano desta instituição carioca. Agradecemos à Prof. Dra. Ana Paula Barbosa-Fohrmann (UFRJ), Prof. Dr. Christian Guy Caubet (UFSC), Prof. Dr. Guilherme Paulo Castagnoli Pereira das Neves (UFF), Prof. Dra. Lúcia Maria Bastos Pereira das Neves (UERJ), Prof. Dra. Manoela Pedrosa (UFF), Prof. Dra. Maria Isabel Siqueira (UNIRIO), Prof. Dra. Maria Lúcia Navarro Lins Brzezinski (UNILA) e Prof. Dr. Sören Brinkmann (Universidad del Norte, Barranquilla/Colômbia) por terem contribuído no primeiro evento como palestrantes e moderadores. Também agradecemos à

Fundação Henrich Böll Brasil, Alexander von Humboldt-Stiftung na Alemanha e o Serviço Alemão de Intercâmbio Acadêmico (DAAD) por terem arcado com os custos de alguns participantes.

Gostaríamos de agradecer a Faculdade Nacional do Direito da Universidade Federal do Rio de Janeiro (UFRJ) por ter acolhido a oficina "Perspectivas interdisciplinares sobre conflitos relacionados à água no Brasil", em setembro de 2017. Finalmente, gostaríamos também de agradecer a Gabriela Imperiale Sonkajärvi pela tradução do texto da Prof. Dra. Jorun Poettering (Universidade de Rostock), ao Prof. Dr. Wilson Engelmann (UNISINOS) por ter aceitado formular o prefácio do livro, e à Prof. Dra. Dominichi Miranda de Sá, por ter contribuído com o texto da capa.

Agradecemos à Coordenação de Aperfeiçoamento de Pessoal de Nível Superior (CAPES), e ao Programa de Pós-Graduação em Sociedade Tecnologia e Meio Ambiente (PPSTMA), do Centro Universitário de Anápolis (UniEVANGELICA) pela bolsa PNPD concedida à um dos organizadores da coletânea, recurso esse fundamental para a participação no segundo evento e para o desenvolvimento da obra. Agradecemos também ao grupo de pesquisa CNPq "Água, Saúde e Ambiente na História de Projetos de Desenvolvimento", coordenado pela Prof. Dra. Dominichi Miranda de Sá e pelo Prof. Dr. André Felipe Cândido da Silva, ambos da Fundação Oswaldo Cruz.

Por fim, gostaríamos de agradecer à Editora Alameda por ter acreditado nesse projeto desde o início e possibilitado a concretização do mesmo.

Sobre os autores

André Vasques Vital é formado em História, doutor em História das Ciências pelo Programa de Pós-Graduação em História das Ciências e da Saúde da Fundação Oswaldo Cruz e mestre pela mesma instituição. Atualmente cumpre estágio pós-doutoral com bolsa PNPD/Capes no Programa de Pós-Graduação em Sociedade, Tecnologia e Meio Ambiente, do Centro Universitário de Anápolis (UniEVANGELICA). É também pesquisador membro dos Grupos de Pesquisa CNPq "Água, Saúde e Ambiente na História de Projetos de Desenvolvimento", da Fundação Oswaldo Cruz e "Ecologia, Conservação e Qualidade do Ambiente Aquático", da Pontifícia Universidade Católica de Goiás.

Ana Valéria Magalhães Camargo é graduanda em Direito na Universidade Federal do Espírito Santo (UFES), bolsista de extensão no Observatório dos Conflitos Sociais e Sistema de Justiça com bolsa financiada pelo Proext/2016 do Ministério da Educação.

Bruno Capilé é formado em Ciências Biológicas, doutor em História Social pela Universidade Federal do Rio de Janeiro (UFRJ) e mestre em História das Ciências das Técnicas e Epistemologia pela mesma universidade. Atualmente é pesquisador colaborador (PCI) do Museu de Astronomia e Ciências Afins (MAST). É também pesquisador membro do grupo de pesquisa CNPq "Território, Ciência e Nação" e colaborador no projeto de extensão da UFRJ "História Ambiental para Todos".

Cristiana Losekann é Professora Adjunta IV da Universidade Federal do Espírito Santo (UFES). Doutora em Ciência Política pela Universidade Federal do Rio Grande do Sul (UFRGS). Professora Associada do Departamento de Ciências Sociais da Universidade Federal do Espírito Santo e Professora Permanente do Programa de Pós-graduação em Ciências Sociais da Universidade Federal do Espírito Santo. Atualmente atua como pesquisadora convidada no Centre de recherches interdisciplinaires, Démocratie, Institutions, Subjectivité na Université Catholique de Louvain, na Bélgica. Tem produzido pesquisas sobre: processos de participação na política ambiental no Brasil; a mobilização do direito como repertório de ação coletiva nas questões ambientais; os efeitos do uso de recursos judiciais para mobilizações sociais e para a produção de mudanças institucionais. Produz, ainda, estudos no âmbito da teoria política contemporânea, sobretudo, acerca do conceito de sociedade civil e de suas tensões com vertentes teóricas críticas.

Dominichi Miranda de Sá é professora do Programa de Pós-graduação em História das Ciências e da Saúde (PPGHCS) e pesquisadora do Departamento de Pesquisa em História das Ciências e da Saúde (DEPES) da Casa de Oswaldo Cruz/Fiocruz. É formado em História, doutora em História Social pela Universidade Federal do Rio de Janeiro (UFRJ) com período de bolsa-sanduíche na École des Hautes Études en Sciences Sociales de Paris (2001-2002) e pós-doutorado (2008) pela Casa de Oswaldo Cruz (COC)/Fiocruz. É membro da diretoria da Sociedade Brasileira de História da Ciência (Conselho Deliberativo), e da diretoria da ANPUH-RIO (2ª secretária). Tem como objetos de pesquisa: viagens científicas e conhecimento do território no Brasil no século XX; história da conservação e da preservação da natureza no século XX; história da ecologia; impactos sanitários e ambientais de projetos de desenvolvimento.

Gabriel Lopes é formado em História e mestre em História e Espaços pela UFRN, doutor em História das Ciências pelo Programa de Pós-Graduação em História das Ciências e da Saúde da Fundação Oswaldo Cruz. Em 2017, recebeu o prêmio Oswaldo Cruz de Teses na categoria ciências humanas e sociais. Atualmente realiza um estágio pós-doutoral na Casa de Oswaldo Cruz (COC-FIOCRUZ). E atua como pesquisador membro dos Grupos de Pesquisa do CNPq "Água, Saúde e Ambiente na História de Projetos de Desenvolvimento" e "Ciência e Medicina na História das Relações Transnacionais" da Fundação Oswaldo Cruz.

Gustavo Prieto é Professor Adjunto de Economia Política da Urbanização no Instituto das Cidades da Universidade Federal de São Paulo (Unifesp). Geógrafo pela Universidade Federal Fluminense, mestre e doutor em Geografia Humana pela Universidade de São Paulo com estágio de pesquisa na École des Hautes Études en Sciences Sociales (Paris, França). É pesquisador do Grupo de Geografia Urbana Crítica e Radical (GESP - USP) e do Espaço e Política (IC-Unifesp). Analisa atualmente a formação e reprodução das classes sociais no Brasil e na América Latina, grilagem de terras e desigualdade sócio-espacial no acesso à terra e à agua.

Hanna Sonkajärvi é Professora Adjunta de História do Direito na Faculdade Nacional de Direito e membro permanente do Programa de Pós-Graduação em História Social (PPGHIS) da Universidade Federal do Rio de Janeiro (UFRJ). É formada em História e em Ciencias Políticas, doutora em História e Civilização do Instituto Universitario Europeo (EUI) em Florença, Itália, e mestre em Ciências Políticas pela Albert-Ludwigs-Universität em Freiburg na Alemanha. Possui três pós-doutorados, sendo um deles pela Universidad del País Vasco em Leioa, Espanha, onde atuou como Feodor Lynen Senior Research Fellow da Fundação Alexander von Humboldt, Alemanha (2014-2015). Pesquisa na área de História Social, Econômica e Cultural da Europa Ocidental (XVI-XVIII), com ênfase em História do comércio, exército e sociedade, práticas de administração local e História Urbana. Desenvolve ainda pesquisas sobre o Brasil no século XIX na área de História do Direito, História das Migrações e História Ambiental.

Jorun Poettering é doutora em História Moderna e Contemporânea pela Universidade de Hamburgo, realizou estágios de pós-doutorado na Universidade Federal Fluminense, na Universidade de Harvard, na John Carter Brown Library, na École dês Hautes Études em Sciences Sociales e na Ludwig-Maximilians-Universität de Munique. É autora do livro *Migrating Merchants*. Trade, Nation, and Religion in Seventeenth-Century Hamburg and Portugal (De Gruyter, 2018) e, junto com Gefferson Ramos Rodrigues, organizou a coletânea *Em benefício do povo*. Obras, governo e sociedade na cidade colonial (Mauad X, 2016). Atualmente trabalha como bolsista da Fundação Gerda Henkel na Universidade de Rostock, Alemanha, e prepara um livro sobre a história social do Rio de Janeiro vista através do seu abastecimento de água.

Thais Henrique Dias é Graduanda em Direito na Universidade Federal do Espírito Santo (UFES), bolsista de extensão no Observatório dos Conflitos Sociais e Sistema de Justiça com bolsa financiada pelo Proext/2016 do Ministério da Educação.

Wilson Engelmann é Professor e Pesquisador do Programa de Pós-Graduação em Direito - Mestrado e Doutorado - da Universidade do Vale do Rio dos Sinos (UNISINOS). Coordenador

Executivo do Mestrado Profissional em Direito da Empresa e dos Negócios da UNISINOS e Bolsista de Produtividade em Pesquisa do CNPq. É mestre e doutor em Direito pela Universidade do Vale do Rio dos Sinos e pós-doutor pelo Centro de Estudios de Seguridad de La Universidad de Santiago de Compostela, Espanha. Atualmente é professor visitante na Universidad Católica Del Uruguay e pesquisador visitante na Universidad de Santiago de Compostela. Tem foco na Teoria Geral do Direito, atuando principalmente nos seguintes temas: nanotecnologias, direitos humanos, novos direitos, diálogo entre as fontes do direito e direitos fundamentais.

Alameda nas redes sociais:

Site: www.alamedaeditorial.com.br
Facebook.com/alamedaeditorial/
Twitter.com/editoraalameda
Instagram.com/editora_alameda/

Esta obra foi impressa em São Paulo no inverno de 2019. No texto foi utilizada a fonte Minion Pro em corpo 10 e entrelinha de 15,25 pontos.